MINH-KHAI PHAN-THI | Zu Hause sein

MINH-KHAI PHAN-THI

Zu Hause sein

Mein Leben in Deutschland und Vietnam

Diana Verlag

Die Namen einiger Personen
wurden zu ihrem Schutz verfremdet.

FSC
Mix
Produktgruppe aus vorbildlich bewirtschafteten Wäldern und anderen kontrollierten Herkünften
Zert.-Nr. SGS-COC-1940
www.fsc.org
© 1996 Forest Stewardship Council

Verlagsgruppe Random House
FSC-DEU-0100
Das für dieses Buch verwendete
FSC-zertifizierte Papier *EOS* liefert
Salzer, St. Pölten.

Redaktion | Regina Carstensen
Herstellung | Helga Schörnig
Satz | C. Schaber Datentechnik, Wels
Druck und Bindung | GGP Media GmbH, Pößneck

Printed in Germany

978-3-453-29025-9

http://www.diana-verlag.de

Wenn du andere besiegst, dann hast du Muskelstärke,
wenn du dich selbst besiegst, bist du stark.
Wenn du andere erkennst, dann bist du gelehrt,
wenn du dich selbst erkennst, dann bist du weise.
Wenn du zufrieden bist, bist du reich,
wenn du die Mitte nicht verlierst, dann bist du unüberwindbar.

Buddhistisches Zitat

cho Ba Má
con cũa Ba Má
Minh-Khai

Inhalt

Woher kommen Sie eigentlich?

Ich bin Deutsche mit vietnamesischen Wurzeln, genauer gesagt bin ich eine Deutsch-Vietnamesin. Das war nicht immer so. Als ich ein Kind war, betrachtete ich mich mehr als Deutsche, als Teenager änderte sich dann meine Meinung: Ich sah mich einzig und allein als Vietnamesin. Es war ein langer Weg für mich, meine Identität als Deutsch-Vietnamesin zu finden, und er war voller Zweifel, häufig verbunden mit frustrierenden Erlebnissen, die ich erst mal überwinden musste.

Ich bin die Tochter vietnamesischer Einwanderer, geboren wurde ich in Hessen. Bis zu meinem zehnten Lebensjahr babbelte ich derbstes Hessisch, bis wir nach München umzogen und mir die Bewohner der bayerischen Landeshauptstadt das austrieben. Ich war ein kleines asiatisch aussehendes Mädchen, das »Morsche« sagte anstatt »Grias Gott« und das in der Bäckerei nicht Semmeln verlangte, sondern »Brötsche«. Und wenn ich nicht wusste, was ich wollte, kam mir ein »A isch waas net« über die Lippen, dabei hätte ich mich mit einem »I woass net« verständlicher machen können. Den Menschen im Freistaat Bayern war das jedenfalls zu viel. Also lernte ich Hochdeutsch mit leicht bayerischem Einschlag. Mich selbst bezeichneten die Münchner – sehr zu meinem Ärgernis – als »Kinees«. Dabei sahen die Chinesen doch ganz anders aus und können längst nicht so gut kochen wie die Vietnamesen! Je älter ich wurde, desto mehr betrachtete ich es als meine Aufgabe, die Menschen darüber aufzuklären – manchmal sicher auch mit einem belehrenden Unterton –, dass Vietnam eine eigenständige Geschichte hat, die sich von der anderer asiatischer Kulturen sehr unterscheidet. Aber noch wichtiger war es mir, ihnen deutlich zu machen, dass Vietnam ein Land mit Vergangenheit ist – viele verbinden mit dieser Region am Südchinesischen Meer einzig einen Krieg, den Vietnam-Krieg, der nicht immer einfach zu begreifen war. Über Jahrzehnte schien er ein Stellvertreterkrieg verschiedener Mächte zu sein. Dass in diesem Kampfesgebiet auch ein Volk lebte, rückte dadurch nahezu in den Hintergrund. Höhepunkt meiner »Aufklärungsarbeit« war dann ein Dokumentarfilm, der im Jahr 2005 im ZDF gesendet wurde. Bei *Mein Vietnam – Land und kein Krieg* schrieb ich das Drehbuch und führte Regie.

Neben diesem Anliegen hatte ich noch einen ganz eigenen Kampf auszufechten. In diesem ging es um die Akzeptanz in der bundesrepublikanischen Gesellschaft als Deutsche. Dieser ist noch nicht zu Ende, und manchmal ist alles ziemlich mühselig, denn beide Seiten fühlen sich stets missverstanden. Die Deutschen wollen mir nicht auf die Füße treten, wenn sie mich fortwährend fragen, woher ich denn komme. Ich aber fühle mich in diesem Moment ausgegrenzt, da ich doch in diesem Land geboren bin! Wenn ich dann zu verstehen gebe, dass es mir lieber wäre, man würde mich fragen, woher meine Eltern stammen –

das beinhaltet für mich, dass man davon ausgeht, ich sei eine von denen, die mich fragen –, stoße ich auf Unverständnis. Keiner wolle mich angreifen, wird sofort beschwichtigend eingelenkt, man sei einfach nur neugierig und frage deshalb nach. In solchen Augenblicken zucke ich dann wieder zusammen und beeile mich zu sagen: »Ja natürlich, das verstehe ich. Also, meine Eltern sind aus Vietnam, ich bin aber in Deutschland auf die Welt gekommen.« Es gibt aber auch Situationen, in denen ich erwidere: »Ich bin aus Darmstadt.« Großes Gelächter ist dann die Folge. Noch heute irritiert mich das, obwohl ich es schon so oft erlebt habe. »Was gibt's da zu lachen?«, frage ich dann nach. Aber die Reaktion ist mir im Grunde bekannt: »So sehen Sie aber überhaupt nicht aus.« Ich würde dann am liebsten wütend ausrufen: »Ich finde schon!«, doch ich verkneife mir diese Bemerkung lieber, das würde nur zu einem Bruch führen, der überhaupt keine Verständigung mehr zuließe.

Mein Gegenüber – immer noch lachend – lenkt dann schließlich ein und sagt: »Ich meine natürlich, woher stammen Ihre Eltern?« Ich denke jetzt, immer noch leicht verstimmt: Warum fragst du das nicht gleich? Laut erwidere ich jedoch: »Aus Vietnam.«

Ich erlebe oft, dass Menschen besonders langsam und besonders deutlich Deutsch mit mir sprechen. Hin und wieder erlaube ich mir den Scherz, genauso betont langsam zu antworten. Das führt dann immer dazu, dass ich seltsam angeschaut werde, als sei ich nicht ganz richtig im Kopf. Aber wie soll ich meinen Mitmenschen sonst klarmachen, dass die Vorurteile, die sie mit sich herumtragen, nicht in jedem Fall zutreffend sind? Andere sprechen mich auch auf Englisch an, weil sie glauben, dass sie es mir dadurch einfacher machen würden. Wenn ich dann mit unserem Gespräch auf Deutsch fortfahre, sprechen sie trotzdem Englisch mit mir weiter – und ich frage mich, ob man mir überhaupt zugehört hat.

Vielfach erhalte ich aber große Anerkennung und begeisterte Blicke, wenn Umherstehende mich reden hören. Sie rufen mir zu, wie toll doch mein Deutsch wäre, und ich beeile mich daraufhin zu sagen: »Ich bin in der Bundesrepublik geboren!« Es ist keine große Leistung, die hiesige Sprache zu können, wenn man in einem Krankenhaus in Hessen seinen ersten Lebensschrei von sich gegeben hat.

Und es gibt noch ein weiteres Missverständnis, das mein Leben geprägt hat: Vietnamesen wie meine Eltern können eigentlich nur Boat-People sein. Und wenn sie die Flucht über das Meer überlebt haben, wird wie selbstverständlich davon ausgegangen, dass sie in der DDR eine neue Heimat gefunden und erst nach dem Mauerfall »rübergemacht« haben. Vergessen wird dabei, dass es auch Vietnamesen gibt, die nicht aus ihrer Heimat flüchteten, sondern als ganz normale Bürger in die Bundesrepublik gingen, um hier zu studieren und ihren Kindern und der zurückgebliebenen Familie ein besseres Leben zu ermöglichen.

Ich gehöre zu diesen glücklichen Kindern. Dem Mut, dem Einsatz und der großen Hoffnung meiner Eltern habe ich es zu verdanken, dass ich heute in Deutschland lebe. Deshalb ist es mir ein Bedürfnis, ihre und damit meine Geschichte zu erzählen, um meine tiefe Dankbarkeit für das Erreichte zum Ausdruck zu bringen.

1 Nicht einfach: Stille aushalten

Für mich war früh klar, dass ich nicht ewig Teeniestar bei Viva sein konnte. Nur über Musikvideos und mit Bands über ihre Songs zu sprechen, damit wollte ich mich nicht zufriedengeben. Drei Jahre, das nahm ich mir 1995 vor, als mich der Musiksender anwarb, dann sollte wieder Schluss damit sein. Ich blieb letztlich dreieinhalb Jahre, und es war eine tolle Zeit. Mit einer eigenen Reisesendung, *Manhattan World Tour*, fing es an. Ich genoss es, ständig unterwegs zu sein. Dadurch, dass es mir durch meinen vietnamesischen Pass in der Jugend – ich habe erst mit siebzehn Jahren einen deutschen Ausweis erhalten – so schwer gemacht wurde, die deutschen Grenzen zu verlassen, holte ich nun alles nach. Die Touren führten mich und mein Team quer durch sämtliche Metropolen Europas bis nach New York, Los Angeles und Tokio. Parallel fing ich an, als Schauspielerin zu arbeiten.

Ende 1998 hatte ich eine Menge erreicht. Ich bekam viele Angebote, sowohl als Schauspielerin als auch als Moderatorin, aber mir ging allmählich die Puste aus. Es war alles zu schnell gegangen, in den Medien gab es eine Schlagzeile nach der anderen über mich. Hatte ich am Anfang meiner Karriere noch zu hören bekommen: »Deutschland akzeptiert keine asiatisch aussehende Frau«, konnte ich nun in fetten Balken in Zeitschriften lesen: »Eine Exotin – die erste Vietnamesin im deutschen Fernsehen«.

Das Komische daran war, dass ich diese Beschreibungen gar nicht mehr mit mir verband. Ich fühlte mich weder als »Exotin« noch als »erste Vietnamesin im deutschen Fernsehen«. Wenn ich überhaupt ein Gefühl für meine Situation entwickelte, dann hatte es etwas mit meinem Status als Staatsbürgerin der Bundesrepublik zu tun. Aber darüber ließ sich kein Journalist aus. Mit Anfang zwanzig war ich noch sehr rebellisch, kämpfte gegen diese medialen Verallgemeinerungen an und ließ jeden wissen, ob er es nun hören wollte oder nicht: »Ich hasse es, als Exotin tituliert zu werden.« Heute lächle ich darüber und nehme eine solche Bezeichnung als Kompliment.

Im Lauf meiner dreieinhalb Jahre bei Viva kamen immer mehr Zweifel in mir hoch. War das der richtige Weg, den ich eingeschlagen hatte? Tief in meinem Inneren spürte ich, dass ich mehr wollte, etwas anderes. Aber konnte ich das erreichen, wenn ich bei Viva blieb? Ich wollte ernst genommen werden, schauspielerisch vielseitiger werden. Mein damaliges Rollenprofil ging mir zu sehr in Richtung »Girlie, hip und trendy«. Auch dieses Bild hatten die Medien aufgebaut. Als Girlie sah ich mich aber noch weniger, dann schon eher als Exotin. Für mich war »Girlie« ein Modebegriff, eine Kategorie, unter die man die jungen, hippen und frechen Mädchen subsummierte. Hinzu kam, dass es die Branche gar nicht gern sah, dass ich neben meiner Moderatorentätigkeit als Schauspielerin arbeiten wollte. Ich sollte mich entscheiden, hieß es hinter vorgehaltener Hand. Letztlich bedeutete das, dass sie mich auch in beruflicher Hinsicht unbedingt in eine Schublade stecken wollten – ein übrigens typisch deutsches Phänomen: Da die anderen dich besser einordnen und einschätzen können wollen, brauchen sie ein klare Definition eines Menschen. Und wenn sie die haben, können sie auch etwas mit dir anfangen.

Auf der anderen Seite lief es aber gerade verdammt gut. Ich hatte auf Viva ein eigenes Format, das nach mir benannt war: *Minh-Khai & Friends*, eine Interviewsendung, in der ich Gespräche mit Menschen führen konnte, die mich wirklich interessierten. Zu Gast waren unter anderem Harald Schmidt, Alfred Biolek, Marius Müller-Westernhagen, Til Schweiger, Roger Willemsen und Dolly Buster. Gleichzeitig war ich das Aushängeschild von Viva2. Ich verdiente viel Geld und war sehr gefragt. Sollte ich das alles aufgeben, nur weil ich vielleicht mehr wollte? Aber was bedeutete dieses »mehr« überhaupt? Eine wirkliche Antwort hatte ich nicht auf diese Frage. Zudem rieten meine Eltern davon ab, das Erreichte hinzuschmeißen, aus Sorge, ich könnte etwas Unüberlegtes tun. Ich wusste jedoch, dass nur ein Rückzug eine Entscheidung bringen konnte, eine Entscheidung, die für mich kein Bedauern beinhalten sollte.

Gleichzeitig tauchten neue Fragen auf. Ich beobachtete andere Prominente, und jeder von ihnen behauptete, sich darüber im Klaren zu sein, dass die Karriere schneller als gedacht vorbei sein könnte. Und fast jeder meinte, damit aber letztlich keine Probleme zu haben. Ich überlegte, ob dies der Wahrheit entsprach. Kann man wirklich leicht damit fertig werden und gut damit umgehen, wenn eines

Tages niemand mehr etwas von einem wissen will? Wenn das Telefon nicht mehr so oft läutet? Wenn man vielleicht nicht mehr weiß, wie man die nächste Miete bezahlen soll? Ist es tatsächlich so einfach aufzugeben, überall wie selbstverständlich zu Events eingeflogen zu werden, in den besten Hotels zu wohnen und die schönsten Kleider gestellt zu bekommen? Und die Frage, die mich weitaus am meisten beschäftigte: Was sagt die eigene Eitelkeit dazu, wenn man nicht mehr von den Zuschauern geliebt wird? Kann man von einem Tag auf den anderen auf diese Zuwendungen verzichten? Einfach so?

In dieser Zeit – ich war gerade fünfundzwanzig Jahre alt geworden – trieb mich noch ein anderes Problem um. Ich war mit zwanzig zum Buddhismus konvertiert, kurz bevor ich für das Fernsehen entdeckt wurde. Durch meine aufreibende Arbeit bei Viva war dieser Glaube aber immer mehr in den Hintergrund getreten. Nun fragte ich mich, was davon übrig geblieben war, bedeutete der Buddhismus für mich doch eine Religion, die zur eigenen Freiheit führen soll – damals wie heute ein faszinierender Gedanke und in meinen Augen ein erstrebenswerter Weg.

In meinem Beruf aber fühlte ich mich nicht frei, ganz im Gegenteil. Ständig war man auf das Lob von Kritikern, Regisseuren, Castern, Produzenten, Regisseuren, Kollegen und vor allem vom Publikum angewiesen. Man lechzte regelrecht danach! Wenn man diese oder jene Rolle, die man sich erträumt hatte, nicht erhielt, fühlte man sich sofort zurückgewiesen. Wenn die Kritiker schlecht über einen schrieben, lag es niemals an ihnen, man selbst hatte versagt. Und wenn man bei einer scheinbar wichtigen Einladung übergangen wurde, glaubte man im gleichen Moment, dass man nicht mehr gefragt war. Im Grunde war man nichts anderes als ein Hamster im Rad. Und doch wollte man immer mehr: mehr Geld, mehr Ruhm, mehr Anerkennung, mehr Arbeit. Dabei hatte ich das Gefühl, dass ich als Mensch immer weniger zählte.

Ich musste aus diesem Teufelskreis ausbrechen, das wurde mir immer klarer. Das aber wiederum hieß: Ich musste die unweigerlich damit verbundene Stille um meine Person aushalten, die Stille, die im Buddhismus eine so große Bedeutung hat. Sicher, ich konnte mich auf meine Eltern und einen engen Freundeskreis verlassen – sie hatten dafür gesorgt, dass ich in den vergangenen drei Jahren nicht abgehoben war –, trotzdem würde ich in Zukunft eigene Kraft aufbringen müssen, um diesen Weg gehen zu können.

Bis zu diesem Zeitpunkt hatte ich auf der Überholspur gelebt. Alles lief schnell ab: schnelles Geld, schneller Ruhm, schneller Alltag. Ich flog schnell mal nach Köln, um eine Sendung zu moderieren, anschließend ging es in eine andere Stadt für ein Fotoshooting, danach absolvierte ich noch ein Interview, um am Ende eines langen Tages ein drittes Mal in den Flieger zu steigen, der mich dann endlich nach Hause brachte, nach München, wo ich damals lebte.

Natürlich gab es zwischendurch auch ruhigere Phasen, kleine Auszeiten, wenn ich etwa bei meinen Eltern war. Ich saß dann oft im Restaurant meiner Mama an der Bar und sah ihr bei der Arbeit zu, oder ich aß mit meinem Papa zu Abend. Ein wenig erzählte ich ihnen von dem gerade Erlebten, aber im Großen und Ganzen hielt ich mich eher mit meinen Berichten zurück. Wie sollte ich auch den Wahnsinn, den ich Tag für Tag erlebte, in Worte fassen? Mit meinen Freunden, für die ich jedes Mal kochte, wenn ich von einem längeren Arbeitstrip zurückkehrte, sprach ich ebenso wenig über mein temporeiches Leben. Die meisten von ihnen studierten damals oder waren mit ihrer Lehre beschäftigt, konnten sich also gar nicht vorstellen, was ein derart rasanter Lifestyle mit sich brachte.

Eltern wie Freunde hatten also eine beruhigende Wirkung auf mich, in ihrer Gegenwart konnte ich mich fallen lassen, kam wieder zu mir und blieb deshalb auf dem Boden der Tatsachen. Doch irgendwann merkte ich, die Begegnungen mit ihnen reichten nicht mehr aus, die Stunden in ihrer Gegenwart füllten mein leerer werdendes Gefühlskonto nicht auf. Ich brauchte mehr Zeit, um wieder zu mir zu kommen, ich sehnte mich nach einer längeren Verschnaufpause.

Als mein Entschluss für den Ausstieg schließlich unwiderruflich feststand, trennte ich mich beruflich nicht nur von meinem Arbeitgeber Viva, sondern auch von meinem Management. Eindringlich warnte mich mein damaliger Manager, dass ich rasch vom Fenster weg sein würde, wenn ich diese Pause zu lange ausdehnen würde. Obwohl mich seine alarmierenden Bemerkungen leicht verunsicherten, stand für mich dennoch fest, dass ich Qualität in meinem Tun nur dann erlangen könnte, wenn ich mich rar machen würde.

Ende 1998 zog ich in eine kleinere Wohnung, genoss meine neu gewonnene Freiheit und war voller Energie. Aber nach einigen Monaten, als das Telefon nicht mehr so oft klingelte und das Ersparte weniger wurde, geriet ich in leichte Panik, später in eine tiefe Sinnkrise. Auf der einen Seite war schon klar, dass ich die neue Situation selbst herbeigeführt hatte, andererseits hatte ich jedoch sehr mit meiner Eitelkeit zu kämpfen. Das wurde auch nicht besser, wenn mich Kollegen oder Journalisten bei Begegnungen als Allererstes fragten: »Und? Was machst du gerade? Irgendwelche Projekte?« Ich fühlte mich in der Pflicht, ihnen zu antworten. Sagte man, dass man mit so vielen Projekten gleichzeitig beschäftigt sei, dass man gar nicht mehr zum Atmen komme, dann wurde das immer anerkennend registriert. Erwiderte man dagegen, dass man zurzeit keinen Job hätte, bekam man nur Mitleid zu spüren. Ein verteufeltes System, und die Erkenntnis, genau in diesem gefangen zu sein, ließ mich regelrecht verzweifeln. Niemals hätte ich es vor meiner Kündigung für möglich gehalten, wie sehr mich dieses Viva-Leben im Griff hatte. Der eigene Abgrund zeigt sich aber erst in Zeiten größten Zweifelns – und es ist überhaupt nicht schön, in diesen hinunterzublicken.

Oft hatte man mir gesagt, ich sei ein Sonntagskind. Folglich ging ich davon aus, Glück sei etwas Selbstverständliches. Nun begann diese Vorstellung, Risse zu bekommen. Ich versank immer mehr in düstere Gedanken. Und immer mehr begriff ich, wie wenig Abstand ich zu dem ganzen Mediengeschäft hatte. Ich bemitleidete mich selbst, dabei war ich doch diejenige gewesen, die die Stopptaste gedrückt hatte.

In dieser dunklen Phase begegnete ich einem alten Freund. Sammy Hart arbeitete als Fotograf und war gerade aus Vietnam zurückgekehrt. Er hatte sich dort in ein vietnamesisches Model verliebt, in Zukunft wollte er zwischen Deutschland und Vietnam hin- und herpendeln.

Meine Selbstzweifel hatten gerade ihren Tiefpunkt erreicht, da schlug er mir vor, gemeinsam ein Projekt zu realisieren, eine Vietnam-Reise, die uns von Saigon nach Hue, der Kaiserstadt im Norden des Landes, führen sollte. Bei dieser Reportage sollte ich den Text schreiben und er die Fotos machen. Ich willigte sofort ein. Wir fanden auch bald eine Zeitschrift, die uns die Geschichte abkaufte – Vietnam wurde meine Rettung.

Als ich meinen Eltern von diesem Vorhaben erzählte, beschlossen sie, mich auf dieser Reise zu begleiten. Ich freute mich sehr über ihre Entscheidung. Sie an meiner Seite zu wissen, gab mir – gerade in dieser Zeit – große Sicherheit.

Im Mai 1999 flogen Sammy Hart, meine Eltern und ich nach Saigon. Obwohl ich schon häufig in Vietnam war, kannte ich bisher nur das Dorf Long Khanh, die beiden Küstenorte Vung Tau und Long Hai sowie Saigon selbst. Eigentlich heißt die Stadt seit der Wiedervereinigung von Nord- und Südvietnam 1976 Ho-Chi-Minh-Stadt (Thanh Pho Ho Chi Minh), benannt nach dem kommunistischen Führer Ho Chi Minh, der den Krieg über die Welt gewann – nämlich über Amerika. Doch obwohl alle Onkel Ho, wie er liebevoll genannt wird, bewundern und verehren, denn er war für das Zusammenwachsen des seit 1945 geteilten Vietnams verantwortlich, sind die Einwohner bei dem alten Namen geblieben.

Sammy und ich mieteten nach unserer Ankunft in Saigon einen Kleinbus. Wir hatten die Absicht, damit die nächsten zwei Wochen durch die Sozialistische Republik zu fahren – insgesamt achthundertfünfzig Kilometer.

Während dieser Reise, das war unser Plan, wollten wir auch Da Nang besuchen, die mir unbekannte Heimatstadt meiner Eltern. Umso mehr freute ich mich, dass nicht nur mein Vater und meine Mutter uns begleiteten, sondern auch Onkel Tho – ein Cousin meiner Mutter, der in ihrer Familie aufgewachsen war – und seine Frau Yen.

Wer durch Vietnam reist, sollte sich viel Zeit nehmen, für einhundert, zweihundert Kilometer braucht man manchmal einen ganzen Tag. Schaut man auf eine Karte, dann sieht man, dass das Land die Form eines S hat. Manche bezeichnen die Republik auch als »Bambusstange mit zwei Reisschalen«. Im Norden und Süden Vietnams befinden sich nämlich zwei sehr fruchtbare Flussdeltas, in denen Reis angebaut wird, dazwischen, als eine Art Verbindung, existiert ein schmales, eher karges und von Wald und Gebirge durchzogenes Gebiet. Die beiden Flussdeltas werden vom Roten Fluss und vom Mekong gebildet, sie sind gesäumt von weiten Ebenen, die sich im Hinterland zu Hochebenen erheben.

Die Nord-Süd-Achse hat eine Länge von ungefähr tausendsechshundertfünfzig Kilometern, von Ost nach West (oder umgekehrt) sind es ungefähr sechshundert. Die schmalste Stelle, sie liegt im mittleren Teil von Vietnam, misst übrigens nur fünfzig Kilometer. Der südostasiatische Staat grenzt an China, Laos und Kambodscha sowie an das Südchinesische Meer. Vietnam ist etwas größer als Deutschland (manche behaupten auch, es sei geringfügig kleiner).

Nach einer Woche bei meiner Oma mütterlicherseits, die jetzt am Rand von Saigon lebt, brachen meine Eltern, Tante Yen, Onkel Tho und ich am frühen Morgen um sechs

Uhr auf, um Sammy in seinem Hotel in der Innenstadt abzuholen. Nachdem wir uns mühselig durch den dichten Verkehr gedrängelt hatten, verließen wir diese boomende Stadt, die wesentlich lauter und hektischer ist als die im Norden gelegene Hauptstadt Hanoi. Als wir die letzten Häuser hinter uns ließen, kamen wir durch eine grüne und hügelige Landschaft. Links und rechts zogen Reisfelder, Palmenwälder, Kautschukplantagen und kleine Dörfer mit den typischen strohgedeckten Dächern an uns vorbei. Zwischendurch sahen wir immer wieder das Meer mit seiner unglaublich türkisblauen Farbe.

Gegen Mittag hielten wir vor einem der vielen kleinen familienbetriebenen Restaurants, die überall an den Straßen zu finden sind. Wir aßen gebratenen Fisch (*ca chien*), Gemüse mit Rindfleisch, dazu *canh chua ca*, eine Fischsuppe mit frischer Ananas, Tomatenstücken und Sellerie. Alles schmeckte köstlich. Die Weiterfahrt gestaltete sich als sehr anstrengend und holperig, denn die Straßen hatten Unmengen von Schlaglöchern. Das ständige Gehupe und gleichzeitige Überholen der Autos und Mopeds sowie die Ausweichmanöver der zahlreichen Wasserbüffelherden, die zu den Reisfeldern getrieben wurden, die vielen Menschen, die ständig die Straßen überquerten, trübten ein wenig die Euphorie, in diesem Land herumzureisen.

Nach dreizehn Stunden erreichten wir endlich unsere erste Station: Nha Trang, eine Stadt am Südchinesischen Meer, gut vierhundert Kilometer von Saigon entfernt. »Wenn Saigon das Paris des Orients ist, dann ist Nha Trang sein Nizza«, schrieb ein enthusiastischer Globetrotter Anfang des letzten Jahrhunderts. Obwohl ich vorher einiges über diese Ortschaft gelesen hatte, überraschte sie mich doch. Nha Trang bestand aus lauter kleinen französischen Jugendstilvillen mit Vorgärten, nirgendwo entdeckte ich Strohdächer oder hässliche Wellblechdächer, wie sie in Saigon üblich sind. Der Strand war traumhaft schön – weißer Sand, Palmen, azurblaues Wasser.

Wir mieteten uns ein Boot und tuckerten um die vorgelagerten Inseln, die völlig unbesiedelt waren. Bewohner von Nha Trang hatten uns von wunderschönen Korallenriffen berichtet, die ganz in der Nähe dieser Eilande sein sollten. Als begeisterte Taucherin ging ich gleich auf Entdeckungsreise, wurde aber leider enttäuscht. Die Sicht war mäßig und die Korallenriffe schienen winzig klein. Durch meine Tauchexpeditionen, die ich unter anderem im Roten Meer, auf den Philippinen und den Malediven unternommen hatte, war ich verwöhnt.

Viele Fischerboote, die wie überdimensionale Körbe aussahen, glitten uns entgegen. Die Besitzer benutzten manchmal ein Paddel, um sich vorwärtszubewegen, oder sie schaukelten im Takt der Wellen und kamen auf diese Weise voran. Es beruhigte mich sehr, diesem völlig unhektischen Treiben zuzuschauen.

Von Nha Trang fuhren wir weiter nach Da Nang, der größten Stadt Zentralvietnams. Während des Vietnam-Kriegs (Amerika-Kriegs) waren in dieser Ortschaft am Fluss Han zeitweise mehr US-Truppen als an jedem anderen Platz in Vietnam. Bevor Da Nang mit seinem geschützten Hafen den Amerikanern 1965 als »Einfallstor« nach Vietnam diente und sie die Grenzstadt zu Laos (günstig für den Waffennachschub) zum Sperrgebiet erklärten, erkannten zuvor die Portugiesen (1535) und die Franzosen (1847) den strategisch günstigen Ausgangspunkt. Papa erzählte mir das, während wir die Straße aufsuchten, in der er groß geworden war. Als wir vor dem winzigen, verschlossenen Haus standen, trafen wir eine ältere Frau, eine frühere Nachbarin, die seit damals noch immer in ihrer Wohnung lebte. Sie fiel meinem Vater weinend in die Arme. Als sie sich beruhigt hatte, erkundigte sie sich nach seinen Eltern. Meine Großeltern sind 1976, kurz nach dem Sieg der Kommunisten, in die Großstadt Saigon geflohen, dazu aber später mehr. Die alte Frau lud uns – typisch für Vietnamesen – zum Essen ein, aber meine Eltern lehnten höflich lächelnd ab.

»Meine Tochter Minh-Khai will mein altes Gymnasium, die Phan-Chau-Trinh-Schule, sehen. Gibt es die überhaupt noch?«, fragte Papa.

Die Nachbarin bejahte. Wir verabschiedeten uns nun von ihr und machten uns auf den Weg.

Während der Bus uns zu der Schule meines Vaters fuhr und meine Eltern, Onkel Tho und Tante Yen immer wieder Straßen erkannten und sich aufgeregt ihre Erinnerungen zuriefen, versuchte ich mir vorzustellen, wie es wohl für meine Eltern gewesen sein musste, während des Kriegs aufgewachsen zu sein. Für mich erschien es nahezu unverständlich, dass man in einer solchen Situation eine unbeschwerte Kindheit haben konnte. Aber ich wusste aus den Erzählungen meiner Mutter beispielsweise, dass sie sich – trotz des Kriegs – sehr behütet gefühlt hatte. Ihr Vater fuhr sie immer noch fast täglich auf seinem Moped zur Schule, als längst sämtliche Freundinnen mit ihren eigenen Kleinkrafträdern zum Unterricht kamen. Er befürchtete, es könnte ihr auf dem Weg dahin etwas zustoßen.

»Das Lustige ist, dass die Schulen von mir und Papa nur wenige Straßen auseinanderliegen«, sagte Mama nun.

»Aber ihr kanntet euch da noch nicht, oder?«, fragte ich.

»Nein, wir lernten uns erst nach dem Abitur kennen, als wir beide nach Saigon gingen, um dort zu studieren. Wir hatten einen gemeinsamen Freund, der uns sozusagen verkuppelte.«

»Und als deine Eltern auf die Welt kamen, lebten sie sogar in zwei Dörfern, die nicht weit voneinander entfernt liegen«, ergänzte Onkel Tho.

»Das nennt man wohl Schicksal«, meinte Tante Yen.

Als wir schließlich vor der Phan-Chau-Trinh-Schule standen, wurden bei meinem Vater alte Erinnerungen wach.

»Wir hatten Schilder auf unserer weißen Schulkleidung aufgenäht«, erzählte Papa. »Darauf stand unser Name, die Klasse und die Schule, zu der wir gehörten. Von den Lehrern wurde strengstens kontrolliert, ob sie auch tatsächlich aufgenäht und nicht nur aufgeklebt waren. Dann hätte man sie ja abnehmen und die Schule schwänzen können.«

»Wenn man mit einem geklebten Schild erwischt wurde, erhielt man eine Strafe«, fügte Mama an. »Und die war nicht gerade gering.«

Papa zeigte jetzt auf eine Fahne. »Jeden Montag mussten wir uns hier im Hof versammeln, die Flagge wurde gehisst, und anschließend sangen wir die Nationalhymne.«

»Schaut mal, das haben wir früher auch gespielt«, rief Onkel Tho plötzlich. Wir drehten unsere Köpfe in die Richtung, in die Onkel Tho gezeigt hatte, und sahen, wie Jungen und Mädchen geschickt eine Art Federball (*da cau*) hin und her kickten. Ich kenne dieses Spiel auch aus Deutschland, aber hier wird es mit einem kleinen weichen Ball, der sich Hacky-Sack nennt, gespielt. In Vietnam besteht er aus Plastiksprungfedern, auf denen oben eine weitere Feder prunkt, die es in verschiedensten Farben gibt. Zu jeder Uhrzeit kann man Kinder bei diesem Spiel zusehen.

Besonders die Mädchen, die wir beobachteten, sahen in der weißen Schulkleidung äußerst elegant aus, wenn sie sich bewegten. »Damals hätten wir Mädchen in dieser Aufmachung nicht *da cau* spielen dürfen«, sagte Mama verwundert.

»Warum?«, fragte ich.

»Die Kleidung war viel zu fein dafür«, erklärte Tante Yen.

»Und es gehörte sich damals auch nicht für Mädchen, in dieser Tracht *da cau* zu spielen«, ergänzte meine Mutter.

Nach dem Besuch der Schule brachen wir auf, um die Berge Non Nuoc, die in der Nähe von Da Nang lagen, zu besichtigen. Von ihnen wird der Marmor abgetragen, aus denen viele der käuflichen Buddhafiguren gemeißelt werden. Als wir die Straße, die zu den Marmorbergen führte, entlangfuhren, hörten wir aus unzähligen Werkstätten das ständige Klopfen des Meißels. In ihnen werden aber nicht nur Buddhastatuen geformt, sondern auch Drachen, Löwen und andere wirkliche und Fantasietiere.

Unzählige steile Stufen mussten wir emporsteigen, um auf den höchsten der Marmorberge zu gelangen. Insgesamt waren es fünf imposante, bis zu hundert Meter hohe bewaldete Felskegel. Überall entdeckten wir kleinere Tempel, Pagoden und Klöster, in denen Mönche und Nonnen lebten. Mich beeindruckten aber am meisten die Grotten und Höhlen. Die größte Grotte stellte sich als eine Art Tropfsteinhöhle heraus, die vor rund zweihundert Jahren entdeckt worden war. Es befanden sich dort Abdrücke an den Wänden, und eine Legende besagt, dass Buddha hier zum Meditieren die Felswand heraufgeklettert sei.

Der zu dieser Zeit regierende Kaiser war sehr gläubig und ließ anlässlich dieser Begebenheit vier Altäre in der Höhle aufstellen, ausgerichtet nach den vier Himmelsrichtungen, die in Vietnam die vorherrschenden buddhistischen Glaubensrichtungen symbolisieren. Um diesen magischen Ort betreten zu können, mussten wir in Fels gehauene Treppen hinuntersteigen. An der Decke der Höhle gab es eine circa fünf Meter große Öffnung, durch die um Punkt zwölf Uhr mittags das Tageslicht fällt wie eine mächtige Lichtsäule, die den Raum erhellt. Es wurde uns gesagt, dass noch nie Regentropfen durch diese Öffnung gefallen seien. Die Vietnamesen, überhaupt sehr fantasievoll, lieben es, in den Steingebilden an den Wänden Tiere oder Fabelwesen zu erkennen.

Ich setzte mich vor den Erleuchteten und genoss die Stille und schlichte Schönheit der Höhle. Nach all den aufreibenden letzten Jahren spürte ich zum ersten Mal, wie ich wirklich zur Ruhe kam. Lange saß ich vor dem thronenden Buddha und begann über mich und mein Verhältnis zu diesem »Erleuchteten« und »Erwachten« (Gautama) nachzudenken. Buddha ist keine ferne Gottheit, sondern bezeichnet jeden Menschen, der die Erfahrung Gautamas vollzogen hat und seinem Menschsein vollständig auf den Grund gegangen ist.

Mir fiel meine beste Freundin Anne ein, die mit sechzehn Jahren vom protestantischen Glauben zum tibetischen Buddhismus konvertierte. Als sie achtzehn war, flog sie für drei Monate in ein buddhistisches Kloster nach

Indien. In diesem lebte damals der Dalai Lama im Exil. Sie wollte durch den Aufenthalt im Kloster ihrem Glauben eine tiefere Dimension geben. Ich selbst stand gerade vor dem Abitur und fand ihren Entschluss sehr mutig. Anne wusste ja nicht, was sie dort erwartete. Als ich sie zum ersten Mal nach ihrer Reise wiedersah, strahlte sie eine große Zufriedenheit aus. Ich war fasziniert von ihren Erzählungen über den Alltag an diesem spirituellen Ort, und durch unsere vielen und langen Gespräche kam ich dem Buddhismus immer näher. Das, was ich durch meine Freundin über ihn erfuhr, erschien mir wie eine Antwort auf meine ständige Frage nach dem Sinn des Lebens, aber auch meines Daseins.

Ich fing an, mich intensiver mit dem Buddhismus auseinanderzusetzen. Bis dahin war ich wie meine Eltern Katholikin, und es war für mich etwas Besonderes, mich dieser Religion zu nähern. Es ist eine ohne Gott, sie kennt weder Himmel noch Hölle, Verbote oder Bestrafungen. Man ist nach diesem Glauben für sein Handeln selbst verantwortlich und gibt es nicht in die Hände eines Allmächtigen ab, der über Recht und Unrecht wacht. Nicht das ewige Leben verspricht der Buddhismus, sondern – und das beschäftigte mich am meisten – eine Erlösung durch Selbsterkenntnis. Dahinter verbirgt sich die Vorstellung, durch das Loslassen von Gedanken und Ängsten seinem wahren, inneren Ich näherzutreten. Verbunden ist damit wiederum die Aufforderung, das Bild, das man von sich selbst hat – es ist das Bild, wie man sich gern wahrnimmt –, aufzugeben. Das heißt, man muss im Grunde bereit sein, sich wirklich sehen zu wollen. Man muss bereit sein, die eigene Eitelkeit nicht nur zu erkennen, sondern auch zu überwinden. Ich verglich dieses Vorgehen damals mit dem Häuten einer Zwiebel. Nach jeder Schicht, die man abzieht, kommt etwas anderes zum Vorschein. Das kann positiv überraschend, aber auch äußerst schmerzhaft sein.

Außerdem war ich angetan von der Idee, dass jeder Augenblick des Lebens auch einer der Erfahrung ist. Dieser Gedanke beinhaltet die Chance einer ständigen Veränderung. Stillstand gibt es nicht. Mit anderen Worten: In jeder Hinsicht hat das eigene Handeln Auswirkungen auf das eigene Dasein. Mit jedem Tag hat man also die Möglichkeit, das Leben nicht nur zu leben, sondern ihm auch neu zu begegnen. Probleme können also letztlich durch eine andere Wahrnehmung überwunden werden.

Die Beschäftigung mit dem Buddhismus lehrte mich, andere Menschen nicht für mein Schicksal verantwortlich zu machen. War die erste Wut und Enttäuschung über eine Sache, die mir widerfahren war, verflogen, versuchte ich das Geschehene von einem anderen Blickwinkel aus zu betrachten. Das war nicht immer einfach und kostete viel Kraft, denn es ist leichter, einem anderen Menschen die Schuld für Fehler in die Schuhe zu schieben, als sie bei sich selbst zu suchen.

Das Leben, so lehrte mich der Buddhismus weiterhin, besteht wie eine Medaille aus zwei Seiten. Es ist lohnend, sich diese genauer anzuschauen. Sinnbild dafür ist das Yin- und Yang-Zeichen. Diese beiden Symbole sind eng miteinander verbunden und bilden in ihrer Gesamtheit einen Kreis: Schwarz und Weiß, Licht und Schatten, Tag und Nacht, Mann und Frau. All diese Dinge sind gegensätzlich, aber doch gehören sie zusammen. Die eine Seite kann ohne die andere nicht existieren.

Ich fing an, mich mit den Lehren Buddhas auseinanderzusetzen. Meine Gespräche mit Anne waren dabei entscheidend, denn durch sie erfuhr ich am meisten. Ich begann, das Leben neu zu betrachten. Der Prozess, bis ich mich Buddhistin nannte, dauerte über vier Jahre, meine Reisen nach Vietnam trugen dazu bei. Dadurch, dass die vietnamesische Kultur buddhistisch geprägt ist und meine Familie nach diesen Traditionen lebt, war es eine natürliche Konsequenz in meinem Findungsprozess, mich dieser Philosophie zu nähern und sie zu verinnerlichen.

Anfangs wurde mir bewusst, wie schwierig es ist, nach dieser Überzeugung zu leben. Aber je mehr ich den Buddhismus lebte, desto selbstverständlicher wurde er für mich. Es interessierte mich, das Geschehene im Zusammenhang mit meinem eigenen Leben zu betrachten, darauf hoffend, irgendwann an den Punkt zu kommen, wo man weiß, warum die Dinge, die einem widerfahren, sich so und nicht anders zutragen mussten.

Ich ließ nun meinen Blick durch die Höhle schweifen, bis ich wieder bei der Buddha-Statue angelangt war. Der Erleuchtete saß mit geschlossenen Augen im Lotussitz vor mir, die Hände im Schoß gefaltet, sein Gesicht hatte eine friedliche Ausstrahlung. Es schien, als wäre er frei von allen irdischen Lasten. Während ich ihn betrachtete, merkte ich, wie müde ich war. Wie hatte ich all diese klugen Gedanken des Buddhismus in der letzten Zeit nur vergessen können? Ich begriff schmerzhaft, wie sehr ich mich durch mein schnelles Leben wirklich verloren hatte. Ich hatte einfach vergessen, darauf zu vertrauen, dass sich meist eine neue Tür öffnet, wenn man es geschafft hat, eine zu schließen. Meine Angst, dass ich meine Kündigung bereuen könnte, hatte mich beherrscht. Dabei hätte ich doch wissen müssen: Eine Entscheidung, die man in einem bestimmten Moment seines Lebens getroffen hat, wird immer eine richtige sein.

Jeder, der in seinem Dasein verharrt und sich nicht bewegt, dem bleiben am Ende nur Spekulationen. »Wenn ich das und das getan hätte, dann wäre es vielleicht anders gekommen« – wie oft hört man diesen Satz. Man möchte denjenigen, der ihn ständig wie eine Litanei vor sich herbetet, am liebsten anstoßen, das Versäumte endlich nachzuholen oder wenigstens überhaupt etwas in Gang zu setzen. Gewissheit über den eingeschlagenen Weg hat man nur dann, wenn man es wagt, überhaupt einen zu betreten. Wer im Ist-Zustand verharrt, hält sich nicht nur selbst auf, sondern macht sich auch noch unglücklich.

Viele Menschen neigen dazu, wenn es ihnen endlich gelungen ist, einen Schritt nach vorn zu gehen, fast im selben Augenblick wieder zurückzuschauen. Es könnte doch der falsche Entschluss gewesen sein, denken sie. Sie sind nicht in der Lage, den Moment wahrzunehmen und vor allem anzunehmen. Das Leben ist jedoch eine Erfahrung, die es lohnt zu leben!

Durch den Buddhismus hatte ich zudem die Einsicht gewonnen, Demut gegenüber dem Leben zu entwickeln. Doch augenscheinlich war es mir im Lauf meiner Viva-Jahre nicht gelungen, meine Erkenntnisse in die Medienwelt zu transportieren und sie umzusetzen. Mein Leben wurde im Gegenteil durch genaue Planungen bestimmt, durch Ängste, die wieder und wieder geschürt wurden. Ich musste zudem über alles Bescheid wissen, ich wollte und musste mitreden, mich einmischen, kontrollieren, manipulieren. Ich wurde vom Tempo der anderen gelenkt und hatte dadurch meine innere Freiheit verloren. Zum Glück sagte mir keiner, ich hätte mich überhaupt nicht verändert. Das hätte mir noch gefehlt, aber wahrscheinlich war ich noch zu jung dazu.

Einige Menschen verstehen die Äußerung, man hätte sich nicht verändert, als Kompliment. Aber dahinter steht allein der Wunsch, alles festzuhalten, was man meint, besitzen zu können: den Partner, die Kinder, das Geld, das Leben. Es gibt einen schönen Satz vom Dalai Lama, er lautet: »Wenn du die Hand schließt, hast du nichts! Wenn du sie öffnest, dann gehört dir das ganze Universum!«

Ich blickte, noch immer vor dem Buddha sitzend, auf meine Hände, die sich, ohne dass ich es gemerkt hatte, zu zwei Fäusten geballt hatten. Langsam öffnete ich meine Hände und spürte augenblicklich, wie meine Müdigkeit verschwand. Ich hatte das Gefühl, regelrecht zu erwachen. Konzentriert hörte ich auf meinen Atem, und in diesem Moment wusste ich, alles war richtig und gut so, wie es war. Doch ich wäre nicht auch westlich erzogen worden, wenn ich nicht gleich wieder Zweifel in mir verspürt hätte, ob ich diese Einsicht auch wirklich auf meinen Alltag in Deutschland übertragen konnte.

2 Rückzug von meinem westlichen Ich

Am nächsten Morgen fuhren wir nach China Beach, dem ehemaligen Privatstrand der GIs von Da Nang. Es war ein befremdlicher Anblick, als wir bemerkten, wie sich dort einige ehemalige amerikanische Kriegsveteranen mit *Good Morning, Vietnam*-T-Shirts mit ihren Familien am Strand sonnten. Sie machten Urlaub, besuchten ehemalige Kriegsschauplätze, wohl um ihre Traumata zu verarbeiten.

»Als ganz kleines Mädchen durfte ich auch an diesen Strand«, erzählte mir meine Mutter. »Kurz danach war es aber für Vietnamesen verboten, ihn zu betreten. Nur Amerikanern war dieses Recht vorbehalten.«

»Warum wurde das so streng gehandhabt?«, fragte ich.

»Weil die Amis Da Nang zum größten Teil besetzt hielten, und ihre militärische Basis befand sich hier am Südchinesischen Meer«, erklärte meine Mutter.

»Die Stadt war damals zweigeteilt. Die Brücke, die wir vorhin überquerten, war die einzige Verbindung zur Stadt, und damit war es die einzige Versorgungsmöglichkeit für die Amerikaner«, fügte mein Vater hinzu.

Meine Mutter betrat an diesem Tag zum ersten Mal seit ihrer Kindheit China Beach, und sie genoss es, den Vietnamesen beim Frühsport zuzusehen. Sie hatten sich ihren Strand zurückerobert! Wir erlebten unglaubliche Szenen. Jede Sportart wurde betrieben, von Tai Chi bis Federball, die Menschen, egal, ob jung oder alt, joggten und schwammen im Meer, Fischer fuhren mit ihren Booten raus oder kehrten gerade heim.

»Wenn man um fünf Uhr morgens kommt«, sagte Onkel Tho, »herrscht hier schon Hochbetrieb. Dadurch, dass der Tag der Vietnamesen früh beginnt, nutzen sie die Zeit vor der Arbeit, um am Strand Sport zu treiben. Und wer nicht berufstätig ist, freut sich an den kühleren Morgenstunden. Ab zehn Uhr ist es meist schon sehr heiß, und ab zwölf ist die Hitze geradezu unerträglich.«

Es stimmte, was mein Onkel sagte. Zwischen dreizehn und sechzehn Uhr kann man in Vietnam nichts anderes tun, als eine längere Mittagspause einzulegen. Im Lauf der Jahre hat sich das Land jedoch den vielen Touristen angepasst. Aus diesem Grund haben viele Läden mittlerweile auch über die Mittagszeit geöffnet. Man behilft sich mit Klimaanlagen, aber wenn man sich in der großen Hitze in der Stadt aufhält, dann sieht man meist Reisende, die herumschlendern beziehungsweise sich schwitzend durch die Straßen bewegen.

Erst nach der unglaublich schwülen Tageszeit ist es wieder möglich, anstrengende Arbeiten zu verrichten. Entsprechend haben die Geschäfte größtenteils bis zweiundzwanzig Uhr geöffnet. Wer in einer Fabrik einen Job hat, muss jedoch auf eine Ruhepause verzichten, auch die Besitzer von Marktständen können sich keine leisten. Wenn man in den frühen Nachmittagsstunden auf den Markt geht oder durch die Straßen fährt, sieht man, wie die meisten Menschen einen Mittagschlaf in ihrer Hängematte abhalten oder auf ihren Plastikstühlen eingenickt sind. Meist sind ihre Gesichter mit einem Strohhut oder einem Fächer bedeckt, um sich vor der gleißenden Sonne zu schützen.

In den drei Tagen, in denen wir uns in Da Nang aufhielten, besuchten meine Eltern, Tante Yen und Onkel Tho zudem ein paar entferntere Verwandte, die noch dort lebten. Die meisten ihrer Angehörigen wohnten jedoch noch immer in den Dörfern, in denen meine Eltern zur Welt kamen. Jedes Mal, wenn sie in Vietnam sind, fahren sie aufs Land hinaus und bringen den vielen Tanten und Onkeln Tabletten gegen Husten, Magen-, Kopf- und Gliederschmerzen mit. Medikamente sind in den Dörfern Vietnams nur schwer zu erhalten, vor allem welche aus Deutschland, die äußerst beliebt sind. Auf den jeweiligen Packungen wird dann von Mama oder Papa mit einem Filzschreiber notiert, wie viele Pillen wann einzunehmen sind und wogegen sie helfen sollen.

Das wollten sie auch dieses Mal machen. Da die Zeit für mich und Sammy aber begrenzt war und die Fahrt zu den Dörfern weit und unbequem ist – man gelangt nur mit einem Boot dorthin –, machten wir uns zusammen mit Tante Yen und Onkel Tho auf den Weg nach Hue. Leider habe ich bis heute noch nie die Geburtsorte meiner Eltern besucht. Ich habe mir aber vorgenommen, es so bald wie möglich nachzuholen.

Meiner Tante und meinem Onkel bot ich an, ebenfalls in Da Nang zu bleiben, aber das kam für sie nicht infrage. In ihren Augen war ich ein kleines Mädchen, um das man sich kümmern musste.

»Ich bin schon oft verreist und viel herumgekommen, Tante Yen!«, protestierte ich. »Außerdem ist der Fahrer noch bei uns und kann uns, sollte es schwierig werden, helfen.«

Aber die beiden ließen sich nicht überreden. »In Vietnam ist alles anders als im gut organisierten Deutschland«, sagte Onkel Tho, und sein Ton war sehr bestimmt. Dass ich schon um die halbe Welt gejettet bin, wie ich nochmals leise betonte, interessierte ihn in diesem Moment überhaupt nicht. Schließlich gab ich es auf, mich gegen ihren Willen zu stemmen. Ich freute mich ja auch, dass sie in meiner Nähe sein wollten.

Als wir unterwegs zur alten Kaiserstadt Hue waren, wurde mir bewusst, dass die Reportage, die der Grund für unsere Reise war, mehr und mehr in den Hintergrund rückte und einer spirituellen Erfahrung gewichen war. Sammy unterstützte mich dabei. Da er selbst überzeugter Buddhist ist, konnte er verstehen, dass ich mehr über mich, meine Wurzeln und die vorherrschende Religion in diesem Land erfahren wollte. Ich sehe es heute als ein großes Glück an, dass gerade er es war, der mich auf dieser Reise begleitete, denn ein anderer wäre vielleicht nervös geworden und hätte befürchtet, dass die Reportage gefährdet sei. Sammy wusste aber, dass das nicht der Fall war, und er wusste, dass wir noch etwas anderes, etwas viel Besseres erfahren würden.

Um nach Hue zu gelangen, mussten wir den Hai-Van-Pass überqueren. »Hai« bedeutet Meer, »Van« Wolken. Als wir uns mit unserem Mietauto in Richtung Gipfel hinaufschlängelten – die Straße war sehr steil und äußerst kurvenreich –, hatten wir das Gefühl, direkt in die Wolken, die die Spitze des Berges einhüllten, hineinzufahren. Oben angekommen, wurden wir mit einer grandiosen Aussicht auf das Meer und Da Nang auf der einen Seite sowie auf die alte Kaiserstadt auf der anderen belohnt. Es kann in der Höhe aber auch so nebelig sein, dass man nicht einmal seine eigene Hand vor Augen sehen kann.

Der Hai-Van-Pass ist auch berüchtigt für seine vielen Unfälle. Zahlreiche Altäre sind am Wegesrand aufgestellt, sie dienen als Mahnmal für die Verunglückten. Aus diesem Grund wurde vor ein paar Jahren ein Tunnel durch das Gebirge gebaut, und so benutzen die meisten Menschen heute diese unterirdische Straße, um nach Hue zu gelangen.

Obwohl die alte Kaiserstadt nur knapp fünfzehn Kilometer vom Wasser entfernt liegt, wird die Nähe zum Südchinesischen Meer kaum wahrgenommen. Der Pass machte den Charakter des Ortes aus. Durch ihn werden die Nordost-Monsune bestimmt, sodass die Temperaturen hier sogar bis unter zehn Grad Celsius sinken können. Unter den Franzosen blieb Hue bis 1945 formell »Kaiserstadt«, gleichzeitig war diese Ansiedlung Provinzhauptstadt des Protektorats Annam. Während der Tet-Offensive im Frühjahr 1968 nahmen die Truppen der Befreiungsfront und der nordvietnamesischen Armee die Stadt ein und verteidigten sie gegen die Angriffe der Amerikaner und ihrer südvietnamesischen Verbündeten. Als Hue auf grausame Weise zurückerobert wurde, legten die GIs die Stadt größtenteils in Schutt und Asche. Der Begriff Tet-Offensive bezeichnet übrigens einige militärische Operationen der regulären nordvietnamesischen Armee (NVA) und des Vietcong im Rahmen des Vietnam-Kriegs. Sie startete als Überraschungsangriff während des vietnamesischen Neujahrsfests (Tet-Fest) 1968, bei der sogar die amerikanische Botschaft in Saigon gestürmt wurde. Militärisch erwies sich die Offensive als Desaster, und die NVA und der Vietcong mussten sich zurückziehen, aber politisch war es ein Erfolg. Es kam in den USA zu Massendemonstrationen gegen den Krieg, und sogar renommierte Zeitungen wie *Time*, *Life* und *Newsweek* stellten sich gegen diesen militärischen Einsatz – und damit gegen den amerikanischen Präsidenten Richard Nixon.

Hue wird – wie Da Nang – durch den Fluss Song Huong geteilt, den man poetisch als »Fluss der Wohlgerüche« bezeichnet, prosaischer als »Parfüm-Fluss«. Der Name geht auf eine früher in dieser Gegend wachsende Duftpflanze zurück. Hue erlebte ich als einen sehr spirituellen Ort, denn hier schlägt mit seinen dreihundert Tempeln und Pagoden das buddhistische Herz von Vietnam. Die bekannteste religiöse Stätte ist sicherlich die sieben Stockwerke hohe Thien-Mu-Pagode nahe am Parfüm-Fluss. Wenn man unten an der Treppe steht, kann man nur die Spitze der Pagode sehen. Sie wirkt etwas verbogen, fast wie der schiefe Turm von Pisa. Hat man endlich die hohen Stufen erklommen, erschließt sich einem der Ort in seiner wahren Größe und Pracht. Ruhe und Kraft gehen von ihm aus. Mönche in braunen Gewändern arbeiten andächtig in den Gärten oder verrichten ebenso mit Muße die Hausarbeiten. Sie leben auf dem abgeschiedenen Gelände in einfachsten Verhältnissen. Einige sollen auch unter Hausarrest stehen, weil sie sich öffentlich gegen die heutige Regierung Vietnams geäußert haben.

Ich lernte bei diesem Besuch einen der alten Mönch kennen. Man diagnostizierte bei ihm Krebs, als er neunundvierzig Jahre alt war, und er kam in diesen Tempel, um hier zu sterben. Täglich meditierte er mehrere Stunden, fand zu einem tiefen Glauben – und wurde wieder gesund. Daraufhin wurde dieser Mann buddhistischer Mönch und blieb in dem Kloster, das für ihn nun Leben bedeutete.

Als ich ihn traf, war er weit über achtzig Jahre alt und unglaublich fit. Er zeigte mir Bilder aus der Zeit, als er schwer krank war. »Buddha hat mir ein neues Leben geschenkt«, sagte er dabei ganz leise. Während er sich weiter mit Onkel Tho und Tante Yen unterhielt, beobachtete ich ihn. Er strahlte eine unglaubliche Kraft und Ruhe aus. Ich konnte mir gar nicht vorstellen, dass er einst unheilbar krank war.

In der Garage der Pagode war ein alter Austin aufgebockt. Einer der Mönche, die einst im Kloster lebten, Thich Zuang Duc, war am 11. Juni 1963 mit diesem Wagen nach Saigon gefahren. Er suchte eine belebte Kreuzung auf, setzte sich in Meditationshaltung auf die Straße und wurde von seinen Begleitern mit Benzin übergossen und angezündet. Es war die erste Selbstverbrennung eines Mönchs, damals aus Protest gegen das Diem-Regime. Das Foto der Selbstverbrennung prangte am nächsten Tag auf den Titelseiten aller internationalen Zeitungen. Seither steht der Austin wie ein Mahnmal in der Pagode.

1954, nach dem Rückzug der Franzosen aus Vietnam, sollte das geteilte Land mithilfe von Neuwahlen wiedervereint werden. Der Norden war kommunistisch, nannte sich Demokratische Republik Vietnams und stand unter der Führung von Ho Chi Minh; der Süden, die Republik Vietnam, wurde von Ngo Dinh Diem regiert. Mit amerikanischer Rückendeckung errichtete Ngo Dinh Diem jedoch ein autoritäres Regime, unterdrückte jede Art von Opposition, baute eine starke Armee auf und holte zahlreiche US-Militärberater in die Republik Vietnam. Die für 1956 vorgesehenen gesamt-vietnamesischen Wahlen scheiterten dann letztlich am Widerstand Diems. Er lehnte sie mit der Begründung ab, dass im Norden die Meinungsfreiheit nicht gewährleistet und mit Wahlfälschungen zu rechnen sei. In dieser Zeit leisteten viele Vietnamesen erbitterten Widerstand – unter anderem Buddhisten wie dieser Mönch, der sich verbrennen ließ. Es sollten aber noch zehn Jahre vergehen, bis die gesamte politische Situation im Vietnam-Krieg (Amerika-Krieg) eskalierte.

Hue ist eine melancholische Stadt, eine Stadt voller Poesie. Das liegt wahrscheinlich daran, dass die dort herrschenden Kaiser den schönen Künsten zugetan waren und sie förderten. Es gab einige unter ihnen, die selbst Gedichte verfassten, wie etwa der letzte Kaiser Vietnams, Tu Duc, auch »trauriger Kaiser« genannt. Er zog sich schon zu Lebzeiten in seine palastartige Grabanlage zurück und verfasste in Pavillons und am Lotosteich traurige Verse. In Hue regierten zwischen 1802 und 1945 dreizehn Kaiser der Nguyen-Dynastie mit einem feudalen Hofstaat chinesischer Prägung, also noch in der Zeit, als schon die Kolonialmacht Frankreich das Land unterworfen hatte. Tu Duc, eben jener letzte Kaiser Vietnams, übergab 1945 die Macht an Ho Chi Minh und floh anschließend nach Frankreich. Im Jahr 1997 starb er im Exil.

Von Hue aus kehrten Sammy, Onkel Tho, Tante Yen und ich zurück nach Da Nang, um von dieser Stadt mit dem Flugzeug zurück nach Saigon zu fliegen. Für unsere Reportage wollten Sammy und ich noch die westliche Seite dieser lebensfrohen Stadt erkunden. Wir checkten in einem Hotel im ersten Bezirk ein, der Q1 genannt wird. Saigon ist in Zonen eingeteilt: Die Sektionen Q1, Q2 und Q3 umfassen die Innenstadt. In dieser ist auch das Rathaus zu finden sowie die Ministerien, die vielfach in den noch gut erhaltenen alten französischen Prachtbauten untergebracht sind. Demonstrativ weht auf ihnen die vietnamesische Fahne – ein gelber Stern auf rotem Grund. Daneben sieht man etliche moderne Hochhäuser in den inneren Bezirken, die meisten ausländischen Firmen haben in den Wolkenkratzern ihren Sitz. Die äußeren Stadtbereiche sind jedoch noch stark von der traditionellen Lebensweise geprägt. Gerade die unterschiedlichsten Einflüsse, die man in Saigon erkennen kann, machen die Stadt interessant.

Als ich im Hotelzimmer meine Sachen auspackte, realisierte ich, dass ich kaum etwas von dem westlichen Saigon kannte. Nie zuvor war ich in Saigon in einem Hotel gewesen, geschweige denn in einem Hochhaus, in dem amerikanische und europäische Unternehmen residierten. Auch hatte ich nie einen westlichen Klub, eine Bar oder ein Café besucht. Ich stellte fest, dass ich mich bei meinen vorherigen Reisen in dieses Land bislang in sehr traditionellen Umgebungen bewegt hatte. Wenn ich in Diskotheken ging, dann nur in jene, die einzig von Vietnamesen aufgesucht werden. Und statt in einem Café zu sitzen, suchte ich gern eines der typisch vietnamesischen Kaffeehäuser auf. Hier gibt es nicht die üblichen Sitzgelegenheiten, sondern Liege- oder niedrigere Plastikstühle, die zum entspannten Ausruhen bei einem *cafe sua da* einladen. Das ist ein Espresso, der durch eine Art Aluminiumfilter gedrückt wird und durch diesen wieder langsam in heißes Wasser tropft. Der Filter wird dabei auf ein Glas gesetzt, in dem sich bereits eine süßliche, dickflüssige Milchpaste befindet. Wer den Kaffee lieber kalt möchte, bekommt ihn mit gecrashtem Eis serviert. Wenn der Espresso dann im Glas ist, verrührt man das Gemisch. Es schmeckt köstlich!

Meine Unkenntnis über das westliche Saigon liegt daran, dass meine Familie nur wenig mit dem westlichen Leben in Saigon zu tun hat. Einige meiner Tanten fahren zwar ab und zu in die Innenstadt, aber meist nur aus dem Grund, um auf dem großen Markt *cho benh thanh* Stoffe, Schuhe oder ähnliche Dinge zu kaufen. Außer meiner Tante Yen war keiner von ihnen je in einem dieser Hochhäuser gewesen.

Seit einiger Zeit ging sie mit Vorliebe in ein westliches Café, um dort zu frühstücken. Innerhalb meiner Familie ist sie sicherlich die modernste Frau. Sie geht regelmäßig zu einer Kosmetikerin, zusammen mit Onkel Tho ist sie viel innerhalb Vietnams herumgereist, auch kennt sie einige andere asiatische Länder. Das ist nicht selbstverständlich. Denn die meisten Vietnamesen können es sich weder finanziell leisten, noch ist es ihnen von der Regierung erlaubt, das Land zu verlassen. Was für mich und meine Eltern kein Problem bedeutet, ist für sie oftmals mit mühsamen Behördengängen verbunden.

Tante Yen und Onkel Tho können sich jedoch ihre Wünsche erfüllen, weil sie als privilegiert gelten. Meine Tante arbeitet als Zahnärztin in einem großen Betrieb, Onkel Tho ist ein äußerst erfolgreicher Geschäftsmann mit einigen Angestellten. Leider haben sie keine Kinder, was innerhalb unserer Familie zu vielen Spekulationen führte, natürlich nur hinter dem Rücken der beiden. In Vietnam wird hauptsächlich die Frau für die Kinderlosigkeit innerhalb einer Ehe verantwortlich gemacht. Ob dies tatsächlich der Wirklichkeit entspricht, das hinterfragt keiner. Tante Yen ist trotz allem – vielleicht auch gerade deshalb – eine starke, stolze und selbstbewusste Person. Sie ist lebensfroh und offen für Neues – und mir aus diesem Grund sehr nah.

Onkel Tho hat sich in Saigon ein Grundstück gekauft, das neben dem Haus meiner Oma Thong lag. Vielleicht geschah dies auch aus Dankbarkeit der Familie meiner Großeltern gegenüber, da diese ihn aufnahm, als er noch ein kleiner Junge war. Seine Eltern – die Mutter ist die ältere Schwester meines verstorbenen Großvaters mütterlicherseits – hatten keine ausreichenden finanziellen Möglichkeiten, um ihrem Sohn eine gute Schulausbildung zu ermöglichen. Folglich gaben sie ihn in die Obhut meines Großvaters Tri. Das ist in Vietnam durchaus üblich.

Onkel Tho wird von meiner Familie liebevoll *thay* genannt, was übersetzt eigentlich »Lehrer« heißt. Es gibt dieses Wort aber auch in der Bedeutung von »Pate«, und diese Bezeichnung ist sehr zutreffend. Onkel Tho regelt nämlich alle anfallenden organisatorischen Dinge, sowohl für seine eigene Familie wie auch für die meiner Mutter. Wenn ich früher ohne meine Eltern nach Vietnam reiste, dann waren er und Tante Yen meine Ersatzeltern. Sie unternahmen viel mit mir und sorgten sich hingebungsvoll um mich. Meine »echten« Tanten, also Tante Huong, Tante Thuy und Tante Diem, waren viel zu eingespannt in ihrem alltäglichen Leben, als dass sie diese Aufgabe hätten übernehmen können.

Möglicherweise waren die wenigen westlichen Berührungspunkte daran schuld, dass mich das »andere Gesicht« von Saigon bislang nicht sehr interessiert hatte. Aber angesichts der Reportage kam ich nicht mehr drum herum, auch diese Seite der Stadt kennenzulernen. Einerseits war ich neugierig, andererseits spürte ich aber auch eine gewisse Skepsis. Hatte ich überhaupt Lust, das fremde Saigon näher in Augenschein zu nehmen? Zuvor war die Heimat meiner Eltern für mich immer ein Rückzugsort vor meinem »westlichen«, meinem anderen Ich gewesen. Brauchte ich in meiner Sinnkrise nicht eher das Vietnam, das ich bislang erlebt hatte, ein Vietnam, das sich durch eine Einfachheit des Lebens auszeichnete?

Sicher, es gab immer wieder Schwierigkeiten, weil ich mich hier der Familie unterordnen musste. Dennoch hatte ich es stets als Herausforderung angesehen, den Rhythmus, die Regeln, die traditionellen Sitten und Gebräuche, die in dieser bestimmend sind, anzunehmen. Ich hatte die Erfahrung gemacht, dass sich meine Seele nach einer Weile beruhigte, wenn ich mich ihren Werten anpasste. Mein gesamtes Tempo verlangsamte sich, meine Gedanken überschlugen sich nicht mehr, und mein Temperament wurde wie von selbst gezügelt.

Vietnam tat mir einfach gut, besann ich mich hier doch wieder auf das Wesentliche im Leben. Natürlich war nicht alles nur schön und toll, was ich erfuhr. Noch heute betrachte ich durchaus kritisch, was meine Tanten alles unter einen Hut bringen müssen. Kinder, Erziehung, Haushalt, Ehe – alles lastet auf ihren Schultern. Meine Onkel, die Brüder meiner Mutter, halten sich größtenteils aus diesen Dingen heraus. Meine Oma Thong ist sehr streng mit ihren Schwiegertöchtern, und das gegenseitige Einmischen in die Belange des anderen, die Unselbstständigkeit meiner Cousins und Cousinen, das oft komplizierte Erledigen von Sachen – all diese Dinge gehen mir oft auf die Nerven. Die wenige Freizeit, die meine Tanten haben, verbringen sie mit Besuchen ihrer Familien, oder sie sehen sich koreanische Seifenopern auf Video an. Aber es gibt einen Zusammenhalt, und es existiert eine Selbstverständlichkeit, für den anderen da zu sein, ihn zu lieben, für ihn zu sorgen und ihm zur Hand zu gehen – in deutschen Familien vermisse ich das sehr. Der raue Umgangston, die Respektlosigkeit, das weitverbreitete Desinteresse, für mich sind das erschreckende Beobachtungen. Jeder ist sich selbst der Nächste.

Als ich im Hotelzimmer auf meinem Bett lag und über all das nachdachte, wusste ich, dass ich dieses westliche Saigon erkunden musste. Es schien mir notwendig zu sein, um meine buddhistischen Erfahrungen in mein westliches Leben in Deutschland besser integrieren zu können. Dazu war es wichtig zu erkennen, wer ich war. Das konnte ich aber nur, wenn ich mir sowohl meiner vietnamesischen als auch meiner deutschen Ursprünge in ihrer Gesamtheit bewusst wurde und sie in Einklang bringen konnte. Diese beiden Seiten gehörten zu mir wie Schwarz und Weiß, wie Licht und Schatten, wie Mann und Frau – wie Yin und Yang. Nur so konnte ich meinen Weg weitergehen. Aber erst einmal musste ich mir klar darüber werden, was meine Vergangenheit eigentlich war.

3 Zeiten des Zweifelns

Ich kam in Darmstadt zur Welt, genau gesagt am 19. Februar 1974. Es ist auch der Tag, an dem meine Mama Geburtstag hat. Hätte es keinen Krieg in Vietnam gegeben, das Leben meiner Eltern und damit auch das meine wären wahrscheinlich anders verlaufen. Aber 1969, sechs Jahre vor Kriegsende, emigrierte mein Papa nach Deutschland, meine Mama sollte ein Jahr später nachkommen. Bis dahin wollte er eine Basis geschaffen haben, die es ihnen beiden ermöglichte, in dem fernen Land zu leben.

Meine Eltern hatten sich Anfang 1969 durch einen gemeinsamen Freund der Familie in Saigon kennengelernt. In dieser Stadt wollten sie studieren, wenn es für sie keine Möglichkeit gab, ins Ausland zu gehen. Da Nang, die Stadt, in der sie bislang gelebt hatten, besaß zu dieser Zeit noch keine eigene Universität.

Der Krieg hatte dazu geführt, dass viele junge Vietnamesen ihre Heimat verlassen wollten. Begonnen hatte der bewaffnete Konflikt 1946 mit dem Widerstand der vietnamesischen Kommunisten gegen die französische Kolonialmacht; er ist als Indochinakrieg in die Geschichte eingegangen. 1954 war dann das Jahr, in dem Vietnam in einen kommunistischen Norden und einen antikommunistischen Süden geteilt wurde. Was zunächst als Provisorium gedacht war, führte zum Zweiten Indochinakrieg, auch unter dem Namen Vietnam-Krieg oder Amerika-Krieg bekannt. Die USA wollten im Rahmen des Kalten Krieges Südvietnam unterstützen, was ihnen aber selbst nach brutalsten Auseinandersetzungen nicht gelang. Der Krieg endete formal mit der Einnahme Saigons am 30. April 1975 durch nordvietnamesische Truppen.

Durch diesen jahrzehntelangen Unabhängigkeitskampf war es üblich geworden, dass Südvietnamesen, die es sich leisten konnten, nach bestandenem Abitur zum Studium an eine Universität in Amerika, Frankreich, Kanada oder Australien gingen. Voraussetzung dafür war ein Sprachtest als eine Art Selektierung: Hatte man ihn bestanden, wurde man auf eine Warteliste der jeweiligen Botschaft gesetzt, die besonders für Amerika und Frankreich sehr lang war. Schneller ging es, wenn man in Deutschland ein Studium aufnahm. Für die Bundesrepublik brauchte man damals keinen Sprachtest zu absolvieren, zu unbekannt war dieses Land; nicht viele Vietnamesen kamen auf die Idee, dorthin zu gehen. Papa hatte nur ein Ziel: sich fundiertes Wissen anzueignen, um nach Beendigung des Studiums wieder nach Vietnam zurückkehren und beim Wiederaufbau des Landes mithelfen zu können.

Viele Vietnamesen aus dem Süden des Landes standen auf der Seite der vietnamesischen Befreiungsarmee, ihre Sympathie gehörte keineswegs den US-Truppen. Auch mein Vater zählte zu denen, die der Befreiungsarmee näherstanden. Die Amerikaner versprachen Demokratie, aber unter der Herrschaft der Vereinigten Staaten, Ho Chi

Minh stellte jedoch Freiheit und Unabhängigkeit des Landes in Aussicht, wenn auch unter kommunistischer Herrschaft. Niemand konnte damals ahnen, was dies bedeuten würde. Aber da man zwischen der Unabhängigkeit des eigenen Landes und der Abhängigkeit von einer Großmacht wählen konnte, entschieden sich viele Vietnamesen aufgrund der Vergangenheit gegen eine weitere Kolonialisierung.

Papa erhielt schließlich im November 1969, kurz nach seinem Abitur, die Ausreisegenehmigung. Er zögerte keinen Augenblick, sich sofort auf den Weg nach Deutschland zu begeben. Es war ein sehr mutiger Schritt. Er ließ Familie und Freunde zurück und machte sich auf in eine ungewisse Zukunft. Er wusste nichts über dieses ferne Land in Europa, außer, dass dort der VW-Käfer produziert wurde.

Mein Vater landete mit ungefähr hundert anderen Vietnamesen im Dezember in Frankfurt. Sie alle wollten möglichst schnell Deutsch lernen, um ihre Ziele zu erreichen. Auf dem Flughafen wurden sie von Mitarbeitern des Goethe-Instituts in Empfang genommen; diese hatten Listen bei sich, auf denen stand, wer wo untergebracht werden sollte. Jeweils vier, fünf Vietnamesen wurden auf verschiedene Goethe-Institute in ganz Deutschland verteilt. Papa konnte in Frankfurt bleiben, in dieser Stadt bekam er eine Unterkunft bei einer deutschen Gastfamilie zugewiesen. Vier Monate wohnte er bei ihnen, so lange dauerte der Deutschkurs im Goethe-Institut.

Nie zuvor hatte er Schnee gesehen, den Temperatursturz um dreißig Grad Celsius vergleicht er bis heute mit dem Gefühl, das der Astronaut Neil Armstrong gehabt haben musste, als er als erster Mensch auf dem Mond landete. Während er das erzählt, ist sein Gesicht ein einziges Lachen.

Nach dem Kurs am Goethe-Institut hatte er die Möglichkeit, eine Art »Feststellungsprüfung« in den Fächern Deutsch, Mathematik, Chemie und Physik zu machen. Bestand man diese, erhielt man die Chance, direkt ein Studium an der Universität zu beginnen. Alternativ konnten die »Schüler« ein Jahr lang eine Art Studienkolleg belegen, das zur Vorbereitung auf die Uni diente. Papa entschied sich dafür, die Feststellungsprüfung erst gar nicht zu versuchen. Er schrieb sich freiwillig für das Studienkolleg ein, das vergleichbar mit der dreizehnten Klasse eines Gymnasiums ist. Er hatte das Gefühl, mehr Zeit zu brauchen, um die deutsche Sprache gründlicher zu lernen. Auf diese Weise hoffte er, im Studium – er wollte Wirtschaftsingenieur werden – besser mitzukommen. Da das Studienkolleg-Semester noch nicht angefangen hatte, bewarb er sich für ein halbjähriges Praktikum bei der Firma Demag in Düsseldorf, die Anlagen und Maschinen für die Stahl- und Metallindustrie herstellte.

Zur selben Zeit verabschiedete sich Mama, gerade neunzehn Jahre alt geworden, von ihrer Familie in Da Nang. Allen fiel die Trennung schwer. Keiner wusste, ob und wann sie sich wiedersehen würden. Obwohl meine Eltern noch nicht verheiratet waren, hatten meine Großeltern mütterlicherseits dem Drängen ihrer Tochter nachgegeben. Anfangs war der Vater meiner Mama sehr enttäuscht gewesen, dass sie nach Deutschland wollte. Da sie aber Papa liebte, wollte sie ihm folgen – egal, wohin.

Der größte Lebenstraum von Großvater Tri bestand darin, eines Tages mit der gesamten Familie nach Frankreich auszuwandern.

Mein Opa war ein angesehener Arzt und Apotheker chinesischer Medizin gewesen, man kannte ihn weit über die Grenzen von Da Nang hinaus. Er war sehr berühmt für seine Fähigkeit, Menschen mithilfe von Akupunktur und Heilkräutern gesund zu machen, aber vor allem achtete man ihn für seine Großzügigkeit. Arme Menschen behandelte er umsonst. Aus Dank brachten sie ihm Früchte, Gemüse und manchmal sogar ein Huhn mit.

Meine Großeltern besaßen in Da Nang ein stattliches Haus. In den oberen Räumen wohnten sie zusammen mit ihren Geschwistern, Kindern, Neffen und Nichten, unten war die Praxis. Meine Oma half in dieser mit, sie mischte die chinesischen Kräuter nach Anweisungen meines Opas zusammen.

Neben Frankreich gab es aber noch einen weiteren Traum meines Großvaters: Er wollte, dass Mama – sie war sein ältestes Kind – in seine Fußstapfen trat und Medizin studierte. Und mein Großvater wusste, dass es in der Bundesrepublik gute Ärzte gab. In Da Nang waren während des Kriegs viele deutsche Mediziner im Einsatz, die die Verletzten versorgt hatten. Aufgrund dieser Überlegungen erhielt Mama also die Erlaubnis, Papa nach Deutschland zu folgen.

Meine Mutter kam im Oktober 1970 in der Bundesrepublik an – fast ein Jahr nach meinem Vater. Das Goethe-Institut brachte sie in Rothenburg ob der Tauber unter. Mama hatte gehofft, in Papas Nähe sein zu können, aber man wurde den Instituten zugeteilt, bei denen es noch

Kapazitäten gab. Sie wurde herzlich von ihrer Gastmama, Oma Schäflein – den Namen hatte ich ihr später gegeben –, empfangen. Doch von Anfang an quälte meine Mutter Heimweh, wohl auch deshalb, weil sie nicht mit meinem Vater zusammen sein konnte. Selten war es ihnen möglich, sich zu sehen, denn die finanziellen Mittel für Reisen mit der Bahn waren beschränkt.

Nur schwer konnte sich Mama an die neuen Lebensumstände gewöhnen, insbesondere an das völlig fremde Essen. Frühstück gab es im Goethe-Institut, das Mittag- und Abendessen nahmen die Schüler aus den verschiedensten Ländern in bestimmten Kantinen ein, die eine entsprechende Vereinbarung mit der Kultureinrichtung geschlossen hatten. Nach zwei Monaten erhielten sie abends nur noch kalte Speisen, weil das Institut sich finanziell verkalkuliert hatte und keine zwei warmen Mahlzeiten mehr möglich waren. Für Vietnamesen ein Horror! Brot, Butter und Aufschnitt sind für sie kein Essen. Den anderen Ausländern erging es ähnlich. Doch nach einiger Zeit gewöhnte sie sich an das Leben in Deutschland – und heute können meine Eltern ohne ihr »deutsches Frühstück« nicht leben.

Als das Praktikum beendet war, absolvierte mein Vater sein Studienkollegsjahr in Darmstadt, danach bestand er die Feststellungsprüfung. Wollte er am Anfang noch Wirtschaftsingenieur werden, änderte er seine Meinung und begann 1972, an der Technischen Universität Darmstadt Papiertechnik zu studieren. Mama hatte sich – sehr zum Bedauern meines Großvaters – für das Fach Chemie an derselben Uni entschieden. Chemie hatte ihr schon immer Spaß gemacht, zu keinem Zeitpunkt war es ihre Absicht gewesen, Medizin zu studieren. Weil sie aber ihren Vater nicht enttäuschen wollte, weihte sie ihn nie in ihre Pläne ein. Wer weiß, ob sie nicht doch Ärztin geworden wäre, wenn sie in Vietnam geblieben wäre ...

Für meine Eltern war es sehr schwer, die deutsche Sprache zu lernen, weil diese überhaupt keine Gemeinsamkeiten mit der vietnamesischen hat. Die deutsche Grammatik ist unglaublich kompliziert, Verben können konjugiert und in verschiedenen Zeiten dekliniert werden. Im Vietnamesischen gibt es das nicht, es herrscht die Präsensform vor. Ebenso unverständlich ist die Verwendung des Artikels, der in der deutschen, nicht aber in der vietnamesischen Sprache existiert. Wie erkläre ich einem Vietnamesen, dass es zwar *die* Garage heißt, aber *der* Garagenöffner? Wie mache ich ihm verständlich, dass Zahlen von hinten nach vorn gesprochen, aber von vorn nach hinten geschrieben werden? Damit will ich natürlich nicht sagen, dass es leichter wäre, Vietnamesisch zu lernen. Bei dieser Sprache ist nicht die Grammatik tückisch, sondern es sind die Höhen und Tiefen bei der Aussprache. Vietnamesisch ist eine Art Tonsprache. Es gibt sechs Tonfolgen, und ein einziges Wort kann je nach Veränderung der Tonhöhe eine andere Bedeutung annehmen.

Es gibt in dieser Sprache keine chinesischen Schriftzeichen, obwohl viele das glauben. Infolge der Kolonialisierung durch die Franzosen wurden die Schriftzeichen abgeschafft und durch lateinische Buchstaben ersetzt. Die neuen Machthaber sollten sich besser in ihrem besetzten Land zurechtfinden. Auf die einzelnen Wörter wurden Akzentzeichen gesetzt, die man zum Teil aus dem Französischen kennt, wie etwa der Accent aigu óder der Accent grave. Beim Accent aigu geht die Stimme nach oben, beim Accent grave nach unten, um nur zwei einfache Beispiele zu nennen.

Mit Beginn des Studiums bezogen meine Eltern gemeinsam ein Zimmer im Studentenwohnheim in Darmstadt. Sie hatten in der Zwischenzeit, im Jahr 1973, geheiratet. In der Mensa lernten sie andere Vietnamesen kennen, mit denen sie sich am Wochenende öfters zum Kochen verabredeten und mit denen sie Neuigkeiten über die Heimat austauschten. Man war über jede Nachricht froh, denn es gab nur wenig Kontakt nach Vietnam. Die einzige Möglichkeit war, Briefe zu schreiben, oder man kaufte sich die vietnamesische Zeitung *Dien Dan*, die über Frankreich bezogen werden konnte. Andere Möglichkeiten existierten nicht. Kaum einer telefonierte in die Heimat, denn selbst ein kurzes Gespräch kostete ein Vermögen.

Normalerweise waren Briefe drei bis vier Wochen unterwegs, doch gegen Endes des Vietnam-Kriegs erreichten sie immer seltener ihren Adressaten. Wenn man Glück hatte, kamen sie nach Monaten in Deutschland – oder in Vietnam – an. Eine Nachricht aus ihrem Geburtsland war für meine Eltern kostbarer als ein Geschenk zu Weihnachten. Besonders meine Mutter litt sehr unter den schwierigen Postverhältnissen. Entdeckte sie ein Kuvert von ihren Eltern im Briefkasten, las sie das Schreiben täglich mehrere Male und vergoss dabei bittere Tränen. Ihr Vater vermisste sie sehr, und es war nicht einfach, sie an diesen Tagen in ihrem Schmerz zu trösten.

Heute ist die Kommunikation leichter geworden. Über eine Satellitenschüssel kann man vietnamesisches Fernsehen empfangen, seit ein paar Jahren können meine

Eltern ihren Geschwistern E-Mails schreiben, und die Telefonate sind längst nicht mehr so teuer wie vor zwanzig Jahren.

Da immer mehr Vietnamesen in die Bundesrepublik kamen, wurden nach und nach Dachverbände von Vietnamesen für Vietnamesen gegründet. Man traf sich zum Kochen, zum Musizieren, um politische Diskussionen über Vietnam zu führen, um sich gegenseitig Halt und Wärme zu geben. Fern von der Heimat behielt man auf diese Weise ein Gefühl für das, was man mitunter als verloren wähnte – das Land, in dem man geboren war. Einmal im Jahr, zum Tet-Fest, trafen sich alle Auslandsvietnamesen, um das neue Jahr nach rituellem Brauch zu zelebrieren. Als ich drei Jahre alt war, durfte ich anlässlich dieser Feier vor allen Menschen ein vietnamesisches Lied singen, mein Papa begleitete mich dazu auf der Gitarre. Es war großartig, im Rampenlicht zu stehen! Und so wurde es zu einem Ritual, jedes Jahr zu Tet entweder allein oder mit meinen vietnamesischen Freunden vorzutanzen oder vorzusingen.

Meine Eltern lebten auf diesen Festen immer auf, ich fühlte mich hingegen trotz meiner Freude daran nie wirklich als eine von ihnen.

Meine Eltern wollten ihr Studium möglichst schnell beenden, um eine Arbeit annehmen zu können. Ihr Ziel war es ja, die Familien zu Hause finanziell zu unterstützen. Aus diesem Grund schafften sie es auch, Einsamkeit und Fremdheit auszuhalten. Zwischendurch tauchten immer wieder Zweifel auf, ob das, was sie vorhatten, auch richtig war. Sie waren hin- und hergerissen zwischen dem Wunsch, so schnell wie möglich in die Heimat zurückzukehren und sich dort eine Existenz aufzubauen, und der Hoffnung, vielleicht doch in Deutschland eine Zukunft zu haben. Mit jedem Jahr, das sie in der Bundesrepublik verbrachten, fühlten sie sich wohler – und die anfängliche Vorstellung, alles hinzuschmeißen und aufzugeben, trat mehr und mehr in den Hintergrund.

Eines Tages – knapp drei Jahre nachdem sie ihr Land verlassen hatte –, stellte Mama fest, dass sie schwanger war. Für sie gab es keine Frage, eines Tages Kinder zu bekommen, aber gerade hatte sie mit dem Chemiestudium begonnen. Es war eindeutig nicht der günstigste Zeitpunkt. In den Köpfen meiner Eltern wurde der Gedanke, zu ihren Familien zurückzukehren, wieder intensiver und dringlicher. Sie fühlten sich fast erdrückt von dem, was sich wie ein großer Berg vor ihnen auftat. Wie sollten sie es hinbekommen, ihr Studium zu beenden, ihr Deutsch zu verbessern, eine Arbeit zu finden und sich gleichzeitig auch noch um ein Baby zu kümmern? In Vietnam konnten sie sich wenigstens auf die Unterstützung ihrer Familien verlassen.

Im Verlauf der Schwangerschaft wurde die Verzweiflung schließlich so groß, dass sie für sich nur einen Ausweg sahen: Nach der Geburt in Deutschland wollten sie ihr Kind nach Vietnam bringen, damit es bei den Großeltern aufwachsen konnte. Sie selbst wollten wieder in die Bundesrepublik, um fertigzustudieren. Danach wollten sie endgültig nach Vietnam zurückkehren. Dieser Plan wurde aber nicht in die Tat umgesetzt. Die Tatsache, dass ich in Darmstadt das Licht der Welt erblickte und dort auch blieb, habe ich auch einem deutschen Kommilitonen meines Vaters zu verdanken.

Papa kannte keine Scheu, Kontakt zu Deutschen aufzunehmen, sie zu fragen, wenn er ein Problem hatte. Und so kam es, dass er sich an Walter wandte. Schon im Studium hatte sich gezeigt, dass er eine große Hilfe für Papa war. Wann immer sie es einrichten konnten, lernten sie zusammen. Walter war gerade selbst Vater eines Sohnes geworden und konnte meine Eltern davon überzeugen, dass ein Kind zu seinen Eltern gehöre und dass man es irgendwie schon schaffen würde. Er versprach ihnen, sie jederzeit zu unterstützen, was er auch nie vergaß. So schenkte er uns den Kinderwagen, in dem sein Sohn gelegen hatte, und dessen Strampler. Als Dankeschön kochten meine Eltern ein paarmal für Walter und dessen Frau.

Ein weiteres Argument war aber auch die immer noch ungewisse Situation Vietnams. Der Krieg befand sich in seiner Endphase, mehr und mehr amerikanische Truppen waren aus Südvietnam abgezogen worden, und aufgrund der mangelnden Informationen wusste keiner, wohin dieses Land steuern würde.

Es half aber nicht nur Walter. Um etwas mehr Geld zu haben, trug Papa Zeitungen aus. Jeden Morgen um fünf Uhr zog er mit einem Rollwagen von Haustür zu Haustür. Auf seiner Tour traf er stets auf einen Mann, der Milch ausfuhr. Eines Tages wollte Papa ihm eine Flasche abkaufen, weil meinen Eltern gesagt worden war, dass Schwangere Kuhmilch trinken sollten. In Vietnam war das nicht üblich, schon aus dem Grund, dass es dort bis vor Kurzem keine gab. Stattdessen wurde Sojamilch (*sua dau nanh*) getrunken.

Der Milchmann wollte aber kein Geld annehmen, er schenkte meinem Vater die Flasche. Im Gegenzug überreichte ihm Papa kostenlos eine Zeitung. Und so kam es, dass mein Vater fortan nach dem Zeitungsaustragen mit einer Flasche Milch nach Hause kam.

Obwohl Asiaten Kuhmilch nicht gut vertragen, da ihnen das körpereigene Enzym nahezu fehlt, um Milch zu verarbeiten, trank Mama Tag für Tag tapfer die Flasche aus. Ab und zu wurde ihr übel, und sie bekam einen Ausschlag, aber dennoch ließ sie keine Flasche unberührt stehen. Eine andere Folge dieser Kur war, dass sie durch die Milch ziemlich viel an Gewicht zunahm – und ich mit ihr. Meine zierliche, noch nicht mal einen Meter sechzig große Mutter brachte ein 3,6-Kilogramm-Kind zur Welt.

Papa durfte bei der Geburt nicht dabei sein, denn zu dieser Zeit hatten Männer im Kreißsaal nichts zu suchen. Als ihn der erlösende Anruf erreichte, dass Mutter und Kind wohlauf seien, eilte er mit dem besten Freund der Familie – er war kurz nach meinem Vater nach Deutschland eingewandert – ins Krankenhaus.

Ein hübsches Baby war ich nicht, wenigstens nicht nach vietnamesischen Schönheitsvorstellungen. Ich war ziemlich dick, meinen Hals sah man vor lauter Speckfalten nicht, meine Nase fand man viel zu winzig. Zudem hatte ich richtige Schlitzaugen – das entsprach nun überhaupt nicht dem Ideal eines aparten Säuglings.

Nach der Geburt eines Kindes kommen normalerweise alle Verwandten in die Klinik – oder nach Hause, in Vietnam gibt es noch viele Hausgeburten –, um den neuen Erdenbürger zu begrüßen. Hauptsächlich wollen sie aber nachschauen, ob das Neugeborene wenigstens eine kleine Lidfalte hat oder eben die »hässlichen« Schlupflider. Natürlich beäugen sie auch die Hautfarbe des Babys. Ist es hellhäutig, also *tran*, was so viel wie »weiß« bedeutet, oder hat es leider doch eine dunkle Hautfarbe? Wenigstens ein Schönheitskriterium erfüllte ich: Ich hatte ganz viele Haare auf dem Kopf. Dass sich bei einem Baby noch viel verändern kann, interessiert bei der verwandtschaftlichen Begutachtung niemanden. Bei mir passierte äußerlich eine Menge, als ich ungefähr vier Jahre alt war. Auf einmal waren auch meine Schlupflider nicht mehr so extrem ausgeprägt.

Erst kürzlich erzählten mir meine Eltern, dass in der vietnamesischen Gemeinde in Deutschland das Gerücht umgehe, ich hätte meine Schlupflider korrigieren lassen. Mich amüsierte das nur.

Tatsächlich ist es in den letzten zehn, fünfzehn Jahren unter Vietnamesen ein großer Trend geworden, sich einer solchen Operation zu unterziehen. Seitdem sich die Republik dem Westen gegenüber wieder öffnete, wurde auch der Wunsch nach einem veränderten Aussehen größer. Viele Vietnamesen möchten am liebsten hellhäutig sein und große Augen haben. Gleichzeitig mutet dieses westliche Schönheitsideal sehr merkwürdig an, waren es doch die Franzosen und Amerikaner, die dem vietnamesischen Volk so viel Leid angetan haben.

Hellhäutigkeit ist in Vietnam aber auch ein Zeichen für Wohlstand. Nur wer es sich finanziell leisten kann, bleibt in den eigenen Räumen oder arbeitet in einer klimatisierten Umgebung. Eine braune Hauttönung ist verpönt. Einzig Straßenverkäufer und Bauern haben eine wettergegerbte Haut. Die Vietnamesen schütteln den Kopf, wenn sie Menschen aus dem Westen beim Sonnenbaden beobachten, die noch nicht mal braun, sondern sogar rot werden. Für sie ist eine solche Tortur undenkbar.

Oft färben sich Vietnamesinnen ihre Haare blond, hellen sie mit Strähnchen auf oder geben viel Geld für eine Dauerwelle aus. Ich muss gestehen, dass auch ich in der Pubertät zwei Jahre lang stolz auf meine Dauerwelle war. Dass ich um meine damals langen glatten und schwarzen Haare und um meine Mandelaugen sehr beneidet wurde, konnte ich überhaupt nicht verstehen. Zu gern hätte ich goldblondes Haar und blaue Augen gehabt. Es liegt eben in der Natur des Menschen, das besitzen zu wollen, was man selbst nicht hat.

Aber zurück zu meiner Geburt. Für meine Eltern – wie für alle Eltern – war ich natürlich das schönste Kind auf Erden. Und als jener beste Freund meiner Eltern ziemlich uncharmant am Wochenbett sagte: »Oh je, sieht die aber hässlich aus! Wenn's wenigstens ein Junge wäre, dann wäre das nicht so schlimm«, warf ihm Papa einen warnenden Blick hinzu. Und als dieser Freund mit einem bedauernden Seufzer kopfschüttelnd hinzufügte: »Die bekommt später bestimmt keinen Mann ab«, hätte mein Papa mit ihm fast eine Prügelei im Krankenzimmer angefangen. Diese Geschichte liebe ich sehr, denn sie zeigt ein typisch vietnamesisches Verhalten: Man kommentiert etwas – Babys, Mahlzeiten, Heiratskandidaten –, wo immer es möglich ist. Aber natürlich nur unter Freunden und Verwandten.

4 Das deutsch-vietnamesische Quartett

Meine Eltern – sie waren bei meiner Geburt gerade mal dreiundzwanzig Jahre alt – gaben mir den Namen Minh-Khai. Warum sie gerade diesen wählten – es ist der Name einer großen kommunistischen Volksheldin, die im ersten Indochina-Krieg neben Ho Chi Minh gegen die Kolonialmacht Frankreich kämpfte –, haben sie mir bis heute nicht wirklich beantworten können. Mein Papa sagte mir lediglich, dass Mama und er den Namen vom Klang und von der Bedeutung her schön gefunden hätten. Im metaphorischen Sinn meint Minh Khai* »etwas, das erstrahlt«, auch »etwas Neues« oder »die Sonne, die aufgeht«.

Leider war das Schicksal jener Volksheldin, nach der ich benannt wurde, am Ende weniger schön und glanzvoll. Sie geriet in französische Gefangenschaft, und als sie ihre Kameraden nicht verraten wollte, wurde sie zum Tod verurteilt. In jeder größeren Stadt Vietnams gibt es Nguyen-Thi-Minh-Khai-Straßen und -Schulen. Es ist jedes Mal aufregend für mich, wenn ich Schilder und Reklame-

* Eigentlich schreibt man Minh Khai ohne Bindestrich, aber da die meisten Deutschen dachten, Minh sei der Vor- und Khai der Nachname, habe ich es so eingeführt.

tafeln mit dem Schriftzug jener Heldin lese, und da in Vietnam die Nachnamen zuerst genannt werden, heißt es auch »Nguyen Thi Minh Khai«.

Kurz nach meiner Geburt wurde ich katholisch getauft, Mama hatte das zur Bedingung gemacht. Papa war bis zur Heirat Atheist, erst kurz vor der Hochzeit konvertierte er zum katholischen Glauben. Meine Mutter ist seit ihrer Kindheit Katholikin, obwohl ihre Eltern und Geschwister Buddhisten sind. Und das kam so:

Großvater Tri war insgesamt dreimal verheiratet gewesen. Seine erste Frau stammte aus Laos, wo er während seines Medizinstudiums lebte. Sie hatten zusammen einen Sohn, der ungefähr fünfzehn Jahre älter war als meine Mutter. Opa ließ Frau und Kind in Laos zurück, weil sie ihm nicht nach Vietnam folgen wollten. Regelmäßig erhielten sie jedoch Geldzuwendungen von ihm. Die zweite Frau war eine Hebamme. Ich kenne sie nur unter den Namen *ba ngoai nam*, was mit »große Oma« übersetzt werden kann. Leider konnte sie keine Kinder bekommen. In Vietnam ist das das Schlimmste, was einer Frau passieren kann, da Kinder der Mittelpunkt jeder Familie sind. Nachdem sie fünf Jahre verheiratet waren und sich noch immer kein Nachwuchs angekündigt hatte, beschloss meine »große Oma«, meinem Großvater eine Zweitfrau zu suchen, die ihm viele Kinder gebären sollte. Sie stellte meinem Opa schließlich die Mutter meiner Mama vor. Und Oma Thong gebar ihm auch sechs Kinder.

In Vietnam konnte man zu damaliger Zeit mehrere Frauen haben, vor allem dann, wenn die erste Ehefrau keine Kinder oder nur Mädchen zur Welt brachte. Heute ist Polygamie nicht mehr üblich, und doch gibt es immer noch Männer, die eine Zweitfrau haben – sie wird *vo be*, »kleine Ehefrau«, genannt –, ohne dass sich die erste Frau scheiden lässt. Es wird nicht gern darüber geredet, eher geduldet – wie ein offenes Geheimnis.

Glücklicherweise kamen meine »große Oma« und meine Oma sehr gut miteinander aus. Vielleicht lag es daran, dass die »große Oma« sich damit abgefunden hatte, keine Kinder bekommen zu können, und sie selbst den ersten Schritt getan hatte, meinen Opa glücklich zu machen, indem sie ihm eine andere Frau suchte. In meinen Augen eine sehr aufopfernde und selbstlose Einstellung.

Meine »große Oma« lebte mit meinen Großeltern unter einem Dach, bis sie zum katholischen Glauben konvertierte und sich scheiden ließ. Danach zog sie in ein Geburtshaus in der Nähe von Oma und Opa, um weiter in ihrem Beruf als Hebamme tätig zu sein. In Vietnam wurden Kinder damals nur von Geburtshelferinnen, also ohne Hilfe eines Arztes auf die Welt gebracht. Mich faszinieren noch heute die Geschichten über ihre Begabung, in denen erzählt wird, wie sie ohne weitere Angaben Geburten exakt berechnen konnte. Sie hätte wahrscheinlich die Hände über dem Kopf zusammengeschlagen bei all den regelmäßigen Messungen und ständigen Kontrollbesuchen, die man als Schwangere in Deutschland zu absolvieren hat. Noch mehr wäre sie wahrscheinlich über die Geburtsvorbereitungskurse und die unzählige Literatur über Erziehungs- und Ernährungstipps für Schwangere verwundert gewesen, denn so etwas gibt es nicht in Vietnam.

Das Verhältnis zwischen meiner »großen Oma« und meiner Oma war sogar so hervorragend, dass meine Mutter ab dem fünften Lebensjahr bei *ba ngoai nam* lebte – und zwar über einen Zeitraum von sechs Jahren. Wie und warum das so war, kann Mama nicht wirklich beantworten. Vielleicht konnten sich Oma und Opa angesichts der vielen Geschwister, Kinder, Neffen und Nichten, die bei ihnen lebten, nicht ausreichend um meine Mutter kümmern. Vielleicht lag es aber auch daran, dass meine Oma der »großen Oma« so dankbar war und ihr das auf diese Weise zeigen wollte. Mama liebte die »große Oma« sehr, denn sie war von Anfang an ihr Lieblingskind.

Deshalb erhielt sie auch eine katholische Erziehung und besuchte eine katholische Grundschule. Meine Großeltern, obwohl Buddhisten, hatten nichts dagegen. Mein Opa liebte Mama sehr, vielleicht war er deshalb so tolerant. Zu Weihnachten fuhr er sie jedenfalls zur Kirche, damit sie zur Messe gehen konnte, und freitags kochte Oma Thong oft nur Fisch für die gesamte Familie.

Als ich davon erfuhr, dachte ich, dass das Leben schon sehr eigenwillige Wege nehmen konnte. Und es war schön zu sehen, dass es manchmal auch so unkompliziert gehandhabt werden konnte.

In meinen ersten beiden Lebensjahren wohnten wir zu dritt in einer Ein-Zimmer-Wohnung. Obwohl es eng war, kamen immer viele Leute zu Besuch. Und als das erste Kind im Bekanntenkreis meiner Eltern wurde ich natürlich von allen sehr verwöhnt.

Damit meine Eltern weiterstudieren konnten, wurde ich bereits mit sechs Monaten zu einer Tagesmutter gegeben, die selbst drei Söhne hatte. Als ich sprechen konnte, nannte ich sie liebevoll »Mama Roß«. In dieser Familie wurde ordentlich hessisch gebabbelt, kein Wunder, dass ich als Kind deutsch mit einem stark hessischen Einschlag sprach – noch bevor ich richtig vietnamesisch konnte. Immerhin war ich den ganzen Tag über bei Familie Roß, nur abends sah ich meine Eltern. Das führte dazu, dass ich zwar verstand, was sie sagten, aber ich selbst konnte nur wenige vietnamesische Worte artikulieren. Vielleicht trug dieser Umstand letzten Endes dazu bei, dass ich mich anfangs eher als Deutsche sah. Ich fühlte mich den Menschen zugehörig, die in dem Land lebten, in dem ich zur Welt gekommen bin. Stets ging ich davon aus, dass ich mich kaum von ihnen unterschied, höchstens äußerlich. Aber selbst das war mir kaum bewusst. Mein anderes Aussehen wurde auch von den Personen in meiner Umgebung nie zum Thema gemacht.

Erst als ich mit vier Jahren zum ersten Mal mit meinen Eltern in Vietnam war, wurde mir klar, dass hier zwar alle so aussahen wie ich, ich aber trotzdem anders war. Im Gegensatz zu meinen gleichaltrigen Cousins war ich in meinem Auftreten viel weniger zurückhaltend, kaum scheu und auch sehr selbstständig.

Ich kann mich vor allem an eine Anekdote erinnern. Tante Nga, Mamas jüngere Schwester, rief mich zum Essen. Wie ich es von zu Hause gewohnt war, setzte ich mich an den Tisch, an dem schon einige Erwachsene Platz genommen hatten. Im ersten Moment schauten mich alle völlig irritiert an, mussten dann aber laut lachen. Mama erklärte mir, dass in Vietnam die Kinder nicht mit den Erwachsenen essen. Ich verstand das überhaupt nicht. »Aber wir sitzen beim Essen doch immer zusammen«, rief ich mit weinerlicher Stimme. Opa Tri stand mir bei und sagte tröstend: »So soll es auch hier sein, mein Kind.« Seit diesem Tag nahm ich die Mahlzeiten gemeinsam mit den Erwachsenen ein. Später habe ich oft erlebt, dass am Hauptfamilientisch nur die Männer und älteren Frauen saßen. Das hat damit zu tun, dass eine Familie aus so vielen Personen besteht und nicht alle an einem Tisch Platz finden können. Die Kinder und (Schwieger-)Töchter sitzen entweder an einem separaten Tisch, meist in der Küche, oder sie nehmen ihre Reisschale mit vor die Haustür und schauen dem Treiben auf der Straße zu – ein ganz häufig zu beobachtendes Bild, wenn man durch Vietnam fährt.

Ich wuchs also sehr behütet bei der Familie Roß auf und fühlte mich dort ausnehmend wohl. So kam, was kommen musste, nämlich der Tag, an dem ich nicht mehr zu meinen Eltern nach Hause wollte. Als Mama nachmittags an der Tür von Familie Roß klingelte, um mich abzuholen, versteckte ich mich hinter einem Schrank und weinte entsetzlich. Ich war bei meiner Ersatzfamilie glücklicher als bei meinen Eltern. Hier hatte ich ältere Brüder zum Spielen und war dadurch niemals allein. Zudem besaß Mama Roß einen großen Garten, und überhaupt: Ich wurde bei meiner liebevollen Tagesmutter nach Strich und Faden verwöhnt.

Meine Eltern befanden sich in einer Zwickmühle. Einerseits verletzte sie mein Verhalten, auf der anderen Seite waren sie Familie Roß sehr dankbar, dass ich so umhegt wurde, damit sie in Ruhe studieren konnten, um mir später eine bessere Zukunft bieten zu können. Was sollten sie tun? Jedenfalls war ich an diesem schwierigen Tag nach einigem Zureden doch bereit, meiner Mama nach Hause zu folgen.

Meine Eltern entschlossen sich dann, mich in einen Kindergarten zu geben. Freunde hatten zu diesem Schritt geraten, denn sie warnten Mama und Papa davor, dass ich eines Tages vielleicht vollständig den Bezug zu ihnen verlieren würde. Außerdem sei es gut für mich, mit anderen gleichaltrigen Kindern zusammen zu sein.

Anfangs litt ich sehr unter der Trennung von meiner Ersatzfamilie, aber schon bald gewöhnte ich mich an die neue Situation. Ich gewann schnell Freunde im Kindergarten und liebte es, mit ihnen zu spielen. Im Kindergarten hatte ich nur deutsche Freunde, doch an den Wochenenden gab es auch einen vietnamesischen Spielkameraden, der wie ich in der Bundesrepublik zur Welt gekommen war. Binh wohnte in Frankfurt, das ungefähr dreißig Kilometer von Darmstadt entfernt liegt. Sobald unsere Eltern sich gegenseitig besuchten, waren Binh und ich unzertrennlich. Wir beide saßen im selben Boot. Als Kind konnte ich das zwar noch nicht artikulieren, dennoch spürten wir es.

Binh und ich plapperten jedenfalls auf Deutsch, weil wir uns nicht von unseren deutschen Freunden im Kindergarten unterscheiden wollten. Vielleicht ist »unterscheiden« nicht der richtige Begriff, denn das alles passierte noch relativ absichtslos. Meine Eltern, die mit mir konsequent vietnamesisch sprachen, störte das nicht, doch viele ihrer Freunde sahen es nicht so gern, wenn Binh und ich uns auf Deutsch verständigten. »Ihr seid Vietnamesen. Also sprecht auch vietnamesisch miteinander«, bekamen wir häufig zu hören. Und weil sie ja selbst nie mit uns Deutsch sprachen, switchten wir, ganz schuldbewusst, sofort in die Sprache unserer Eltern um. Sobald die

Erwachsenen aber außer Blick- und Hörweite waren, benutzten wir augenblicklich wieder unsere »Kindergarten-Sprache«.

Bis heute sage ich mit einem Augenzwinkern, dass es kein Wunder sei, dass ich den Beruf einer Schauspielerin gewählt habe, denn aufgrund dieser Ausgangssituation hätte ich sowieso unweigerlich zwei Gesichter. Und beim Wechsel von einer zur anderen Sprache verändern sich auch Gestik, Mimik sowie Tonlage meiner Stimme.

Ich liebte es, mit Binh einem Ball nachzurennen, im Park Höhlen zu bauen und »Papa, Mama und Kind« zu spielen. Ich weiß noch, dass er oft einen Superman-Umhang trug, sich auf die Pirsch begab, um von unseren Eltern kleine Speisen zu stibitzen, die er mir schließlich brachte. Wir saßen dann lachend vor unserer Höhle und naschten voller Glück an den Sachen, wobei ich nicht vergaß, »unser Kind«, eine Puppe, zu füttern. Binh war mein Held! Ich war der festen Überzeugung, dass wir eines Tages heiraten würden. Doch unsere Wege sollten sich trennen.

Als wir beide ungefähr fünf Jahre alt waren, bekamen wir noch zwei weitere vietnamesische Spielgefährten hinzu, Yen und Oanh. Die beiden Schwestern waren etwa ein bis zwei Jahre älter. Sie zählten zu den Boat-People, die mit ihrer Mutter in Frankfurt eine neue Bleibe gefunden hatten. Der Begriff Boat-People wurde mit den ersten Flüchtlingen aus Vietnam bekannt, die nach Kriegsende aus Angst vor dem kommunistischen Regime mit seinen Arbeits- und Umerziehungslagern in Booten über das Südchinesische Meer flohen. Vielfach trieben sie auf überladenen, altersschwachen und hochseeuntüchtigen Booten auf dem Wasser. Lieber akzeptierten sie den Tod, als unter einem kommunistischen Regime zu leben. Nicht wenige von ihnen fielen den Stürmen, dem Hungertod oder überwiegend thailändischen Piraten zum Opfer. Was Yen und Oanh erlebt hatten, wie es ihnen ergangen war, darüber wurde nie gesprochen. Wir wären auch zu jung dazu gewesen.

Anfangs war ich eifersüchtig auf die beiden Schwestern, fürchtete ich doch, dass Binh sich besser mit ihnen als mit mir verstehen könnte. Sie hatten nämlich den entscheidenden Vorteil, dass sie in Frankfurt lebten und sich auch unter der Woche sehen konnten. Aber wir wurden alle gute Freunde. Ab und an gab es natürlich Streitereien, die aber letztlich harmlos waren.

Yen, die jüngere der beiden Schwestern, empfand ich als enorm selbstbewusst. Vielleicht war sie es durch die schlimmen Erfahrungen geworden, die sie in so jungen Jahren machen musste. Sie war der Boss in unserem Quartett, und wir fügten uns ihrem Kommando. Ich hatte kein Problem damit, denn als Kind war ich sehr zurückhaltend und ließ mich stets von starken Charakteren einschüchtern. Oanh, die ältere von den Geschwistern, war wesentlich sanfter und fügte sich ebenfalls ohne großes Murren den Befehlen ihrer jüngeren Schwester. Bei Binh bin ich mir bis heute nicht sicher, ob er es wirklich toll fand, der einzige Junge unter drei Mädchen zu sein. Immer musste er sich unseren Spielen unterordnen.

Yen und Oanh lebten sich sehr gut in Frankfurt ein und lernten schnell Deutsch, was dazu führte, dass wir deutsch miteinander sprachen. Oft passierte es, wenn wir doch mal vietnamesisch sprachen (vor den Erwachsenen), dass uns ein bestimmtes Wort nicht sofort einfiel, und so fügten wir mitten im Satz die deutsche Entsprechung ein. Für Außenstehende muss das sehr komisch geklungen haben, wenn sie plötzlich ein Wort wie »Staubsauger« erkannten. Manchmal lachten wir selbst über unser Kauderwelsch.

Es hatte durchaus seine Vorteile, eine Sprache zu beherrschen, die kaum von anderen Menschen in unserer Umgebung verstanden wurde. Als wir vier etwas älter waren und ohne Begleitung eines Erwachsenen durch die Innenstadt von Frankfurt oder Darmstadt bummeln durften (abhängig davon, wer wen besuchte), sprachen wir in der Nähe von Deutschen stets vietnamesisch miteinander. So konnten wir uns unverblümt über sie lustig machen oder uns geheime Botschaften zurufen. Das gab uns auch ein Gefühl von Überlegenheit und Macht. Zum Tet-Fest studierten Yen, Oanh, Binh und ich jedes Jahr Tänze und Lieder ein und führten sie gemeinsam auf der Bühne vor. Wir waren ein unschlagbares Team, und lange Zeit waren sie meine einzigen vietnamesischen Freunde.

5 In der Heimat meiner Eltern

Der Geruch war anders als zu Hause. Irgendwie roch es nach verbranntem Holz. Es war heiß. Und vor allem schwül. Es war genauso, als wenn meine Eltern und ich nacheinander heiß geduscht und vergessen hätten, die Fenster zu öffnen. Im Spiegel konnte ich mich dann nicht mehr sehen, dafür konnte ich lustige Figuren auf die beschlagene Fläche malen.

Auch in dieser Situation, bei meinem ersten Berühren vietnamesischen Bodens, stieg der dichte Dampf immer wieder auf und legte sich auf alles. Nur konnte ich kein Fenster öffnen – und es war ziemlich stickig. Ich war sehr müde, aber durch die Aufregung zugleich auch überdreht. Diese fremden Geräusche, das dichte Gewusel, das Licht – alles war auf seltsame Weise anders. So sprachen die Menschen zwar wie meine Eltern, doch unwahrscheinlich viel schneller.

Ich schaute nach meiner Mama. Auf ihrem Gesicht war ein Lächeln, aber ich spürte, dass sie sehr gestresst war. Sie unterhielt sich mit einem fremden Mann in einer Uniform. So eine hatte ich noch nie gesehen. Er sah zwar aus wie ein Polizist, aber irgendetwas stimmte nicht. Polizisten in Deutschland sahen nicht so aus. Kerzengerade saß er hinter einem Holzpult und blickte meine Mama streng an. Ab und zu sah er zu mir hinüber, Mama schien jetzt richtig besorgt zu sein. In diesem Moment wollte ich am liebsten wieder zurück ins Flugzeug steigen, da war es wenigstens schön kühl gewesen.

Endlos lang dauerte alles. Hinter dem Mann in der Uniform konnte ich beobachten, wie Koffer ausgeladen wurden. Sie liefen auf einem Band im Kreis herum. Es waren nur wenige Gepäckstücke, in dem Flugzeug hatten sich auch nur wenige Fluggäste befunden. Endlich winkte der Polizist mit dem bösen Blick uns durch. Ganz fest drückte Mama meine Hand, als wir die ersten Schritte machten. Ihre Finger fühlten sich feucht an, ein für mich fremdes Gefühl. Sie hatte doch sonst immer so warme samtige Hände, die man gar nicht mehr loslassen wollte. Gerade als wir den Mann passieren wollten, fragte er mich etwas. Mama stoppte irritiert. Ich hatte nicht verstanden, was er zu mir gesagt hatte. Nur einzelne Worte kamen mir bekannt vor. Der Uniformierte wartete. Ich schaute Mama hilflos an. Sie wiederholte die Frage auf Deutsch: »Der Mann will von dir wissen, wie du heißt.« Ich antwortete verschüchtert: »Minh-Khai.« Wieder redete der Mann auf mich ein. Mama lachte nervös auf, dann übersetzte sie mir seine Bemerkung: »Der Mann sagt, dein Name stammt von einer sehr berühmten Frau aus Vietnam.« Ich zuckte nur gleichgültig mit den Schultern, mein einziges Ziel war, diesen Ort endlich verlassen zu können. Ich mochte den Mann nicht. Dann tätschelte er mir auch noch die Wange. Das war erst recht etwas, das ich hasste. Bevor ich eine freche Antwort geben konnte, erwiderte Mama etwas, lächelte mehr verkrampft als höflich und zog mich mit festem Griff schnell weiter.

Wir gingen zum Laufband und holten unsere Koffer, dann mussten wir in der nächsten Schlange warten. Als wir an der Reihe waren, standen wir wieder mehreren uniformierten Männern und Frauen gegenüber. Sie bellten Mama wie Hunde an. Es sah aus, als würden sie sich von der Leine losreißen wollen, um jemanden anzugreifen. Mama hatte keine andere Chance, sie musste die Koffer öffnen. Alles wurde durchsucht, neugierig und misstrauisch beäugt. Hilflos sahen wir diesem Treiben zu.

Hinter diesen Männern und Frauen entdeckte ich den Ausgang, nur eine große Glasscheibe trennte uns davon. Hinter der Scheibe standen ein paar Menschen und schauten uns neugierig an. Es waren Flughafenangestellte, Polizisten und Fahrer, die die westlichen Gäste zum Hotel bringen sollten. Es war fast so, als würde ich mich in einem Zoo befinden. Die Frage war nur, wer sich vor beziehungsweise hinter den Gittern befand.

Ich hatte großen Durst. Aber ich traute mich nicht, Mama zu fragen, ob ich etwas zu trinken haben könnte. Zu angespannt war die Situation, das hatte ich nun zu deutlich bemerkt.

Nachdem jeder Winkel unserer Gepäckstücke durchsucht war, durften wir gehen. Kurz bevor wir den Abfertigungsbereich verließen, begegnete uns noch ein weiterer Mann in Uniform. Er musterte uns kurz, dann gab er uns zu verstehen, auf keinen Fall weiterzugehen. Mama stockte der Atem, sie umklammerte meine Hand noch fester. Ich zuckte vor Schmerz zusammen, aber ich wagte nicht, auch nur einen Laut zu äußern. Mir waren diese Männer mit dem düsteren Blick unheimlich.

Mama überreichte dem Mann vor dem Ausgang einen gelben Zettel, der Uniformierte zählte daraufhin unsere Koffer. Schließlich winkte er uns durch. Meine Mutter atmete auf und ging so rasch nach draußen, dass ich kaum mithalten konnte. Es war nicht zu übersehen, dass sie nur wegwollte.

Außerhalb der Flughafenhalle wurden sämtliche westliche Passagiere, die mit uns geflogen waren, eingesammelt und zu einem Bus geführt. Niemand durfte abgeholt werden. Als wir einen Sitzplatz gefunden hatten, nahm mich Mama in den Arm und weinte. Es waren Tränen der Erleichterung, aber auch Tränen der Angst. Sie wusste nicht, was uns alles in den nächsten vier Wochen erwarten würde. Ich hatte es noch nie gemocht, wenn sie weinte. Und sie sollte auf dieser Reise noch häufig Tränen vergießen ...

Die Szene spielte sich zum Tet-Fest 1978/79 in Saigon ab. Für Mama war es das erste Mal, dass sie seit ihrem Weggang im Jahr 1969 heimatlichen Boden betrat, und für mich sollte die Reise meine erste Begegnung mit Vietnam sein. Meine Eltern hatten ihre gesamten Ersparnisse vom Konto abgehoben, damit Mama und ich nach Saigon fliegen konnten. Für ein weiteres Ticket reichte es leider nicht, sodass Papa in Deutschland bleiben musste.

Der Flug gestaltete sich als sehr kompliziert, da es keine Direktverbindungen nach Vietnam gab. Von Frankfurt aus waren wir nach Bangkok geflogen. In der thailändischen Hauptstadt hatten wir einen dreitägigen Aufenthalt zu überbrücken, weil wir auf eine Maschine der Air France warten mussten – das war die einzige westliche Airline, die damals in Saigon landen durfte. Das lag auch daran, dass

Vietnam erst im Jahr unserer Ankunft die Grenzen für Reisende aus dem Westen geöffnet hatte. Heute fliegt fast jeden Tag mindestens eine Maschine Saigon, Hanoi oder Da Nang an.

Der Bus, in den wir eingestiegen waren, fuhr uns zu einem Hotel, das sich in der Innenstadt befand. Als alle Passagiere ausgestiegen waren, mussten sie sich in der Hotelhalle versammeln, in der sie erst einmal belehrt wurden. Das hieß: Wir wurden mit ideologischen Grundsätzen berieselt. Schließlich, so sagte man uns, seien wir ja aus dem Westen und hätten keine Ahnung, was für eine Bedeutung der Kommunismus für dieses Land hätte. Am Ende der Unterweisung wurde noch davor gewarnt, dass man kein Schwarzgeld tauschen dürfe. Meine Mutter erzählte mir später, dass ich, während sie sich alles anhörte, mit Angestellten des Hotels spielte. Gleichzeitig hätten mich meine Oma Quit und mein Onkel Viet – der zweitjüngste Bruder von Papa, der vier Jahre später nach Kanada flüchten sollte – von außen durch die Fensterscheiben des Hotels beobachtet, ohne zu wissen, dass ich die Enkelin beziehungsweise Nichte sei.

Oma und Onkel Viet hatten eine anstrengende Odyssee hinter sich. Zwar waren sie rechtzeitig am Flughafen gewesen, um uns wenigstens durch die Glasscheibe zuwinken zu können, wenn Abholen schon nicht erlaubt war. Ihnen wurde aber ein falscher Ankunftsterminal mitgeteilt. Dabei hatten die beiden schon etliche Mühen auf sich genommen, um überhaupt den Flughafenbereich betreten zu dürfen. Damals war das nicht so einfach, man benötigte dazu eine Sondergenehmigung, die von einer Behörde ausgestellt wurde.

Nach endlosem Warten hatte Onkel Viet schließlich herausgefunden, dass wir schon unterwegs in das Hotel in der Innenstadt waren. Also machten sie sich auf den Weg, um uns dort in Empfang zu nehmen. Doch als sie das Gebäude betreten wollten, sagte man ihnen, dass sie nicht hineindürften. Aus diesem Grund blickten sie von draußen in die Halle und sahen ein unbekanntes kleines Mädchen unbekümmert herumhopsen. Sie beobachteten mich eine Weile, wobei meine Oma zu ihrem Sohn meinte, dass vietnamesische Kinder, die im Ausland zur Welt gekommen waren, immer so gesund und rosig aussähen.

Die beiden durften aber auch nicht am Fenster stehen bleiben. Man schickte sie mit den Worten »Eure Angehörigen werden zu gegebener Zeit bei euch auftauchen« nach Hause. Nach dieser lapidaren Mitteilung blieb ihnen nichts anderes übrig, als das Hotelgelände zu verlassen. Voller Ungeduld und Sehnsucht warteten sie und der Rest der Familie nun in ihren vier Wänden auf uns. Immerhin hatten sie Mama seit neun Jahren nicht mehr gesehen, und mich kannten sie bis jetzt nur von ein paar Fotos.

Als die Belehrungen nach vielen Stunden beendet waren, durften Mama und ich erneut in den Bus steigen. Nach und nach brachte man sämtliche Passagiere zum gewünschten Zielort. Dadurch, dass meine Großeltern am Stadtrand von Saigon wohnten, gehörten wir zu den letzten Personen, die ausgeladen wurden. Es war schon spät in der Nacht, als wir aus dem Bus kletterten. Meine Oma war ziemlich erstaunt, als sie mich sah, das Mädchen, das sie in der Hotelhalle beim Spielen beobachtet hatte.

Anfangs war ich durch die Begegnung mit meiner »anderen Familie« völlig verschüchtert. Da standen wir nach vier

Tagen Reise mitten in dieser völlig fremden Welt. Meine Großeltern, Papas älterer Bruder Dao, seine Frau Hong, ihre drei Söhne Vu, Giang und Hoang und der bereits erwähnte Onkel Viet standen um mich herum, redeten, weinten und herzten mich durcheinander. Ich verstand fast nichts, denn alle sprachen den in Da Nang üblichen Dialekt.

Zu Oma Quit, der Mutter meines Vaters, fasste ich als Erstes Vertrauen, denn sie hatte sehr große Ähnlichkeit mit Papa. Ihr Lachen, bei dem sie sich stets die Tränen mit einem Taschentuch aus den Augenwinkeln wegwischte, war enorm ansteckend. Sie hatte ein rundliches Gesicht, war klein und robust und trug ihr Haar als Knoten im Nacken. Oma Quit war streng, hatte eine ziemlich laute Stimme, war sehr temperamentvoll und konnte ungeheuer jähzornig werden. Wenn sie wütend war, dann »parierte« selbst Opa.

Opa Lieu war genau das Gegenteil: groß, schlank und ruhig. Er trug seine Haare streng nach hinten gekämmt und überließ seiner Frau gern das Reden, konnte aber, wenn er wollte, auch sehr sarkastisch werden. Meine Großeltern väterlicherseits hatten insgesamt fünf Söhne: Dao, Papa, Long, Viet und Nam; die einzige Tochter war kurz nach der Geburt gestorben. Da der älteste Sohn Dao zusammen mit seiner Frau Huong zu dem Zeitpunkt auch nur drei Söhne hatte – eine Tochter folgte erst fünf Jahre später –, war ich somit das erste Mädchen und wurde ungemein verwöhnt. Bei allem, was ich machte oder von mir gab, sofern sie mein schlechtes Vietnamesisch verstanden, lachten sie laut und klatschten begeistert in die Hände. Ich genoss die ungeteilte Aufmerksamkeit genauso wie heute mein Sohn Kalani.

Das Haus meiner Großeltern bestand aus einem Wohnzimmer, das zugleich Ess- und Schlafzimmer meines Onkels Viet war, sowie aus einer Küche, in der sich – wie in Vietnam üblich – auch die Dusche und die Toilette befanden. Ein kleineres Zimmer im oberen Stockwerk diente meinen Großeltern als Schlafzimmer. Dort gab es noch einen weiteren Raum, in dem mittags die Strohmatten zum Ausruhen ausgerollt wurden, in der Nacht schliefen hier Onkel Dao und seine Familie. Dieses Reich war zusätzlich durch einen Paravent aus Metall geteilt, dahinter befand sich ein großer schöner Holzschrank, in dem der Ahnenaltar aufgebaut war.

Oma Quit war eine strenggläubige Buddhistin, und Tag und Nacht lief im Haus der Kassettenrekorder mit buddhistischen Gesängen und Gebeten von Mönchen. Das Abspielgerät war so alt, dass die Kassette leierte und sich das Ganze noch verzerrter anhörte. Auch roch es im ganzen Haus nach Räucherstäbchen.

Mama und ich durften im Schlafzimmer meiner Großeltern übernachten, in dem sich sogar ein richtiges Bett befand. Oma Quit und Opa Lieu schliefen wiederum bei Onkel Viet. Das Schlafzimmer besaß keine Fenster, und so wälzte ich mich wegen der Hitze die erste Nacht hin und her. Der Ventilator lief auch nicht, denn abends wurde von der Regierung der Strom abgedreht. Und obwohl die Zimmertür weit offen stand, war es ungemein stickig. Mama konnte auch nicht schlafen, sie weinte heimlich, denn sie sehnte sich nach ihren eigenen Eltern. Doch sie wusste, dass es in Vietnam Pflicht war, zuerst die Familie des Mannes zu besuchen. Die Sitten sind diesbezüglich sehr streng, in meinen Augen haben vietnamesische

Frauen in dieser Hinsicht kein leichtes Los. Bis sie ihre Mutter und ihren Vater sehen konnte, musste sie sich noch eine Woche gedulden.

Der nächste Morgen war für sie ein unglaublicher Schock. Nach dem Frühstück, das aus süßem Klebreis und einem vietnamesischen Kaffee bestand, verließen wir das Haus, um mit meiner Oma Besorgungen zu erledigen. Als wir durch das zerstörte Saigon fuhren, realisierte sie, wie der Krieg die Menschen gezeichnet hatte. Unentwegt liefen ihr Tränen über die Wangen. Viele Häuser waren ein einziger Schutthaufen, ganze Straßenzüge hatte man weggebombt. Viele Kriegsopfer irrten durch die Straßen und bettelten um Essen. Wir sahen Frauen und Männer mit verbrannten Gesichtern, verursacht durch Napalmbomben, oder Krüppel ohne Beine und Arme, die über die Bürgersteige krochen. Als ich diese Menschen zum ersten Mal sah, konnte ich ihren Anblick kaum ertragen. Doch ich war zu klein, um das in Worte ausdrücken zu können. Wenn meine Mutter dieses Ausmaß an Grauen geahnt hätte, hätte sie mich wahrscheinlich nie auf diese Reise mitgenommen. Heute bin ich ihr dankbar für diese Erfahrung, die Erfahrung, in einem Land zu sein, das noch in den Nachkriegswirren steckte.

Nie werde ich vergessen, als wir eines Tages in einem Restaurant zu Mittag aßen und um uns herum lauter hungernde und dreckige Kinder standen. Sie warteten, bis wir mit dem Essen fertig und aufgestanden waren, dann stürzten sie sich auf unsere Reste. Selbst die Dinge, die auf den Boden gefallen waren, steckten sie in ihren Mund.

Mama weinte und weinte, aber der ganz große Schrecken sollte erst noch kommen, als sie nach der Woche bei den Schwiegereltern endlich nach Long Khanh reisen durfte, einem Dorf, das ungefähr achtzig Kilometer südöstlich von Saigon liegt und in dem damals ihre Eltern lebten.

Eine Entfernung von achtzig Kilometern klang nicht sehr weit, aber Ende der Siebzigerjahre bedeutete das in Vietnam eine halbe Weltreise. In der Nachkriegszeit gab es kaum Benzin. Man behalf sich also mit einem Gefährt, das mit Kohle betrieben wurde, einem sogenannten *xe do*. Zwanzig bis dreißig Menschen passten in dieses Vehikel hinein. Onkel Viet musste sich um vier Uhr morgens anstellen, um für uns ein Sieben-Uhr-Ticket mit guten Sitzplätzen zu erstehen. In diesen *xe dos* waren die Bänke nicht in Fahrtrichtung angebracht, sondern seitlich, sodass sich die Passagiere gegenübersaßen. Neben den äußeren Sitzen gab es aber auch noch eine Bank in der Mitte des Fahrzeugs. Normalerweise war die Bank so schmal, dass darauf nur zwei Personen Platz fanden, aber jetzt quetschten sich zwei Fahrgäste Rücken an Rücken darauf, wobei die Knie mit denen der gegenübersitzenden Mitreisenden zusammenstießen. Unbequemer konnte es nicht sein, und nur wenn es keine anderen Tickets gab, setzte man sich dorthin.

In diesem Transportmittel waren Fenster ein Fremdwort, es existierten nur notdürftig zusammengehauene Holzbeschläge, was bedeutete, dass der Wind während der Fahrt durch sämtliche Ritzen pfiff. Eine Unterhaltung war dabei nicht mehr möglich. Die Straßenverhältnisse konnten nur als miserabel bezeichnet werden, sodass die Lebensmittel oder Tiere, etwa Schweine und Hühner, die auf dem Dach transportiert wurden, hin und her geschüttelt wurden. Und so manches Mal polterte dann auch etwas von dort herunter. Am Heck des Kleinbusses befand sich der Ofen. Der Beifahrer stand dort und drückte die Kohle mit einer Schaufel nach unten. Glut und Asche fielen einfach auf die Straße. Wenn man hinter einem anderen *xe do* herfuhr, musste der Fahrer geschickt den glühenden Kohleresten ausweichen, um nicht einen Reifenbrand zu verursachen.

Es war auch üblich, nicht sämtliche Bustickets zu verkaufen, denn man sammelte auf der Tour noch weitere Fahrgäste ein. Es gab keine Bushaltestellen, sondern man stellte sich einfach hin und winkte den Fahrer heran. Hielt dieser, fragte man, wohin er fuhr. War es die gewünschte Richtung, stieg man ein, bezahlte und musste sich dann auf die noch meist freien unbeliebten Mittelbanksitze quetschen. Diese kurzen Stopps nutzte der Beifahrer, um Kohle nachzufüllen. Gleichzeitig musste aber das Gepäck des neuen Mitreisenden aufs Dach gehievt und festgezurrt werden. Stieg jemand aus, dauerte es oft lange, bis dieser seine Habseligkeiten gefunden und heruntergenommen hatte. Aus diesem Grund nahm eine Fahrt von achtzig Kilometern meist vier bis fünf Stunden in Anspruch.

Meine Mama erinnert sich noch, dass es auf unserer Strecke eine kleine Steigung gab. Fast alle Passagiere mussten aus dem Bus aussteigen und beim Anschieben helfen, sonst wäre man nie über den kleinen Hügel gekommen. Der *xe do* war einfach zu überladen – und der Motor für all diese Lasten zu schwach.

Die Sitzfederung ließ zu wünschen übrig, ich spürte jeden einzelnen Stein, den die Reifen erwischten. Die Wege waren voller Schlaglöcher, die der Fahrer kunstvoll zu umfahren versuchte. Dabei wurde man wie eine Marionette von einem Drahtzieher hin und her geschüttelt. Oft musste der *xe-do*-Fahrer abrupt bremsen, weil Menschen und Tiere auf den Straßen herumliefen. Verkehrsregeln gab es damals kaum welche, heute ist es übrigens auch nicht viel anders. Nach einer von diesen Vollbremsungen spürte ich plötzlich, wie die Fischsauce *nouc mam* auf meinen Rücken tropfte. Bei der wilden Fahrerei hatte sich wohl der Verschluss des Kanisters gelockert.

Ich konnte Mamas zunehmende Anspannung spüren. Sie war noch nie in Long Khanh gewesen. Als sie meinem Vater nach Deutschland folgte, wohnte ihre Familie noch in Da Nang. Aus den Erzählungen meiner Mutter wusste ich, dass sie mit ihren sechs Geschwistern Duong, Ti, Nga, Phoung, Dinh, Danh und vielen Cousins aufgewachsen war, darunter auch Onkel Tho.

Als es an der Zeit war, dass meine Mutter das Gymnasium besuchen sollte, zogen meine Großeltern mit ihr und den anderen Kindern nach Da Nang, der nächstgrößeren Stadt, weil es dort bessere Schulmöglichkeiten gab. Meinem Großvater Tri war eine weiterführende Ausbildung für seine Kinder das Wichtigste.

Mama war fast immer die Klassenbeste. Jeden Monat gab es einen Aushang, durch ihn wurden die Leistungen der einzelnen Schüler öffentlich verkündet. Kam sie bei diesem Ranking nur auf Platz zwei, war mein Großvater regelrecht enttäuscht. Doch am Ende der Schulzeit konnte sich meine Mutter durch das beste Abiturzeugnis auszeichnen.

Wie schon gesagt, der größte Traum meines Großvaters war es, eines Tages mit der gesamten Familie nach Frankreich auszuwandern. Obwohl das Land einst über Vietnam bestimmte, verehrte er alles, was in Zusammenhang mit der französischen Republik stand. Keiner wusste so recht, warum er diese Hochachtung hegte, denn die Vietnamesen hatten sehr unter der französischen Kolonialmacht gelitten. Zudem wurde unter ihrer Herrschaft eine große Zahl buddhistischer Tempel zerstört, der Katholizismus eingeführt und eine Menge Kirchen erbaut. Wenn man durch Vietnam fährt, kann man die vielen Türme schon von Weitem erkennen. Es gibt selbstverständlich auch positive Seiten der französischen Besatzung. Kautschukplantagen wurden angelegt, und nicht zu vergessen: Das Baguette setzte sich in Vietnam durch. Manchmal schmeckt es in Saigon sogar leckerer als in Paris. Noch heute sieht man im gesamten Land den französischen Einfluss, sei es in der Architektur oder eben in der Patisserie.

Der Frankreich-Traum meines Großvaters führte dazu, dass sein ältester Sohn Duong eine französische Ganztagsschule besuchte. Es gab Zeiten, da sprach er besser französisch als vietnamesisch – und wurde aus diesem Grund leider von den Nachbarskindern gehänselt. Er hatte es in der Familie am schwersten. Eigentlich war Onkel Duong nicht der erstgeborene Sohn, das war Onkel Ti. Onkel Ti galt als besonders intelligent und schlau, er war aber auch ein äußerst frecher Junge, der es seinen Geschwistern oft nicht leicht gemacht und insbesondere gern meine Mutter geärgert hatte. Leider starb er früh.

Eine Anekdote wird immer wieder erzählt. Oma Thong achtete bei ihren Kindern streng auf eine gute und ausgewogene Ernährung. Jedes Kind bekam täglich ein kleines Stück Fleisch, was damals sehr teuer war, und viel Gemüse zu essen. Mama versteckte ihr Fleisch immer unter einem Berg von Reis und Gemüse, um es sich bis zum Schluss aufzuheben. Onkel Ti wusste das. Er wartete so lange, bis sie die Beilagen aufgegessen hatte, dann schnappte er ihr jedes Mal das Fleisch weg. Während sie hinter ihm herjagte, aß er es blitzschnell und voller Genuss auf.

Als Onkel Ti fünf Jahre alt war, wurde mein Großvater eines Tages zu einem Notfall geholt. Ein Kind lag im Sterben. Obwohl die Praxis voller Patienten war, eilte er zu dem schwerkranken Kind. Während er bei ihm war, bekam Onkel Ti plötzlich einen epileptischen Anfall. Durch das Geschrei und Weinen meiner Großmutter und den anderen Kindern aus den oberen Wohnräumen kamen alle Kranken und Nachbarn herbeigelaufen. Meine Großmutter fühlte sich völlig hilflos, denn Ti bekam keine Luft mehr. Während Großvater Tri das Leben eines anderen Kindes rettete, starb sein eigener Sohn. Es war bereits der zweite Sohn, den er verloren hatte. Sein erster Sohn, der aus der Ehe mit der Laotin stammte, hatte kurz zuvor sein Leben verloren. Er war Boxer gewesen. Mit zwanzig Jahren trat er zu einem Kampf an, von dem er sich nicht mehr erholte.

In Vietnam existiert der Aberglaube, dass die Götter eifersüchtig auf Jungen sind, wenn zwei davon so unmittelbar hintereinander in einer Familie sterben. Jungen werden – wie in fast ganz Asien – mehr geehrt als Mädchen, weil sie den Stammbaum fortsetzen. Nun war die Angst sehr groß, dass die Götter meinen Großeltern auch den zweitgeborenen Sohn, Onkel Duong, nehmen würden. Also zogen sie ihm die nächsten Jahre Mädchenkleidung an und ließen ihm Löcher für Ohrringe stechen. Als er sechs Jahre alt war und man annehmen konnte, dass die Götter ihn nicht mehr im Blick hatten, durfte er wieder als Junge in Erscheinung treten. Psychologen würden bei einem solchen Vorgehen die Hände über dem Kopf zusammenschlagen. Aber Gott sei Dank hat mein Onkel keinen Schaden davongetragen. Onkel Duong gilt als der Ruhigste in der Familie meiner Mutter – vielleicht hat das auch etwas mit seinen »Mädchenjahren« zu tun. Er und meine Mama stehen sich sehr nah, und es gibt große Ähnlichkeiten in ihrem Wesen.

Doch wieder zurück zu meiner ersten Vietnam-Reise. Als Mama 1970 nach Deutschland ging, nahm sie das Bild von einer Familie mit, die glücklich und gesund in Da Nang lebte. In ihrer Abwesenheit ließ man sie in dem Glauben, dass alles in Ordnung sei. Man wollte sie nicht unnötig beunruhigen, hatten meine Eltern aus vietnamesischer Sicht doch genug mit ihrer eigenen Existenz in Deutschland zu kämpfen. Dennoch musste meine Mutter, nachdem die Nachkriegsprobleme nicht zu übersehen waren, ständig an ihre eigene Familie denken. Was würde sie in Long Khanh erwarten? Hatte eines ihrer Geschwister auch Gesichtsverbrennungen? War eines von ihnen ein Krüppel?

Im Jahr 1975 hatte sich mein Großvater dazu durchgerungen, aus Da Nang zu fliehen. Die Kommunisten waren immer näher gekommen, und mein Großvater hatte Angst, dass Intellektuelle, zu denen er gezählt wurde, ins Gefängnis gesperrt und anschließend in ein Umerziehungslager gesteckt würden. Es gab damals nur wenige konkrete Informationen, aber viele Gerüchte und Geschichten über das Leben in den Lagern – und diese waren nicht sehr erfreulich.

Mein Opa hörte von Long Khanh, einem kleinen Dorf, das im Süden Vietnams lag und bekannt dafür war, besonders fruchtbares Land zu haben. Meine Großmutter war zwar strikt gegen einen Umzug, denn sie war der Meinung, dass auch Kommunisten Ärzte bräuchten. Doch die Furcht vor einem möglichen Lageraufenthalt war zu groß. Großvater Tri beharrte darauf, in den Süden zu gehen. Nach langen Diskussionen setzte er sich durch und verkaufte sein ganzes Hab und Gut. Über Nacht floh die gesamte Familie nach Long Khanh – ein großer Fehler, wie sich später herausstellen sollte. Großvater Tri eignete sich nicht als Bauer, und das gepriesene fruchtbare Ackerland stellte sich als Brachland heraus. Die Familie verarmte, und mein Großvater fing an, sich aus Kummer zu betrinken. In der Folge erkrankte er schwer. Er verzieh sich nicht, seine Frau und seine Kinder so unglücklich gemacht zu haben. Meine Onkel mussten auf den Reisfeldern bei sengender Hitze Reispflanzen pflücken, jeden Abend waren die Beine voller Blutegel, die mit Alkohol entfernt werden mussten. Oma Thong züchtete ein paar Hühner und Schweine, die ihnen das Überleben sicherte.

Onkel Duong und seine Schwester Nga hatten in der Zwischenzeit ihre eigenen Familien gegründet, die nun mit meinen Großeltern und den unverheirateten Geschwistern gemeinsam unter einem Dach wohnten. Insgesamt teilten sich zwölf Personen vier winzige Zimmer. Eine Dusche und die Toilette – ein Plumpsklo – befanden sich im Hof. Das alles wurde erst nach einigen Tagen Aufenthalt in Long Khanh deutlich.

Als meine Mutter und ich nach mehreren Stunden Fahrt in dem *xe do* in der kleinen Ortschaft ankamen, völlig durchgerüttelt und ich stinkend nach Fischsauce, stand nun Onkel Duong an der Hauptstraße des Dorfs, um uns abzuholen. Als meine Mutter ihren abgemagerten Bruder in zerrissenen Kleidern und ohne Schuhe sah, fing sie an zu weinen – und sie hörte lange nicht mehr damit auf. Mein Onkel lächelte sie aufmunternd an. Kein Wort der Klage kam über seine Lippen, was den Kummer meiner Mutter nur verstärkte. Ich konnte ihre Trauer nicht verstehen und begegnete den Menschen, die meine Verwandten waren, skeptisch. Ich dachte zuerst, dass sie es waren, die Mama zum Weinen brachten. Doch nach und nach begriff ich, dass sich ihr Schmerz und ihr Leid auf die Lebensumstände ihrer Familie bezogen.

Onkel Duong hatte eine Art Schubkarre dabei, in die wir unsere Koffer luden. Anschließend setzte er auch mich hinein. Der Weg führte über einen holprigen Feldweg, der kein Ende nehmen wollte. Doch endlich: Mamas gesamte Familie stand aufgeregt am Zaun ihres Hauses. Sie fiel meinen Großeltern und ihren anderen Geschwistern um den Hals, erneut flossen Tränen. Wieder betrachtete ich alle Menschen um mich herum mit Argwohn. Wer waren diese fremden Personen, die meiner Mama so viel Kummer bereiteten? Meine Oma kam völlig unerschrocken auf mich zu und umarmte mich, bedeckte mein Gesicht mit Küssen. Obwohl ich misstrauisch war, fühlte ich die Wärme, die von ihr und meinen Verwandten ausging.

Wir sollten nun in das Haus eintreten, die grün bemalte Tür und die Fenster standen offen. Vorher entdeckte ich noch eine riesige Palme, die im Vorhof hoch in den Himmel wuchs. Wenn Wind aufkam, raschelten die Blätter. Durch sie wirkte das Häuschen meiner Großeltern noch winziger. Onkel Dinh, der jüngste Bruder meiner Mutter, folgte meinem erstaunten Blick. Plötzlich kletterte er barfuß an der Palme hoch, um mir eine Kokosnuss zu pflücken. Ich rannte zur Palme, um ihn besser sehen zu können, und ich erinnere mich noch an die vielen Ameisen, die am Baumstamm entlangliefen. Mein Onkel kam so schnell runter, wie er raufgeklettert war. Das beeindruckte mich so, dass ich voller Freude in die Hände klatschte und ihn auf Vietnamesisch lobte. Die gesamte Familie lachte über meine Ausdrucksweise – das Eis war gebrochen. Mama hatte sich in der Zwischenzeit etwas beruhigt. Für sie war es ein Schock, dass ihre einst wohlhabende Familie in ärmlichsten Verhältnissen lebte und in nur zwei Zimmern regelrecht hauste. Es bedrückte sie, dass sie keine Möglichkeiten hatte, ihnen zu helfen, da meine Eltern ja selbst kaum etwas hatten. Es muss furchtbar für sie gewesen sein, sich so hilflos und ohnmächtig zu fühlen.

Ich liebte Long Khanh von Anfang an. Weil es ja ab zwanzig Uhr keinen Strom mehr gab, durfte ich mit einer kleinen Öllampe durch das Haus und im Hof herumgehen. Dabei lauschte ich dann den fremden Geräuschen, etwa dem Zirpen der Grillen. Ich fand es aufregend, dass meine Onkel mir Wasser aus einem Brunnen holen mussten, damit ich mich waschen konnte. Und jeden Morgen sah ich meiner Oma beim Füttern der Schweine zu. Ich mochte dieses winzige Haus. Hier war es weitaus angenehmer als in der stickigen Stadt Saigon. Ich fand es spannend, nachts unter dem Moskitonetz zu schlafen, und ich genoss die frische Milch der Kokosnuss wie auch die unendliche Liebe von meinen Verwandten. Nur manchmal wurde ich auf sie wütend, wenn Mama nachts wieder wach neben mir lag und still in sich hineinweinte. Ich gab ihnen noch immer die Schuld, denn zu Hause in Deutschland war sie nur selten traurig.

Meine Familie amüsierte sich oft über mich. Ich erinnere mich noch an eine Geschichte, die sich eines Morgens abspielte. Mein Großvater bekam als Einziger zwei Spiegeleier mit Baguette zum Frühstück serviert. Die anderen aßen die Reste des Abendessens auf, oder sie erhielten Nudeln mit jener Fischsauce, die ich gerade eindringlich kennengelernt hatte. Die weiteren Eier, die die Hühner legten, wurden gegen andere Lebensmittel getauscht. An diesem Morgen setzte ich mich neben meinen Opa und verlangte ebenfalls Spiegeleier. Meine Mutter war entsetzt und sagte: »Minh-Khai, für dich gibt es süßen Klebreis!« Ich aber maulte, dass ich jeden Tag diesen blöden Klebreis vorgesetzt bekam und nun auch einmal dasselbe wie Opa essen wollte. Mama wollte mich zurechtweisen, aber mein Großvater winkte ab: »Lass sie! Ich habe doch genug für zwei auf dem Teller.« Seit diesem Tag teilte er seine Spiegeleier mit mir. Ich glaube, ihm gefiel meine unbeschwerte Art, jedenfalls waren wir uns von Anfang an sehr nah.

Er war zu dem Zeitpunkt schon sehr gebrechlich, aber er ließ sich nie etwas anmerken. Oft beobachtete ich ihn beim Beten vor dem Altar. Er kniete mit gefalteten Händen und geschlossenen Augen auf einer Strohmatte. Ein Räucherstäbchen brannte. Als er sein Gebet beendet hatte, verneigte er sich dreimal tief. Ich missverstand diese Geste und dachte immer, er wolle Purzelbäume schlagen. Eines

Tages nahm ich all meinen Mut zusammen und ging zu ihm hin, um ihn von hinten zu schieben. Als ich damit keinen Erfolg hatte, zeigte ich ihm, wie man einen Purzelbaum macht. »So geht das, Opi!«, rief ich ihm aufmunternd zu. Meine Familie lachte so sehr, dass ihnen Tränen in die Augen stiegen.

Mama und ich waren gerade bei ihren Eltern, als das Tet-Fest, das vietnamesische Neujahrsfest, in Long Khanh vorbereitet wurde. Der genaue Termin wird nach dem Mondkalender berechnet, meistens findet das Tet-Fest nach dem ersten Vollmond, der dem hiesigen Silvester folgt, statt. Man sagt in Vietnam, dass der zunehmende Mond Neues mit sich bringt. Tet dauert insgesamt drei Tage, die Vorbereitungszeit ungefähr zwei Wochen. Es wird gebacken und gekocht, das Haus geputzt und geschmückt. Man näht sich neue *ao dais*, jenes traditionelle Kleid der Vietnamesen, das an Tet angezogen wird.

Zu diesem Fest gibt es auch einen Baum, der eine ähnliche Bedeutung wie der christliche Weihnachtsbaum hat. Der Tet-Baum ist meist ein Aprikosenbaum (*cay mai*), der gelbe Blüten hat. Kurz vor dem Fest kann man diese Bäume überall kaufen. Sie werden das ganze Jahr über gehegt und gepflegt, und man hofft, dass die Knospen erst am ersten Tet-Tag zu blühen anfangen. Gelingt das, ist es ein gutes Omen für das neue Jahr. Wenn ein Baum vorher oder erst später blüht, gilt das als schlechtes Zeichen.

Für das Fest werden Unmengen von Lebensmitteln eingekauft, denn an den drei Feiertagen erwartet man sehr viel Besuch. Sieben Tage vor Tet zelebriert man einen Brauch, bei dem dem Geist der Küche, *ong tau*, gehuldigt wird. Für ihn werden Speisen gekocht, man schmückt den Altar mit

Blumen und zündet Räucherstäbchen an. Die Vietnamesen glauben, dass er auf diese Weise milde gestimmt wird und in den Himmel aufsteigt, um dort nur Gutes über die Familie zu berichten. Nach Tet zündet man erneut Räucherstäbchen an, um ihn wieder nach Hause auf die Erde zu holen.

Am Morgen vor Tet wird mit der Zubereitung des Essens für die nächsten drei Tage begonnen. Es gibt immer einen speziellen Klebreis (*banh chung*), der vierundzwanzig Stunden lang in einem Topf über einem Holzkohlefeuer gart. Dann folgen die weiteren Vorbereitungen: Einen Tag vor Tet werden drei Altäre aufgebaut. Der erste Altar, der Ahnenaltar, steht das ganze Jahr über in jedem vietnamesischen Haushalt. Meist thronen hier die Bilder der Ahnen auf einem schlichten schönen Holzschrank. Der Ahnenaltar sollte mindestens in Augenhöhe stehen, ein Standort auf dem Boden wäre respektlos den Verstorbenen gegenüber. Neben den Bildern der Toten befinden sich noch zwei Kerzen und eine Schale für Räucherstäbchen, zudem wird der Altar mit Blumen geschmückt, man legt Obst und stellt einige Speisen hin, auch kleine Gläser mit Alkohol und Tee dürfen nicht fehlen. Diese Dinge werden den Ahnen »geopfert«, und gleichzeitig fordert man sie auf diese Weise auf, Tet mitzufeiern. Im Vietnamesischen nennt man das *ruoc ong ba*, was so viel bedeutet wie »die Ahnen nach Hause holen«. Bei den Buddhisten entdeckt man auf diesem Altar noch einen Buddha, im Vietnamesischen Phat Thich Ca genannt. Auch ich habe in meiner Wohnung in Berlin einen Ahnenaltar. Auf ihm stehen die Bilder meiner Oma väterlicherseits (*ba noi*) und meines Opas mütterlicherseits (*ong ngoai*).

Der zweite Altar befindet sich auf dem Boden, es ist der Altar der Erde (*ban tho dat*), was ja, wie schon gesagt, als Standort normalerweise in Vietnam nicht üblich ist. Als meine Oma väterlicherseits das erste Mal in Deutschland bei uns zu Besuch war und meinen Ahnenaltar sah, der sich auf einem kleinen Schrein auf dem Teppich befand, schlug sie die Hände über dem Kopf zusammen und schimpfte mit mir. In Vietnam gehört es sich nicht, den Ahnenaltar auf die Erde zu stellen, denn der Boden gilt als unsauber. Eine Ausnahme existiert aber im vietnamesischen Buddhismus, wie es der Altar der Erde zeigt. Er ist für die Verstorbenen, die keine Verwandten haben, um an sie zu denken. Auf ihm befinden sich eine Schale mit Salz und eine mit ungekochtem Reis. Die Vietnamesen sind davon überzeugt, dass diese fremden Geister immer um einen sind. Man sollte deshalb ihrer gedenken und sie zum Essen einladen, damit sie sich nicht an den Speisen der Ahnen bereichern und man diese dadurch verärgert. Ganz gleich, ob man daran glaubt oder nicht, mir gefällt daran, dass die Vietnamesen sich selbst fremden Geistern gegenüber gastfreundlich zeigen.

Nach dem Gebet nimmt man übrigens diesen ungekochten Reis und verstreut ihn in alle vier Himmelsrichtungen. Reis ist das Grundnahrungsmittel der Vietnamesen, und den Ahnen im Jenseits soll es niemals daran mangeln. Außerdem werden aus Papier Hemden und Hosen geschnitten, die man ebenfalls verbrennt, damit auch die Ahnen zu Tet neue Kleider anziehen können.

Der dritte Altar ist nur bei gläubigen Buddhisten zu finden. Auf ihm befinden sich neben Buddha, Phat Thich Ca, auch die Göttin des Leidens, Phat Ba Quan The Am. Sie verkörpert eine Mutter, die immer für ihre Familie da ist – in guten wie in schlechten Tagen. Diese weibliche Götterfigur soll den Menschen in Not und Armut helfen.

Nachdem die Altäre geschmückt sind, versammelt sich die ganze Familie am Abend vor Tet zum Beten. Erst wird ein Räucherstäbchen angezündet, dann verneigt man sich insgesamt dreimal und steckt das Räucherstäbchen in das dafür vorgesehene Gefäß. Eine andere Variante besteht darin, dass man nach den Verbeugungen noch vor dem Altar der Ahnen niederkniet und dreimal mit der Stirn den Boden berührt.

Beim Beten werden dabei in Gedanken keine vorgegebenen Gebete gesprochen, sondern meist im Stillen Wünsche für die Ahnen und für die Familie formuliert. Am Schluss des Gebets verneigt man sich wieder dreimal tief. Dieses Ritual wiederholt sich vor allen anderen Altären. Das Familienoberhaupt fängt mit dieser Prozedur an, sie endet mit dem jüngsten Mitglied. Wer jetzt glaubt, dass der Rest der Familie in tiefer Andacht versunken ist, der irrt. Es geht laut und chaotisch zu. Einmal fing meine Oma schon zu beten an, während noch gar nicht alle Familienmitglieder vollständig versammelt waren. Die Ventilatoren ratterten auf Hochtouren, und nebenbei lief auch noch der Fernseher.

Nach dem Gebet werden die vorbereiteten Köstlichkeiten verzehrt, dazu wird viel getrunken. Das Bier schmeckt meist eher nach Wasser, weil in jedes Getränk Unmengen von Eiswürfel gegeben werden. Selbst der Rotwein wird auf diese Weise gekühlt. Da die Vietnamesen nicht besonders viel Alkohol vertragen, ist es aber auch besser, dass alles verdünnt wird. Ist das Essen beendet, wird – in einem meist leicht angeheiterten Zustand – vielfach musiziert. Früher wurden vor dem Haus noch Knallfrösche und Chinaböller geschmissen, um die bösen Geister zu vertreiben. Aus Sicherheitsgründen, da es immer wieder Verletzte gab, ist das heute jedoch verboten. Gegen Mitternacht wird noch ein weiteres Mal gebetet, wobei sich nicht mehr sämtliche Familienmitglieder zu dieser Andacht versammeln. Bei uns übernahm das stets meine Oma.

Ich kann mich noch an ein Erlebnis an Tet in Long Khanh erinnern, das mich als Vierjährige sehr beeindruckt hat. Kurz nach dem Essen wurde ich ins Bett gebracht, der Rest der Familie saß noch ausgelassen beisammen. Endlich war auch Mama in guter Stimmung. Gegenseitig erzählten sie sich alte Geschichten. Ich fand es schön, aus der Ferne das Stimmengewirr und Lachen meiner Verwandten mit in meine Träume zu nehmen. Plötzlich wurde ich durch ein lautes Geräusch wach, es war, als würden mehrere Luftballons hintereinander platzen. Als ich die Augen aufschlug, war es schon stockdunkel. Ich drehte meinen Kopf zur Seite, um nach Mama zu suchen. Aber sie war nicht da. Ich fing an zu weinen und rief nach ihr. Keinerlei Reaktion. Plötzlich stand Oma Thong neben meinem Bett und nahm mich tröstend in die Arme. »Mama ist gleich wieder da«, sagte sie zu mir. Aber ich ließ mich nicht beruhigen, denn immer noch vernahm ich diese dumpfen Knaller. Daraufhin nahm sie mich auf den Arm und ging mit mir nach draußen. Als wir am Tor standen, sah ich lauter Menschen auf der Straße, die tanzten und mit Knallkörpern um sich warfen.

Auf einmal hörte ich das Schlagen von Trommeln, und in der Ferne tauchte ein Drache mit freundlichen und zwinkernden Augen auf. Ab und zu riss er sein grinsendes Maul weit auf. Außerdem hatte er einen langen bunten Schwanz, der sich rhythmisch bewegte. Ich sah, wie um diesen Drachen herum ein Mann mit einem lustigen Gesicht und knallroten Wangen tanzte. In der einen Hand hielt er einen Fächer und wedelte damit herum. Bei genauerem Hinsehen entdeckte ich, dass es eine Maske war.

Meine Angst war schlagartig verflogen. Fasziniert schaute ich dem Mann mit dem grinsenden Gesicht zu. »Er tanzt um den Drachen herum, um ihn zu ärgern. Der Drache versucht, nach ihm zu schnappen, und beißt sich dabei ständig selbst in den Schwanz ... Siehst du, so wie jetzt gerade«, erklärte mir Oma. Ich fing an zu lachen. Meine Großmutter war erleichtert, hatte sie doch befürchtet, mich nicht beruhigen zu können.

Nach dem Abendessen beginnt traditionell der erste wirkliche Tet-Tag damit, dass die Frauen ihre neuen *ao dais* anziehen – es gibt diese nationale Tracht auch für Männer, aber nur noch ältere tragen sie oder Bräutigame. Meine Oma besaß in den Fünfzigerjahren achtzig bis hundert solcher Gewänder, doch erst nach dem Sieg der Kommunisten 1975 wurde die *ao-dai*-Tracht zur Pflicht. Seitdem müssen Gymnasiastinnen, Stewardessen und Frauen, die im öffentlichen Dienst arbeiten, eine solche tragen. Es soll das Nationalgefühl der Vietnamesen stärken. Die *ao dais* sind körpernah geschnitten, man wirkt in ihnen sehr grazil. Es ist ein wunderschöner Anblick auf den Straßen, wenn der Schulunterricht nachmittags vorbei ist und die Schülerinnen in ihren weißen *ao dais* aus den Unterrichtsgebäuden strömen. Sie sitzen dann aufrecht auf ihren Fahrrädern und schnattern mit den neben ihnen radelnden Freundinnen, während die Kleider im Wind flattern. Nirgendwo auf der ganzen Welt sieht das Ende eines Schultags so fröhlich und gleichzeitig so grazil und anmutig aus!

Die meisten Männer tragen zu Tet weiterhin ihre westliche Kleidung, vielfach ziehen sie ein neues Hemd an. Ich kann mich aber noch daran erinnern, dass mein Opa sein *ao dai* übergeworfen hatte – natürlich war es nicht für diesen Tag geschneidert, weil er sich eine solche Ausgabe zu diesem Zeitpunkt nicht leisten konnte. Es war dunkelblau mit großen aufgestickten silbernen Kreisen. Eine weiße weite Hose vervollständigte seine Kleidung, auf seinem Kopf lag eine Art Kranz, der aus demselben Stoff war wie sein *ao dai*. Früher trug man diese Kopfbedeckung wie einen Hut zu Anzügen.

Natürlich bekam auch ich ein eigenes *ao dai*, das genauso blau war wie das meines Opas. Dazu trug ich ebenfalls eine weiße Hose und einen Kranz. Meine Tante Nga hatte es angefertigt. Und ich war mächtig stolz darauf, fast so auszusehen wie Opa.

Am ersten Tet-Tag schenkt man sich gegenseitig Geld (*ly xi*) – nicht viel, ungefähr fünfzigtausend Dong, das sind umgerechnet etwa zwei Euro. Dieses Geld wird in roten Papierumschlägen überreicht. Jeder übergibt jedem Familienmitglied ein solches Kuvert, auch die Kinder. Bei einer Großfamilie entsteht folglich immer ein heilloses Durcheinander. Man wünscht sich dabei gegenseitig ein gutes neues Jahr, später wird das geschenkt bekommene Geld beim Black Jack wieder verspielt. Ist das Glücksspiel beendet, wird wieder gemeinsam gegessen und gebetet.

Der erste Tet-Tag ist der ruhigste. Zu den Dreharbeiten meines Dokumentarfilms konnte ich es kaum fassen, dass die Straßen von Saigon, in denen normalerweise fast sechs Millionen Menschen unterwegs sind, und das fast zu jeder Tages- oder Nachtzeit, wie ausgestorben wirkten. Diese städtische Stille hängt damit zusammen, dass man es an diesem Tag vermeiden sollte, irgendwo hinzugehen. Betritt man nämlich das Haus eines anderen, und dieser hat Pech in dem neuen Jahr, dann wird man dafür verantwortlich gemacht. Also bleiben alle lieber daheim. Verwandten und Freunden macht man an den folgenden Tagen seine Aufwartung. Was aber sehr stressig sein kann, denn man muss sich immer gegenseitig besuchen. Dabei schenkt man sich Süßigkeiten und *ban chung*, diesen speziellen Klebreis. Nach Tet will man diesen Reis das ganze Jahr über nicht mehr riechen. Aber wenn das nächste Tet-Fest ansteht, kann man es kaum erwarten, ihn wieder zu essen.

Am dritten und letzten Tag wird wieder intensiv gebetet. Dabei werden die Ahnen, die drei Tage zu Gast in der Familie waren, wieder ins Jenseits gebeten (*tien ong ba di*).

Mama erzählte mir später, dass wir nach der einen Woche in Saigon nicht die ganze Zeit in Long Khanh verbracht hatten. Wir reisten in der Zeit ständig zwischen der Großstadt und Long Khanh hin und her. Es wäre den in Saigon lebenden Schwiegereltern gegenüber respektlos gewesen, wären wir die ganze Zeit über im Dorf geblieben. Immerhin konnte Mama die Tet-Tage bei ihrer Familie verbringen. Ich kann mich kaum an diese Pendelei erinnern. Was Mama als Schwiegertochter damals auf sich nehmen musste, empfand ich als große Anstrengung. Wenn ich das sah oder von ähnlichen Erfahrungen hörte, war ich sehr froh, in einem Land wie der Bundesrepublik aufgewachsen zu sein, in dem es nicht diese Rituale und Traditionen gab.

Diese Reisen, die sie auf sich nahm, erklären mir aus heutiger Sicht auch ihre unendliche Traurigkeit, die sie in sich trug. Wenn man seine Familie fast zehn Jahre nicht gesehen hat und die wenige Zeit, die man in Vietnam verbringt, auch noch mit den Schwiegereltern teilen muss, dann kann nur wenig Entspanntheit aufkommen.

Als wir nach vier Wochen nach Deutschland zurückkehrten, wusste sie nicht, wann sie ihre Familie das nächste Mal wieder in die Arme schließen würde. Und sie wusste nicht, wie sie ihr und vor allem ihrem kranken Vater helfen konnte. Die ersten Wochen in Darmstadt waren voller Melancholie und Hilflosigkeit, und erst nach einer Weile sollten ihre Tränen langsam versiegen.

6 Anders – und doch nicht anders!

Mit fünf Jahren wurde ich in Darmstadt in die Musikakademie aufgenommen, dort lernte ich auf der Flöte zu spielen, später nahm ich Geigenunterricht. Der Traum eines jeden vietnamesischen Elternpaars ist es, dass die Kinder zum einen Juristen, Ärzte oder Ingenieure werden, zum anderen sollen sie ein Musikinstrument beherrschen. Klavier und Geige stehen dabei ganz oben auf der Liste. Und ein richtig perfektes Kind sollte – damit alle Statussymbole stimmen – möglichst auch noch gut Tennis spielen oder hervorragend schwimmen können. Natürlich verbirgt sich dahinter die Hoffnung, wenigstens bei den Vietnamesen, die in Deutschland leben, dass aus dem eigenen Kind die nächste Steffi Graf oder der nächste Boris Becker wird.

Auch ich habe das gesamte »Freizeit-Programm« absolvieren müssen. Mein Tennisspiel war jedoch miserabel, ich hatte null Talent. Papa war dagegen begeistert von diesem Ballsport. Es dauerte nicht lange, und seine Gegner nannten ihn »McEnroe«, denn er konnte sich genauso wie sein amerikanisches Vorbild ärgern, seine Wutausbrüche waren legendär.

Mit der Musik hatte ich weniger Schwierigkeiten, meine Lehrer an der Musikakademie bescheinigten mir sogar ein außergewöhnlich gutes Gehör. Mein Wunsch war es gewesen, Klavier zu spielen, aber in unserer winzigen Wohnung konnte man ein solches Instrument nicht unterbringen, zudem war es zu teuer. Und so quälte ich mich und meine Eltern seit meinem siebten Lebensjahr mit der Geige. Meine Musiklehrerin legte sehr viel Wert auf eine korrekte Haltung der Geige, schon die Kleinsten sollten ihrer Meinung nach zu Profimusikern ausgebildet werden. Also war ich das erste Jahr einzig damit beschäftigt, die Violine korrekt zu halten. Zuvor hatte ich gelernt, auf der Flöte zu spielen. Es war das Pflichtinstrument, das man beherrschen musste, bevor man sich für ein Hauptinstrument – bei mir eben die Geige – entscheiden konnte. Mit sechs Jahren gab ich schon mein erstes Konzert auf der Flöte, und wenn wir in Darmstadt wohnen geblieben wären, vielleicht hätte ich einen musischen Weg eingeschlagen und wäre – wie ich stets ironisch bemerke – Vanessa Mays größte Konkurrentin geworden.

Das größte Ereignis nach meiner Aufnahme an der Musikakademie war meine Einschulung als Sechsjährige. Was war ich aufgeregt, als ich den ersten Tag an der Hand meiner Eltern zur Morneweg-Grundschule ging. Schule, das hieß für mich Bücher. Und schon als kleines Kind liebte ich diese über alles. Papa ging jede Woche mit mir in die öffentliche Bibliothek, um Märchen- und andere Bücher auszuleihen, aus denen er mir abends vorlas. Jetzt endlich war es so weit: Ich würde in der Schule lesen lernen. Schon lange genügte es mir nicht mehr, nur die zwei Geschichten zu hören, die Papa für mich ausgesucht hatte.

Ich wollte das ganze Buch durchschmökern – und zwar auf einmal.

Nach dem Unterricht, so hatten es meine Eltern geregelt, suchte ich den nahe gelegenen Hort auf, bis mich meine Mutter am Nachmittag von dort abholte. Sowohl im Kindergarten als auch in der Grundschule war ich die einzige Asiatin, was jedoch so gut wie nie ein Thema war. Ich wurde von den anderen akzeptiert, und keiner, weder Frau Merkel, meine Klassenlehrerin, noch die Mitschüler, behandelte mich wie eine Fremde.

Dennoch gab es Unterschiede, die mich beschäftigten. Eine meiner Freundinnen aus der Grundschule war Julia. Bei ihr war ich mindestens einmal in der Woche nach der Schule. Julias Mutter legte sehr viel Wert auf Tischmanieren. Nicht, dass wir keine hätten, aber bei ihr ging es sehr streng zu. Während des Essens wurde nicht viel gesprochen, schon gar nicht mit vollem Mund. Es gab meist eine genaue Abfolge von Vor-, Haupt- und Nachspeise. Bei uns ging und geht es dagegen während der Mahlzeiten munter und lustig zu, Essen wird bei Vietnamesen gleichgesetzt mit Kommunikation. Allerdings musste auch ich – das haben sich meine Eltern ebenfalls von ihren deutschen Freunden abgeschaut – am Tisch sitzen bleiben, bis alle aufgegessen hatten. In Vietnam springt jeder auf, wenn er satt ist. Zudem wird beim Essen mit Leidenschaft geschmatzt, geschlürft, gerülpst und mit vollem Mund geredet – alles Zeichen, dass es einem schmeckt. Vor allem müssen Suppen geschlürft werden.

Sämtliche Speisen werden zudem – bis auf den Nachtisch, der meist aus Früchten besteht – gleich zu Beginn der Mahlzeit auf den Tisch gestellt. Natürlich kennt man auch mehrere Gänge, aber eher bei großen Festen. Im Alltag verzichtet man darauf. Eine Suppe (*canh*) fehlt selten, sie gilt unter Vietnamesen nicht unbedingt als Vorspeise, meist wird sie zum Abschluss der Mahlzeit oder während des Essens gelöffelt. Dabei gießen sich viele die Suppe über den Reis. *Canh* ist nicht zu verwechseln mit Suppen wie *pho* oder *hu tieu*, die vielfach morgens oder spät in der Nacht geschlürft werden. Sie bestehen aus Nudeln, Fleisch und Kräutern und werden nicht mit Reis und schon gar nicht mit Brot, wie es die Deutschen gern machen, gegessen.

Bei uns zu Hause wurde vietnamesisch gekocht, wobei es natürlich Ausnahmen gab. Mein Papa liebte Spaghetti Bolognese, sodass mindestens einmal in der Woche italienische Pasta auf den Tisch kam. Mama wiederum kochte mit Vorliebe deutsche Speisen wie etwa Königsberger Klopse mit Kartoffeln oder ein Gericht, das sie von ihrer damaligen Gastmutter in Rothenburg ob der Tauber, Oma Schäflein, gelernt hatte. Es war eine Variante von Eiern mit Senfsauce.

Ein weiterer Unterschied beim Essen: In Deutschland hat jeder seinen eigenen Teller, auf dem genau portioniert drei Kartoffeln, zwei Löffel Gemüse und ein Stück Braten liegen. Bei uns hält man in der einen Hand eine Schüssel, die mit Reis gefüllt ist, in der anderen die Stäbchen. Alle essen gemeinsam von den verschiedenen Tellern, die in der Mitte des Tisches stehen. Ich muss jedes Mal lachen, wenn ich die Fernsehwerbung für Uncle-Ben's-Reis sehe. Da wird stolz damit geworben, dass der Reis nicht klebt – doch bei uns *muss* der Reis kleben!

Bei meiner Freundin Julia kam ich auch zum ersten Mal mit Bio- und Vollkornprodukten in Berührung, denn darauf wurde bei ihnen stets geachtet. In Vietnam würde keiner den Sinn dieser Lebensmittel verstehen. Durch das viele Gemüse und die Kräuter ist das asiatische Essen sowieso gesünder als das deutsche. Versuche ich einem Vietnamesen zu erklären, was Trennkost ist, kann er kaum aufhören zu lachen.

Hatte ich bei Julia nach der Schule zu Mittag gegessen, durften wir noch etwas spielen, bevor wir die Hausaufgaben erledigen mussten. Ich freute mich stets auf den Nachmittag, denn dann gab es als Imbiss entweder Vollkornbrot, dick bestrichen mit Butter und (Bio-)Honig, Joghurt mit Sanddorn oder leckere Müsliriegel und Vollkornkekse aus dem Reformhaus. Weil es das alles bei uns zu Hause nicht gab, schmeckte es mir unglaublich gut.

Ich war sehr gern bei Julia. Sie war ein großes, braunhaariges Mädchen, das ihren Pony mit einer kleinen bunten Spange bändigte. Auf diese Weise konnte man viel von ihrem hübschen Gesicht erkennen. Julia war immer sehr adrett und ordentlich. Wir gehörten zu den Besten in der Klasse und waren somit indirekt Konkurrentinnen. Wir spielten beide Flöte, aber sie durfte auch Klavier und Ballett lernen. Ich beneidete sie sehr um ihre Ballettstunden, aber vor allem um ihr schönes Outfit. Manchmal tanzte sie mir etwas vor – und ich tanzte es dann zu Hause vor dem Spiegel nach.

Sie trug hochwertige Kleidung, nicht so billige C&A-Klamotten wie ich. Ihre Eltern waren wohlhabend, und ihre Mama musste nicht arbeiten. Stets trug sie weiße Handschuhe, weil sie unter Neurodermitis litt. Was Julias Papa beruflich machte, weiß ich bis heute nicht. Ich hatte etwas Angst vor ihm. Er saß nämlich ständig in seinem Zimmer und ließ sich nur zum Mittagessen blicken. Ich fragte mich stets, was er darin machte, mir kam das äußerst geheimnisvoll vor. Aber ich traute mich nie zu fragen.

Julias Eltern waren viel älter als meine und wirkten auf mich sehr erwachsen und distanziert, meine Eltern waren dagegen viel entspannter. Anders als bei uns befand sich der Fernseher nicht im Wohnzimmer, sondern im Schlafzimmer der Eltern, und Julia war es äußerst selten erlaubt, sich etwas anzusehen. Sie liebte es, wenn sie bei uns war, das *Sandmännchen*, die *Sendung mit der Maus* oder *Sesamstraße* gucken zu dürfen. Meistens aber waren wir bei ihr, denn ich schämte mich etwas für unsere kleine Wohnung. Sie besaß ein riesiges Zimmer – ich hatte zwar auch mein eigenes, aber es war nicht mal halb so groß wie ihres. Überhaupt hatte die Wohnung von Julias Eltern eine Unmenge von Räumen, es gab sogar ein eigenes Esszimmer. Bei uns wurde in der kleinen Küche gegessen, und wenn wir viele Gäste hatten, dann wurden der Ess- und der Stubentisch zusammengestellt, und man aß im Wohnzimmer. Wobei es dann so eng war, dass sich alle an den Tisch quetschen mussten, wenn einer aufstand und in die Küche gehen wollte. Sogar das Badezimmer von Julias Eltern war groß, während man bei uns nur knapp zu zweit Platz darin hatte.

Mein größter Feind war jedoch unsere Toilette. Der Spülkasten befand sich unterhalb der Decke, und zum Spülen baumelte eine Kordel herunter. Wenn man an ihr zog, gab die Spülung ein derart lautes Geräusch von sich, als hätte man das Wasser aus dem Tiefschlaf gerissen. Geradezu wütend bäumte es sich auf, um mit größter Kraft durch das lange enge Abflussrohr hinunterzurauschen. Alles, was es hätte dabei hindern können, schien es mit in die Tiefen der

Kanalisation zu reißen. Ich hatte vor dieser Spüle dermaßen Angst, dass ich ein kleines Ritual entwickelt hatte: Ich zog mir die Hose hoch, öffnete die Toilettentür, und erst dann zog ich an der Kordel, um anschließend um mein Leben zu rennen. Ein paar Minuten mussten vergehen, dann traute ich mich wieder hinein, um das Licht zu löschen. Wenn ich Pech hatte, hatte ich vor lauter Panik nicht richtig an der Kordel gezogen – und die ganze Prozedur ging wieder von vorn los. Julias Toilettenspülung blubberte im Gegensatz dazu nur leise vor sich hin. Außerdem besaß ihre Toilette ein Fenster, was sie hell und freundlich erscheinen ließ.

Aber auch in der Einrichtung entdeckte ich Unterschiede. Wenn man die Wohnung eines im Ausland lebenden Vietnamesen betritt – sie werden als Vietkieus bezeichnet –, dann sieht es fast überall gleich aus. Unabhängig davon, ob derjenige in Deutschland, Kanada, Frankreich oder Amerika lebt. Meist steht im Wohnzimmer eine Ledercouch – kann man wunderbar sauber machen –, vorzugsweise in Schwarz oder in einem Auberginetton. Alternativ wird ein Stoffsofa mit einem großzügigen Blumendesign favorisiert. In manchen Haushalten gibt es davon auch eine Hardcore-Variante, was heißt, dass die Plastikschutzverpackung einer Couch nach ihrer Anlieferung nicht entfernt wird. Auf diese Weise kann sie nicht zu schnell abgenutzt werden. Dazu darf ein Glastisch nicht fehlen, viele Grünpflanzen (gern auch mal künstlich) und eine große und massive Schrankwand – meist aus heller Buche –, auf der oft der Ahnenaltar steht. Die Beleuchtung ist immer grell, meine schummrigen Lampen finden meine Eltern ganz furchtbar.

Das Schmuckstück eines jeden Wohnzimmers ist aber der Fernseher. Alles andere kann alt oder gar nicht vorhanden sein, aber ein überdimensional großer TV-Apparat muss sein. Bei Onkel Viet in Kanada ist er so groß, dass kaum etwas anderes im Raum Platz hat. Dazu kommen noch etliche Hightech-Geräte wie DVD- und Videorekorder und eine Stereoanlage – in vielen Familien wird den ganzen Tag über vietnamesische Musik gehört. Manchmal befinden sich die Fernbedienungen ebenfalls noch in ihren Plastikschutzhüllen. Sollte diese einmal abgenutzt sein, dann behilft man sich mit Frischhaltefolie. Gott sei Dank waren meine Eltern nicht so extrem.

Nicht nur das Wohnzimmer, auch die Küche unterscheidet vietnamesische Haushalte von deutschen. In jeder Küche befinden sich der obligatorische Reiskochtopf, ein Mörser, Chili- und Fischsaucen (meist stehen die verschiedenen Saucen und Gewürze neben dem Herd auf einem Plastiktablett), der Reissack und Stäbchen. Es gibt Stäbchen zum Kochen und Stäbchen zum Essen. Meist benutzt man zum Kochen alte, abgenutzte Essstäbchen, oder man nimmt welche, die etwas länger sind als die normalen.

In jeder vietnamesischen Küche findet sich auch unweigerlich die Neonlampe. Ich bekomme davon immer rote Augen, außerdem wirkt der Teint leicht blässlich und grün, was alles andere als schmeichelhaft ist. Eigentlich sieht man in diesem Licht aus, als würde man sich gleich übergeben. Aber Vietnamesen schwören auf diese Leuchte, wahrscheinlich aus Gewohnheit. Immerhin konnte ich nach langer Zeit meine Eltern vom Unsinn dieser Lampe überzeugen – heute leben sie gut ohne sie.

Immerhin gab es auch einige Gemeinsamkeiten. Ich war katholisch wie die meisten meiner Mitschüler, was bedeutete, dass wir neben unseren vietnamesischen Festen auch Weihnachten und Ostern feierten und an diesen Tagen in die Kirche gingen. Es wurden bei uns also Ostereier gesucht, zur Weihnachtszeit hängte man einen Adventskalender auf und backte Plätzchen, und an den Geburtstagen drehte sich nicht nur – wie es in Vietnam üblich ist – alles ums Essen und ums Auswickeln von Geschenken. Meine Eltern dachten sich Spiele für die eingeladenen Kinder aus, das hatten sie von ihren deutschen Freunden übernommen und freuten sich daran.

Als Kind war ich sehr gläubig. Jeden Abend betete ich vor dem Einschlafen, ein hölzernes Kreuz hing am Kopfende meines Bettes. Mein Glaube wurde durch Pfarrer Reinhard Wolff sehr gefördert. Ihn hatten meine Eltern durch einen glücklichen Zufall kennengelernt, seine Gemeinde hatte er in einem kleinen Ort in der Nähe von Darmstadt. Viele meiner Babysachen bekamen wir von ihren Mitgliedern geschenkt.

Sicherlich wurde mein Glaube auch durch Marianne, die in der Gemeinde von Pfarrer Wolff ehrenamtlich tätig war, gestärkt. Die Freundschaft zwischen ihr und meinen Eltern war so eng, dass sie meine Patentante wurde. Eine solche Einrichtung gibt es in Vietnam nicht – bei den vielen Geschwistern, die fast jeder hat, ist das auch nicht nötig. Sollte ein Kind Waise werden, würden Tanten, Onkel und Großeltern es ohne nachzudenken aufnehmen.

Ich liebte es, bei Pfarrer Wolff und Marianne zu sein. Wenn es der Geldbeutel erlaubte, fuhren wir die fünfunddreißig Kilometer dorthin, um sie zu besuchen. Das Pfarrhaus befand sich auf einem schönen, großen Gelände. Reinhard Wolff zeigte mir, wie man Tomatenpflanzen und Salat aussät, wie man Äpfel, Pflaumen und Pfirsiche erntet. Bis dahin dachte ich, dass das Obst und Gemüse, das wir zu Hause aßen, direkt im Supermarkt hergestellt wurde.

Sonntags besuchte ich natürlich häufig seine Messe. Ich war immer so früh da, dass er bei den Kirchenglocken die Automatik ausschaltete und ich mich an das dicke und schwere Seil hängen konnte, bis sie läuteten. Anschließend sah ich ihm zu, wie er den Gottesdienst vorbereitete und wie die Messdiener ihm in das Gewand halfen. In mir, ich war sieben oder acht Jahre alt, stieg der Wunsch auf, selbst Messdienerin zu werden, obwohl mir vom Weihrauch immer leicht übel wurde. Ich wollte aber unbedingt der Kirche dienen. Mit ungefähr acht oder neun Jahren wurde ich endlich Messdienerin – oder wie es in Bayern heißt: Ministrantin.

Reinhard Wolff war nicht so wie die meisten Pfarrer, die ich noch in meinem Leben kennenlernen sollte. Seine Predigten waren weder langweilig noch steif, und vor allem sprach er nicht mit erhobenem Zeigefinger. Kein Wunder, dass seine Messen stets gut besucht waren.

Die Gemeinde förderte einen ungezwungenen Umgang von behinderten und nicht behinderten Kindern. Dadurch kam es, dass ich ein paar Mal mit nach Südtirol reisen durfte. Meine Eltern wurden als »Betreuer« eingesetzt, während ich mir mit meinen vietnamesischen Freundinnen Yen und Oanh das Zimmer mit einem schwerstbehinderten Mädchen teilte. Auf diese Weise lernten wir, für einen hilfsbedürftigen Menschen zu sorgen. Yen, Oanh und ich wechselten uns ab, das Mädchen morgens zu waschen, bei den Mahlzeiten zu füttern und mit ihm zu spielen.

7 Flucht vor den Kommunisten

Als ich 1984 die vierte Klasse beendete, erhielt mein Papa ein Angebot, für die PTS, das Papiertechnische Institut in München, zu arbeiten. Der Umzug war der nächste große Schritt für meine Eltern und mich. Zehn Jahre nach meiner Geburt verließen wir unsere Freunde, unsere gewohnte Umgebung. Die Beziehungen zu Yen, Oanh und auch Binh schliefen – aufgrund der Distanz – leider ein. Wir hatten nur noch sporadischen Kontakt, sahen uns meist nur noch auf dem Neujahrfest oder in den Sommerferien.

In München entwickelte ich kaum intensive Beziehungen zu anderen Kindern von Vietkieus. Das hatte auch damit zu tun, dass ich in unserer vietnamesischen Gemeinde die Älteste war. Und als ich langsam in die Pubertät kam, fand ich es ziemlich uncool, mit viel Jüngeren abzuhängen. Zugleich wurde mir mein deutscher Freundeskreis immer wichtiger. Ich hatte eine super Clique und vor allem tolle Freundinnen aus der Schule, mit denen ich durch dick und dünn ging. Yen, Oanh und Binh waren letztlich Freunde aus der Kindheit – für mich begann eine neue Zeit.

Vor diesem Umzug stand 1982 aber noch einmal eine Vietnam-Reise an. Dieses Mal sollte mein Vater mitkommen, nachdem er zwei Jahre zuvor allein dorthin geflogen war. Leider war der Anlass der Reise traurig: Mamas Vater, also jener Großvater von mir, der es mir erlaubt hatte, am Tisch der Erwachsenen sitzen zu bleiben, und seine Spiegeleier mit mir teilte, war sehr schwer krank. Er war mittlerweile erblindet und litt unter Diabetes. Und seine Familie fürchtete, dass er das Jahr nicht mehr überleben würde. Sein größter Wunsch war es, uns noch ein letztes Mal zu sehen.

In den Sommerferien war es dann so weit, wir flogen nach Vietnam. Beim Aussteigen spürte ich wieder die brutale Wärme und sah über den Wellblechdächern die flimmernde Hitze aufsteigen. Als wir aus dem Flieger stiegen, kam es mir diesmal vor, als würde ich gegen eine Wand rennen, eine Wand aus vierzig Grad Celsius bei einer Feuchtigkeit von 80 Prozent. Sofort fühlte sich meine Kleidung feucht an – ein seltsames Gefühl nach vierzehn Stunden in einem klimatisierten Flugzeug. Es war, als ginge man im Herbst mit Kleidern ins Dampfbad und wäre gleichzeitig in einem Solarium. Nachdem ich den ersten Schock überwunden und meine Lungen sich ein wenig an das extreme Klima gewöhnt hatten, konnte ich mich sofort an diesen besonderen Geruch in der Luft erinnern, ebenjene Mischung aus Feuchtigkeit und verbranntem Holz. Als ich die Gangway herabstieg, wurde mir unmittelbar bewusst, dass in diesem Land noch vor wenigen Jahren Krieg geherrscht hatte, denn überall standen Militärhubschrauber – übrigens noch heute – auf dem Flugplatz herum.

Es dauerte Stunden, bis die vietnamesischen Beamten von der Einwanderungsbehörde uns durchließen. Beim Zoll ging es schneller, wir mussten unsere Koffer nicht öffnen, da Papa den Tipp erhalten hatte, zehn Dollar in den Reisepass zu legen. Und tatsächlich wurden wir nicht gefilzt. Die Familie meines Vaters wollte uns vom Flughafen abholen, aufgrund der strengen Sicherheitsbestimmungen war das vier Jahre zuvor ja noch nicht möglich gewesen.

Als wir endlich den Ankunftsbereich im Flughafen betreten durften, warteten dort Massen von Menschen auf ihre Verwandten. Bis heute ist es für mich ein vertrauter Anblick, dass ein Ankommender von mindestens zehn Familienmitgliedern abgeholt wird. All diese aufgeregten Wartenden winkten nun. Da ich durch das Gegenlicht nur die Umrisse der Personen sehen konnte, winkte ich blind zurück. Plötzlich lag ich in den Armen meiner Großeltern väterlicherseits, die mich sofort entdeckt hatten. Vor Freude weinten sie.

Wir fuhren in das Haus, in dem Oma Quit und Opa Lieu lebten. Sie wohnten jetzt im zehnten Bezirk (Q 10) – mitten in Saigon. Doch bevor unsere Ankunft gebührend gefeiert werden konnte, hatten wir das zuständige Bezirksamt aufzusuchen, um uns anzumelden. Dazu musste Papa die Bestätigung, die er bei unserer Einreise erhalten hatte, vorlegen und abstempeln lassen. Auf diesem Formular war unter anderem notiert, wo wir untergebracht waren, wie lange wir blieben, wie viele Gepäckstücke wir bei uns hatten und auch die eingeführte Geldsumme. Bei der Ausreise sollten wir uns auf genau diesem Bezirksamt wieder abmelden. Das ist bis heute so, auch wenn dieses Vorgehen der An- und Abmeldung nicht mehr ganz so streng gehandhabt wird.

Mama war sehr nervös. Am liebsten wäre sie sofort nach Long Khanh zu ihrem Vater gefahren, aber für eine Schwiegertochter war das nicht möglich, das hatte ich inzwischen begriffen. Die Eltern des Mannes besaßen das Vorrecht. Dabei spielte es keine Rolle, ob die eigenen Eltern – wie im Falle meiner Mutter – auf dem Sterbebett lagen. Immerhin ist es den Schwiegertöchtern in Vietnam erlaubt, sie bei einer Erkrankung so lange zu pflegen, bis sie wieder gesund sind, das gebietet die Achtung. In anderen asiatischen Kulturen ist das nicht unbedingt selbstverständlich.

Wenn ich auch von meiner ersten Reise in dieses Land nicht viel in Erinnerung behalten hatte, mir mehr durch spätere Erzählungen ein Bild davon machen konnte, spürte ich doch, dass sich in den vergangenen vier Jahren einiges verändert hatte. Am meisten merkte ich das am Verhalten und an den Gesprächen meiner Eltern. Zu Hause in Deutschland unterhielten wir uns kaum über den Krieg, manchmal wurde er nebenbei erwähnt, aber in Vietnam waren sie darauf bedacht, mir mehr zu erklären.

»Das Land scheint sich vom Krieg zu erholen, wenn auch sehr langsam«, sagte Papa einige Tage nach unserer Ankunft.

»Wie meinst du das?«, fragte ich.

»Die erste Reise war wirklich ein Schock gewesen«, antwortete Mama kaum hörbar. »Diese massive Zerstörungswut, die der Krieg mit sich brachte, das hatten wir uns in diesem grausamen Ausmaß nicht vorgestellt. Ganze Landstriche, die ich noch in all ihrer Schönheit kannte, waren einfach kaputtgebombt.« Ich konnte mich noch daran erinnern, wie sie damals ständig geweint hatte, was sie jetzt noch kein einziges Mal getan hatte.

»Es waren die Amerikaner, die den Krieg besonders menschenverachtend führten«, erklärte Papa weiter. »Sie setzten das Herbizid Agent Orange ein, ein Entlaubungsmittel, das dem Feind, dem sogenannten Vietcong, die Deckung im Dschungel nehmen sollte. Agent Orange war mit Dioxin versetzt. Es wirkt aber auch krebserregend und schädigt das Erbgut, was damals schon bekannt war. Einfach unglaublich! Außerdem wurde ein Gift eingesetzt, das den Namen Agent Blue trug. Damit sollten die Reisernten vernichtet werden.«

»Kannst du dich noch erinnern?«, fragte Mama. »Vor vier Jahren sahen wir überall auf den Feldern und Straßen verkrüppelte und verstümmelte Menschen.«

Ich nickte und musste heftig schlucken. »Dieser Anblick war kaum zu ertragen gewesen. Am schlimmsten waren für mich die Kinder, deren Haut von den Napalmbomben zerfressen war.«

»Noch heute sind die Folgen von diesen Chemieeinsätzen zu spüren. Viele Kinder kommen mit Missbildungen zur Welt, und die Menschen haben eine verkürzte Lebenserwartung. In vielen Gebieten ist die einst fruchtbare Erde für Jahrzehnte, wenn nicht sogar länger verseucht«, fügte Papa leise hinzu.

Ich war erschüttert, als ich das hörte. Immer wieder hatte ich das Wort »Krieg« gehört, aber bislang hatte ich mir nie etwas Genaueres darunter vorstellen können. Ich malte mir aus, wie es gewesen wäre, wenn mein Gesicht völlig von Napalm zerstört worden wäre. Ich war froh, dass ich in Deutschland geboren wurde und meine Eltern mich nicht nach Vietnam geschickt haben.

»Sind viele Menschen in dem Krieg gestorben?«, fragte ich im Flüsterton weiter.

»Lange Zeit gab es keine offiziellen Zahlen der Kriegsopfer«, antwortete Papa, während er nachdenklich seine Brille zurechtrückte. Es war nicht einfach für ihn, über das Schicksal seiner Heimat zu sprechen. »Erst Jahre später veröffentlichte die Regierung die Zahl der Kriegsopfer. Auf vietnamesischer Seite sollen ungefähr eine Million Soldaten und vier Millionen Zivilisten umgekommen sein. Die USA haben rund achtundfünfzigtausend Soldaten als Verlust angegeben. Aber das sind nur die offiziellen Zahlen, ich bin mir sicher, dass noch mehr Menschen ihr Leben lassen mussten.«

Die Zahlen überstiegen mein Vorstellungsvermögen. Ich war erstaunt, dass überhaupt noch Menschen in Vietnam wohnten.

»Als sich die Amerikaner 1975 zurückzogen – eigentlich könnte man sagen, dass sie fliehen mussten –, haben sie der Sozialistischen Republik Vietnam weder Reparationen gezahlt, noch wurden vonseiten der USA irgendwelche Wiedergutmachungen geleistet«, sagte nun Papa, seine Empörung war nicht zu überhören. »Im Gegenteil, die USA verhängten auch noch ein Embargo über das Land. Sie wollten kein kommunistisches System unterstützen. Die neue Gesamtregierung in Hanoi musste alle Schulden auf sich nehmen, um im Ausland überhaupt Geld aufnehmen zu können.«

»War das der Grund, warum ihr dann doch nicht nach Vietnam zurückgekehrt seid?« Diese Frage brannte mir seit unserer Ankunft in Saigon auf den Lippen. Obwohl sich meine Eltern in Deutschland ein neues Leben aufgebaut hatten, hatte ich oft gehört, wie sie zu Freunden sagten, dass sie immer noch überlegten, nach Vietnam zurückzugehen.

»Als wir mit eigenen Augen sahen, was der Krieg angerichtet hatte«, sagte Mama, »waren wir sehr verunsichert. Wieder und wieder fragten wir uns, ob es ein guter Plan sei, in unsere Heimat zurückzukehren, die so, wie Papa und ich sie kannten, nicht mehr existierte.«

»Einst hatten wir eine große Euphorie verspürt, beim Aufbau unseres Land unter vietnamesischer Regierung mitzuhelfen«, fügte mein Vater hinzu. »Aber dann kamen uns große Zweifel. Der Patriotismus der Vietnamesen hatte zwar gesiegt, und das war wunderbar für uns. Aber war der Sozialismus deshalb die richtige Regierungsform? Das Land hatte fast dreißig Jahre Krieg hinter sich. Wir fragten uns, was wir von der neuen Regierung zu erwarten hatten. Wie würde sie mit Menschen wie uns verfahren, die ins Ausland gegangen waren? Wir erfuhren, dass wir trotz des vietnamesischen Passes, den wir ja haben, ein Visum beantragen mussten, um in unser Land zu reisen. Und das aus einem einzigen Grund: Wir lebten im Ausland. Außerdem hörten wir immer mehr, wie die Kommunisten in den Gefangenenlagern rigorose Maßnahmen einsetzen, um die Vietnamesen, die auf amerikanischer Seite gekämpft hatten, umzuerziehen. Ein massiver Flüchtlingsstrom setzte daraufhin ein. Die Boat-People versuchten nach Hongkong, Frankreich, Kanada und in die USA zu gelangen. Einige landeten ja auch in Deutschland, wie du es von Yen und Oanh weißt. War es angesichts dieser Situation nicht sicherer, dort zu bleiben, wo wir waren?«

»Aber noch viel wichtiger war«, sagte Mama, »dass du in Deutschland geboren wurdest. Dein Zuhause ist eben nicht Vietnam. Je älter du wurdest, desto mehr kam es uns vor, als würden wir dich entwurzeln, wenn wir dich in unsere Heimat mitnahmen. Konnten wir das verantworten? Wieder und wieder stellten wir uns die Frage – und fanden keine richtige Antwort darauf.«

»Und auf dieser Reise – werdet ihr da weitersuchen?«

Meine Eltern lächelten sich an. Dreizehn Jahre war es her, seit sie aus Vietnam ausgereist waren, seit sieben Jahren war der Krieg vorbei. Nicht aber ihre Fragen, Sorgen und auch Ängste, das begriff ich in diesem Moment.

»Wer sein Land verlässt«, erwiderte schließlich Papa, »wird nie aufhören, ein Gefühl dafür bekommen zu wollen, ob es je wieder ein Zuhause werden kann.«

Meine Eltern führten bis tief in die Nacht Gespräche mit meinen Großeltern. Sie rieten meiner Mama und meinem Papa, in Deutschland zu bleiben. Solche Unterredungen musste man besonders leise, fast heimlich führen, denn man konnte nie wissen, ob der Nachbar nicht mithörte und einen dann bei der Behörde, die ähnlich wie die Staatssicherheit in der DDR funktionierte, anschwärzte.

Nach und nach erfuhr ich, dass auch die Familie meines Vaters während dieses langen Krieges viel durchgemacht hatte. Sie wohnte in einem kleinen Dorf am Fluss Thu Bon. Nur ein paar Dörfer weiter war ja Mama mit ihren Eltern und Geschwistern aufgewachsen. In dem Dorf meines Vaters leben die dort ansässigen Verwandten noch heute unter sehr schweren Bedingungen. Am meisten fürchtet man sich vor der Monsunzeit, in der das Wasser des Flusses regelmäßig über die Ufer tritt und sämtliche Hütten überschwemmt. Ist der Regen heftig und dauert er zu lange an, dann kann es passieren, dass die Menschen in den Fluten auch noch das wenige, das sie besitzen, verlieren. Doch weil sie nie die Hoffnung aufgeben, bauen sie nach dem Monsun alles wieder mühselig auf.

Die Häuser bestehen aus ein paar Holzplatten. Zum Schutz vor der sengenden Sonne wird Wellblech darübergelegt. Gekocht wird vor der Hütte, wer sich waschen will, geht hinunter zum Fluss, wobei das Wasser alles andere als sauber ist. Papa und seine Familie mussten häufig wieder von vorn anfangen, bis sie nach einer gewaltigen Überflutung, die ihren gesamten Besitz mit sich gerissen hatte, nach anfänglichem Zögern beschlossen, in die nahe gelegene Stadt Da Nang zu ziehen. Papa und sein älterer Bruder Dao lebten bereits in diesem Ort. Sie waren bei dem älteren Bruder meiner Oma untergekommen, weil sie ein Gymnasium besuchten sollten, es in der näheren Umgebung des Dorfs aber keine weiterführende Schule gab.

»Ich hatte sehr viel Heimweh«, erzählte mir Papa, als ich mehr darüber wissen wollte. »Onkel Cam, bei dem Dao und ich lebten, war sehr streng. Oft ließ er uns spüren, dass wir nur Verwandte waren und keine eigenen Söhne. Er war sehr wohlhabend und fuhr einen großen amerikanischen Schlitten, den ich oft waschen und polieren musste. Obwohl diese Zeit sehr hart war, bin ich diesem Onkel sehr verbunden. Durch ihn erhielt ich die Möglichkeit, später studieren zu können.«

Als Papas Eltern mit den beiden jüngeren Brüdern Long und Viet nach Da Nang kamen, so erfuhr ich weiter, freuten sich alle, dass die Familie nach drei Jahren wieder vereint war. Sie mieteten ein Haus, das in der Nähe der amerikanischen Militärbasis lag. Da Nang war während des Kriegs zweigeteilt, die schon erwähnte Brücke trennte die Stadt. Auf der einen Seite lebten die Vietnamesen, auf der anderen die Amerikaner. Wenn man heute über die Brücke, die übrigens von einem französischen Architekten während der Kolonialzeit der Franzosen erbaut wurde, nach China Beach fährt, kommt man an den ehemaligen Häusern der GIs vorbei.

Da die Brücke die einzige Verbindung zwischen der Stadt und der Basis der Amerikaner war, wurde sie sehr gut bewacht. Die US-Soldaten befürchteten, dass der Vietcong sie sprengen könnte, um ihnen den Versorgungsweg abzuschneiden. Also schossen sie auf alles, was sich im Wasser bewegte.

»Im Fluss Son Han«, fuhr Papa fort, »der sich durch die Stadt Da Nang schlängelt, gab es viele Wasserpflanzen. Und die Vietcongs waren berüchtigt dafür, sich darin zu verstecken. Luft atmeten sie dabei durch einen Strohhalm. Sie ließen sich mit den Pflanzen treiben, um dann, wenn sie unter einer Brücke waren, an dieser Sprengstoff zu befestigen. So wurde manche Überführung in die Luft gejagt – oder sie starteten auf diese Weise einen überraschenden Angriff. Kein Wunder, dass die GIs Tag und Nacht auf der Hut waren. Während ein paar hundert Meter weiter ununterbrochen geschossen wurde, saß ich an meinen Hausaufgaben und versuchte zu lernen.«

»Hast du die GIs gehasst?«, fragte ich.

Papa schüttelte den Kopf. »Sie waren eigentlich immer nett zu uns Kindern und sehr höflich zu deinen Großeltern. Ich sah sie nicht als Feinde.« Nachdenklich fügte er hinzu: »Jeder versuchte nur zu überleben. Und trotzdem war ich nicht auf ihrer Seite, denn ich wünschte mir – wie fast alle Vietnamesen – eine Herrschaft unter vietnamesischer Hand.«

Nach dem Krieg wären die Eltern meines Vaters gern ins Ausland ausgewandert. Nachdem Papa schon längst in Deutschland war, kam mein Großvater aber nach einem Streit mit den Kommunisten für kurze Zeit ins Gefängnis.

Großvater Lieu hatte im Krieg die Nationale Befreiungsfront Vietnams (NLF), die sich mit den Kommunisten verbunden hatte, finanziell unterstützt, nachdem es ihm in Da Nang ökonomisch wieder besserging. Er tat das, obwohl er auf der südvietnamesischen Seite lebte. Damals war das keine Ausnahme, denn der Hauptteil der Bevölkerung war gegen einen Sieg der Südvietnamesen an der Seite der Amerikaner. Man hatte nach der jahrzehntelangen Kolonialherrschaft der Franzosen eine Wut gegenüber den fremden Mächten entwickelt, die weder die Kultur noch die Sprache des Landes verstanden. Man sehnte sich nach einem geeinten Vietnam unter eigener Herrschaft. All das versprach Ho Chi Minh, der kommunistische Anführer der Nordvietnamesen.

Dadurch, dass die Vietcongs eine breite Unterstützung im Land hatten, konnte überhaupt erst der 250 Kilometer lange Cu-Chi-Tunnel entstehen, der im Nordwesten bis auf sechzig Kilometer an Saigon heranreichte. Dieser Tunnel war anfänglich 1948 im Krieg gegen die Kolonialmacht Frankreich entstanden und gehörte zu den ersten unterirdischen Systemen, die einerseits zur Versorgung mit Waffen und Vorräten dienten und andererseits zum Schutz der Partisanen und Vietnamesen fungierten. Das

Tunnelsystem war bis zu zweihundert Kilometer lang und verlief über drei Ebenen. Es gab darin Schulen, Lazarette, Frischwasserbrunnen und Schlafsäle – und funktionierte wie eine unterirdische autarke Stadt. Teilweise verliefen diese Tunnelsysteme sogar unter Flussläufen.

Durch Klapptüren, die mit Laub und Gras bewachsen waren, konnte man nach draußen gelangen. Alle Eingänge waren durch einfache, aber wirkungsvolle Fallen gesichert. Die Amerikaner und ihre Verbündeten versuchten mehrmals, diese Welt unterhalb der Erde einzunehmen oder zu zerstören, indem sie die Tunnel bombardierten. Doch sie stürzten nicht ein. Die GIs setzten sogar Spürhunde ein, aber die Vietnamesen verteilten überall Chilipfeffer, sodass auch dieser Versuch fehlschlug. Anschließend bildeten die Amerikaner Spezialeinheiten aus, sogenannte Tunnelratten, die nur mit einer Pistole, einem Messer und einer Lampe bewaffnet waren. Diese Trupps wurden meist von besonders kleinwüchsigen Soldaten gebildet, die sich in dem engen und niedrigen Röhrensystem fortbewegen konnten. Aber auch sie hatten nur wenig Erfolg. Für die Touristen wurden die Tunnelöffnungen so erweitert, dass man jetzt bequem in diese Welt hinuntersteigen kann.

Nach dem Sieg der Kommunisten, wobei das Tunnelsystem eine nicht unwichtige Rolle spielte, schienen die neuen Machthaber nicht mehr wissen zu wollen, dass Großvater Lieu ihnen geholfen hatte. Er wurde von den Siegern bedrängt und genötigt, sein Haus unter Wert zu verkaufen. Zunächst weigerte er sich standhaft, doch nach einem Streit landete er kurzerhand im Gefängnis. Was dort genau passierte, darüber schweigt er bis heute. Nach seiner Entlassung flüchtete er mit dem Rest der Familie 1976 nach Saigon. Hier war der Einfluss der Kommunisten geringer.

In Saigon mussten meine Großeltern wieder von vorn beginnen. Sie kauften sich eine Maschine, die aus Erdnüssen Speiseöl gewann. Als sie genügend Geld gespart hatten, erwarben sie eine kleine Reismühle. Die Leute brachten ihren Reis vorbei, und meine Großeltern machten daraus Reismehl. Reismehl wird in Vietnam etwa bei der Herstellung von Reisnudeln und Reispapier verwendet, um Frühlingsrollen oder die nicht frittierte Variante, die sogenannten Sommerrollen, zuzubereiten. Anschließend verlegten sie sich auf die Herstellung von Sojamilch. Noch heute kann ich mich an den Geruch von gekochter Sojamilch erinnern.

Immer wenn Freunde meiner Eltern, die auch in Deutschland lebten, die Heimat besuchten, überreichten Mama und Papa ihnen einen Briefumschlag mit Geld, den sie meinen Großeltern übergeben sollten. So konnten sie in den Wirren der ersten Nachkriegsjahre, in denen eine große Armut in der sich neu formierenden Gesellschaft herrschte, überleben.

Bis heute ist es übrigens üblich, dass Vietnamesen in Deutschland auf diese Weise ihren Familien in Vietnam Geschenke und Briefe zukommen lassen. Obwohl der Postweg nicht mehr ewig dauert, vertrauen sie lieber einem Freund. Ich erinnere mich sehr gut daran, dass jedes Mal vor einer Vietnam-Reise Tag für Tag Freunde meiner Eltern an der Tür klingelten, um ihnen Kleinigkeiten für ihre Verwandten mitzugeben. Einige Male mussten meine Eltern ablehnen, denn der Koffer war schon so schwer und voll bepackt, dass nichts mehr hineinpasste.

Enttäuscht von den neuen Machthabern, hatten meine Großeltern nur noch ein Ziel: Vietnam zu verlassen. Ihr Traum war es – wie der der meisten Vietnamesen –, nach Kanada oder Amerika zu gehen. Der größte Teil ihrer Verwandten lebte dort, die vietnamesischen Kommunen waren in diesen Staaten sehr groß. Und für Eltern war es leichter, in diese Länder auszuwandern, wenn die Kinder bereits dort lebten, man konnte in solchen Fällen auf eine Einreiseerlaubnis im Rahmen einer Familienzusammenführung hoffen. Aus diesem Grund versuchte Onkel Viet als einer der Boat-People nach Kanada zu entkommen.

Onkel Viet unternahm mehrere Fluchtversuche, aber immer ging irgendetwas schief. Er vertraute sich Schlepperbanden an, die den Fischern ihre Boote abgekauft hatten, um damit die Flüchtlinge außerhalb des vietnamesischen Hoheitsgebiets zu bringen. Die geheimen Treffpunkte waren dann meist in der Nähe von Da Nang, Nha Trang oder Vung Tau – alles Orte, die in Meernähe lagen.

Tag und Nacht wartete mein Onkel in einem Versteck am Strand auf ein Boot. Wenn keines auftauchte – was fünfmal der Fall gewesen war –, dann wusste er, dass die Kommunisten einen Hinweis erhalten hatten. Es war eine nervenaufreibende Sache, denn die Angst, entdeckt zu werden, saß ihm ständig im Nacken. Fluchtversuche wurden damals mit harten Strafen belegt.

Für Onkel Viet kam es jedoch nicht infrage aufzugeben. Er wollte für sich, seine Eltern und seinen jüngsten Bruder eine bessere Zukunft. Dennoch konnten er und meine Großeltern nicht unentwegt die Geldforderungen der Schlepperbanden bezahlen, denn auch bei missglückten

Versuchen erhielt man die im Voraus bezahlte Summe nicht zurück.

Als Onkel Viet dann schon nahe daran war zu resignieren, erhielt er einen heißen Tipp: Zwischen China und Vietnam gab es seit 1977 große Spannungen, die durch den Einfall Vietnams in das von China unterstützte Kambodscha ein Jahr später zu Grenzkriegen führten. Seitdem war es daher nur noch Vietnamesen chinesischer Abstammung und Chinesen, die in Vietnam lebten, gestattet, die Grenze zu passieren. So wollte man verhindern, dass Vietnamesen chinesischer Abstammung zu Handlangern Chinas wurden und eventuell die vietnamesische Regierung stürzten.

Onkel Viet fälschte nun seine Papiere und gab sich als Vietnamese chinesischer Abstammung aus. Er kam dadurch 1980 auf ein Boot, weitere dreihundert Flüchtlinge hatte man unter Deck geschmuggelt, obwohl es nur für zweihundert Menschen zugelassen war. Da Onkel Viet »offiziell« Chinese war, durfte er oben an Deck die abenteuerliche Reise mit ungewissem Ausgang antreten. Endlich gelang die Flucht, was für eine Dramatik! Der eine Sohn, mein Papa, kam für einen Besuch nach Hause zurück, der andere hatte gerade Vietnam verlassen, und keiner wusste letztlich, ob und wann man sich je wiedersehen würde.

Das Fluchtboot erreichte die Küsten Malaysias. In diesem Staat südlich von Thailand blieb Onkel Viet monatelang in einem Auffanglager, bis er schließlich dank einer Hilfsorganisation nach Kanada kam, wo er seine Frau – interessanterweise eine echte Vietnamesin chinesischer Abstammung – kennenlernte und mit ihr bis heute dort lebt.

Als der kanadische Staat Onkel Viet eine Unterkunft in Toronto zuwies, sprach er nur wenig Englisch. Man unterstützte ihn, er lernte die Sprache und begann eine Ausbildung in der Computerbranche. Schon bald darauf fing er an zu arbeiten und war nicht mehr auf staatliche Hilfe angewiesen. Ein paar Jahre später zogen er und seine Frau wegen eines Jobangebots von Toronto nach Calgary. Für Papa war es eine Entlastung, dass sein Bruder nun mithelfen konnte, die Familie in Vietnam zu versorgen. Noch schöner aber war es für ihn, dass er seinen Bruder jederzeit in Calgary anrufen konnte. So war es möglich, dass sie sich gegenseitig in schweren Zeiten unterstützten.

Es sollte jedoch noch zehn Jahre dauern, bis Onkel Viet seine Eltern und den jüngsten Bruder Nam nach Kanada holen konnte. Opa Lieu und Oma Quit waren auf der einen Seite sehr glücklich, dass sich 1990 endlich ihr Traum von einem Leben im Westen erfüllen sollte. Doch schon sehr bald bekamen sie die Realität zu spüren, die ein solches Leben mit sich bringt. Sie mussten sich nicht nur mit äußeren Widrigkeiten auseinandersetzen, wie etwa der fremden Sprache, der anderen Kultur oder dem harten Winter in Kanada. Sie mussten auch einen inneren Kampf ausfechten, einen Kampf, der mit der Anerkennung als Ausländer zu tun hat. Vietnamesen neigen dazu, Europa, Nordamerika und Kanada als »goldenen Westen« zu glorifizieren. Aber wie schwer es ist, sich in dieser Welt eine Existenz aufzubauen, das hatten sie – verständlicherweise – unterschätzt. Meine Eltern hätten es lieber gesehen, sie wären in Vietnam geblieben, denn sie fürchteten um die Eingewöhnungsschwierigkeiten, die auch unweigerlich auftraten. Aber gegen die Träume der eigenen Erzeuger vermochten sie sich nicht durchzusetzen.

Aus meiner heutigen Perspektive glaube ich trotzdem nicht, dass meine Großeltern den Schritt bereut haben. Im Gegenteil, sie arrangierten sich mit ihrem neuen Leben und gingen – trotz einer Temperatur von bis zu minus zwanzig Grad Celsius – jeden Tag spazieren. Als wir sie 1999 in Calgary besuchten, ging ich mit meiner Oma in dieser Eiseskälte nach draußen. Ich gab nach fünf Minuten auf. Sie lachte über meine Verfrorenheit. Ich, die in Deutschland geboren wurde, hielt es keine fünf Minuten auf der Straße aus, und meine siebenundsechzig Jahre alte Oma, die den größten Teil ihres Lebens im warmen Vietnam zugebracht hatte, hätte noch locker zwei weitere Häuserblocks geschafft. Vielleicht lag es daran, dass meine Großeltern seit ihrer Jugend Tai Chi machten, sie waren daher sehr fit und diszipliniert.

Ich bewunderte meine Oma aber noch wegen einer anderen Sache. Als sie nach Kanada gekommen war und begriffen hatte, wie schwer das Leben im Westen ist, ging sie in ein buddhistisches Kloster in der Nähe von Calgary, das von vietnamesischen Mönchen geführt wurde, um dort ein Jahr lang Buße zu tun. Sie hatte für sich erkannt, dass der Druck, den sie jahrelang auf ihren Mann und ihre zwei Söhne – Papa und Onkel Viet – ausgeübt hatte, weil sie unbedingt in den Westen auswandern wollte, eine große Belastung für die Männer gewesen sein musste.

Meine Oma wurde sehr demütig gegenüber dem Leben. Sie hat mich gelehrt, dass der allseits akzeptierte Ausspruch, man ändere sich nicht mehr im Leben, schon gar nicht im Alter, keineswegs stimmt. Ich kann mich erinnern, dass ich als Kind ihren buddhistischen Glauben eher befremdlich fand. Zu sehr hatte ich das Gefühl, dass sie mich zum Buddhismus drängen wollte. Ich trug deshalb demonstrativ das Kreuz um den Hals, was sie überhaupt nicht mochte. Sie konterte mit buddhistischen Glaubenssätzen. Später, als ich etwas älter war, gab sie zu, dass sie den wahren Glauben erst durch die Buße in dem kanadischen Kloster gefunden hätte. Sie meinte auch, jeden bekehren zu wollen, das sei sicherlich nicht richtig.

Oma Quit starb an Leukämie. Lange hatte sie den Krebs verheimlicht. Mit keinem Wort erwähnte sie die tödliche Krankheit, die sie langsam innerlich auffraß. Ein halbes Jahr, bevor sie im Januar 2004 umfiel, in eine Klinik kam und wir dadurch die schreckliche Wahrheit erfuhren, war sie noch mit Großvater Lieu bei uns in Deutschland gewesen. Es war das zweite Mal, dass sie uns besucht hatten. Mir fiel auf, dass sie stark abgenommen hatte und sehr grau geworden war, aber ihr ansteckendes Lachen besaß sie immer noch. Ich lebte zu dem Zeitpunkt bereits in Berlin, fuhr aber in den sechs Wochen, in denen sie bei meinen Eltern wohnten, ein paarmal nach München, um sie zu sehen. Ich spürte, dass sie etwas beschäftigte, aber ihre resolute Art ließ es nicht zu, sie danach zu fragen. Sie ließ sich nichts anmerken. Auch mein Großvater sagte nichts.

Als wir dann von ihrer Krankheit erfuhren, flogen meine Eltern sofort nach Kanada, ich konnte leider erst Ende Februar zu ihr. Die ganze Zeit hatte ich Angst, dass es zu spät sein könnte. Nahezu täglich telefonierte ich mit ihr. Für sie war ich die einzige Person, die sie offen kritisieren durfte – normalerweise gilt in der vietnamesischen Kultur das Recht der Älteren. Immer wieder warf ich ihr vor, uns so im Unklaren gelassen zu haben.

»Du hättest riskiert, dass wir uns nie wieder sehen, wenn das jetzt böse ausgegangen wäre«, sagte ich traurig.

»Ich habe unterschätzt, dass es mir so schnell schlechter gehen könnte. Ich wollte euch nicht unnötig Kummer bereiten«, antwortete sie leise.

In den zehn Tagen, die ich bei ihr war, lächelte sie unentwegt tapfer und ließ sich mir gegenüber nichts von ihren Schmerzen anmerken. Sie schloss die Augen, eine Woche, nachdem ich in Deutschland zurück war. Sie hatte auf mich gewartet, bis wir uns voneinander verabschieden konnten.

Was hatte sie mir noch beim letzten Besuch an ihrem Krankenbett gesagt? »Eine Seele muss gehen, um einer anderen Platz zu machen.« Ein Jahr später kam mein Sohn Kalani auf die Welt. Er hat viele Eigenschaften meiner Oma geerbt, und ich habe ihm früh beigebracht, sich jeden Morgen vor dem Ahnenaltar, wo das Bild meiner Oma (väterlicherseits) und meines Opas (mütterlicherseits) steht, zu verneigen.

8 Abschied von Großvater Tri

Nach einer Woche bei meinen Großeltern in Saigon konnten meine Eltern und ich endlich zu Großvater Tri nach Long Khanh fahren. Dieses Mal nahmen wir einen gewöhnlichen Bus dorthin, der kohlebetriebene *xe do* hatte ausgedient. Im Lauf der vier Jahre hatten sich auch die Straßenverhältnisse verbessert, und man konnte nun viel bequemer reisen. Wir erhielten auch den Tipp, für jeden von uns gleich zwei Sitze zu kaufen – so hatten wir genügend Platz.

Die Begrüßung in Long Khanh war sehr herzlich. Mein erster Blick galt der Palme, die immer noch in aller Pracht vor dem Haus stand. Die riesigen Blätter schwankten im lauen Wind hin und her. Onkel Dinh, der jüngste Bruder meiner Mama, folgte meinem Blick, lachte, und im nächsten Moment kletterte er am Stamm hinauf, um mir eine frische Kokosnuss zu pflücken. Es war alles so wie früher, nur ich war vier Jahre älter.

Das Haus meiner Großeltern kam mir dieses Mal viel kleiner vor. Aber vielleicht war ich einfach nur größer geworden. Trotz des Leids und der Sorge um meinen Großvater erlebte ich eine große Fröhlichkeit. Doch beim Anblick meines Opas erschrak ich heftig. Er wirkte alt und zerbrechlich, zusammengesunken saß er in einem cremefarbenen Pyjama in seinem Stuhl und hielt sich zitternd an einem Blindenstock fest. Als wir den Raum betraten, ging ein Ruck durch seinen Körper. Danach hob er den Kopf und rief nach uns. Mama rannte auf ihn zu, umarmte ihn, Tränen flossen ihr über die Wangen. Ich hörte, wie er nach mir fragte, und langsam ging ich auf ihn zu. Während er zärtlich und vorsichtig mein Gesicht abtastete, weinte er. Auch ich konnte meine Tränen nicht mehr zurückhalten. Obwohl ich ihm noch nicht oft in meinem Leben begegnet war, spürte ich sofort wieder diese tiefe Liebe zu diesem tapferen alten Mann. Vielleicht weinte ich auch, weil ich ahnte, dass es das letzte Mal sein sollte, dass wir uns sehen sollten.

In den Wochen, in denen wir uns in Long Khanh aufhielten, blühte mein Großvater regelrecht auf. Ich schmiegte mich oft auf einer schattigen Bank im kargen Hof an ihn, um uns herum gackerten die Hühner, und etwas weiter entfernt grunzten die Schweine. Ich beobachtete Tante Phuong und Tante Huong. Stundenlang saßen sie in der typischen Hockhaltung der Vietnamesen – ich habe es ihnen oft nachgemacht, aber mir sind nach ein paar Minuten die Beine eingeschlafen, während Vietnamesen stundenlang so verharren können – am Hofbrunnen und wuschen Wäsche oder schnitten Unmengen von Gemüse klein.

Meine Tanten hatten ständig irgendwelche Hausarbeiten zu erledigen, hinzu kam, dass meine Oma sehr streng mit ihren Schwiegertöchtern und Töchtern ist. Tante Nga, die jüngere Schwester meiner Mutter, saß Tag und Nacht an der Nähmaschine, die wir noch im Hof hörten, um für andere Leute Kleider zu fertigen. Nebenbei musste sie sich auch noch mit Tante Huong, Onkel Duongs Frau, um die Hausarbeit kümmern. Onkel Duong ist Tante Ngas älterer und Mamas jüngerer Bruder, und so hatte er – und damit auch automatisch seine Frau – das Sagen.

Äußerlich sieht man schon, dass sie Schwestern sind, aber am prägnantesten ist, dass sie fast die gleiche Stimmlage haben, sodass man sie am Telefon leicht verwechseln konnte. Tante Nga – so berichten Mama und ihre Brüder liebevoll – konnte sprechen, bevor sie ihre ersten Schritte tat. Sie ist klein, sehr temperamentvoll und hat ein ansteckendes Lachen. Als junge Frau lernte sie den Beruf der Schneiderin, aber ihre heimliche Leidenschaft gilt der Poesie und dem Schreiben. Vor ein paar Jahren veröffentlichte sie ihre ersten Erzählungen, die ein vietnamesischer Verleger in Amerika herausbrachte und die sich sehr erfolgreich verkauften.

Mama erzählte mir einmal, dass Tante Nga früher heimlich Liebesgedichte las, und wenn sie als die Älteste ihre jüngere Schwester dabei erwischte, hätte es eigentlich großen Ärger geben müssen. Denn Mama hatte die Pflicht, mit den jüngeren Geschwistern zu lernen und Hausaufgaben zu machen. Tante Nga – obwohl damals erst sieben Jahre alt – hatte sich mit den Gedichten in einer Ecke versteckt und schluchzte so sehr über das Gelesene, dass meine Mutter sie gar nicht »bestrafen« konnte. Sie wunderte sich nur, dass ihre acht Jahre jüngere Schwester den Inhalt, den sie selbst kaum begriff, überhaupt verstand.

Opa und ich unterhielten uns, wenn wir beisammensaßen, oder ich beschrieb ihm die Dinge, die ich sah. Er amüsierte sich auch über mein Vietnamesisch, das aber von Tag zu Tag besser wurde. Manchmal spielte ich ihm etwas auf der Flöte vor. Oder Onkel Danh, der zweitjüngste Bruder meiner Mama, spielte uns etwas auf der Gitarre vor. Onkel Danh ist der Hübscheste unter den Geschwistern. Mit Vorliebe wird immer wieder folgende Geschichte erzählt: Er galt als das Sorgenkind, denn er fiel als kleines Kind manchmal einfach in Ohnmacht, und seine Atmung ging dabei unregelmäßig. Keiner – selbst mein Opa nicht – konnte sich das erklären. Als er etwas älter war, nutzte er diese Tatsache aus, um sich vor Bestrafungen zu schützen. Wenn er mit seinem Lieblingsbruder Dinh etwas ausfraß, dann täuschte er einfach einen Ohnmachtsanfall vor – und keiner traute sich mehr, ihn auszuschimpfen. Dadurch war er sehr verzärtelt. Nach seinem Abitur musste er zum Militär, was zur Folge hatte – so sagt es jedenfalls Onkel Dinh mit einem Augenzwinkern –, dass aus ihm doch noch ein richtiger Kerl geworden ist. Onkel Danh heiratete Tante Diem, eine sehr schöne und aparte Frau. Zusammen haben sie zwei Kinder.

Ich liebte es in den Tagen in Long Khanh, mit meinem Cousin Co, dem Sohn von Onkel Duong (er war derjenige, der als Junge auf eine französische Schule ging) und Tante Huong, und meiner Cousine Lan, der Tochter von Tante Nga, zu spielen. Beide waren ein paar Jahre jünger als ich. Cousin Cay, Onkel Duongs und Tante Huongs letztgeborener Sohn – er war erst ein paar Monate alt –, trug ich nur zu gern auf dem Arm herum. Lan und Co waren es gewohnt, viel mit Gegenständen zu spielen, die die Natur bot, denn sie besaßen kaum Spielzeug. So bastelten sie aus Palmenzweigen, Kokosnüssen oder Bambusblättern

Boote oder Häuser. Sie zeigten mir neue Käferarten und andere eklige Kriechtiere. Wir rannten hinter den Hühnern her und bespritzten uns mit dem Wasser aus dem Brunnen. Den ganzen Tag liefen wir barfuß durch das kleine Haus und den Hof und bekamen regelmäßig Ärger mit den Erwachsenen, weil wir so den ganzen Dreck wieder ins frisch gefegte Haus trugen.

Es waren unbeschwerte Zeiten, die ich in Long Khanh verbrachte. Ich lernte, dass man nicht viel braucht, um glücklich zu sein. Abends fütterte ich zusammen mit meiner Oma die Hühner, die frei im Hof herumliefen. Es gab keinen Fernseher, meine Eltern und ich schliefen gemeinsam in einem schmalen Bett. Manchmal wachte ich mitten in der Nacht auf und lauschte dem Zirpen der Grillen, oder ich hörte, wie die Zweige der Palme im Wind rauschten.

Mehrmals gingen wir zu meiner »großen Oma«, der zweiten Frau meines Großvaters. Sie war immer noch ledig, hatte mittlerweile aber vier Kinder adoptiert und lebte ganz in der Nähe meiner Großeltern. Meine »große Oma« wohnte sehr bescheiden mit ihren Söhnen und Töchtern in einer winzigen Hütte, die aus einem einzigen Zimmer bestand. Gekocht wurde auf einer kleinen Gasplatte vor der Hütte. Toilette und Dusche befanden sich in einem einfachen Holzverschlag außerhalb. Bei jedem unserer Besuche weinte sie, strich mir über den Kopf und sagte, es werde bestimmt das letzte Mal sein, dass wir uns sehen würden. Sie irrte sich – sie starb erst 2001 mit fast neunzig Jahren.

Die Unterschiede zwischen mir, meinen Cousins und meiner Cousine wurden mir immer bewusster. Mit Sicherheit lag das auch an meinen Eltern, die mich nicht konsequent nach vietnamesischen Vorstellungen erzogen. Ich kann mich noch daran erinnern, wie eigenartig ich es fand, als sie wieder mal mit schmutzigen Füßen ins Haus gerannt kamen – sie hatten ihre im Haus zu tragenden Schlappen vollkommen ignoriert – und sich zur Strafe für ein paar Minuten in eine Zimmerecke stellen mussten, mit dem Gesicht zur Wand. So etwas hatte ich noch nie erlebt, obwohl ich später hörte, dass Lehrer in Deutschland auch solche Strafen verhängten. Es wurde von meiner Tante aber auch nicht groß erklärt, was meine Cousins und Cousinen falsch gemacht hatten, es wurde ihnen nur gedroht: »Nachher, wenn einer eurer Onkel da ist, kriegt ihr richtig Ärger!« Beliebt waren in solchen Situationen auch Sätze wie: »Wenn Oma das sieht, dann hat sie euch nicht mehr lieb!« Oder: »Wenn ich das Opa erzähle, dann wird er richtig traurig sein!«

Co und Lan nahmen das alles nicht richtig ernst und standen jedes Mal kichernd in der Ecke. Ich beobachtete das Ganze aus sicherer Entfernung, aus Angst, dass mir Ähnliches widerfahren könnte, aber meine Tanten hätten nie gewagt, mir eine solche Strafe zu verpassen. Auch das Essen nahm ich immer noch getrennt von Co und Lan ein, die meist in Hockstellung vor der Tür ihre Mahlzeiten aßen. Ich überlegte hin und her, ob es nicht besser für mich sei, mich zu ihnen zu begeben, aber ich entschied mich dagegen. Zu sehr war ich es gewohnt, mit meinen Eltern am Tisch zu sitzen.

Nach und nach lernte ich auch das komplizierte System der Anrede. Aber es dauerte eine Weile, bis ich alle Titel im Kopf hatte. Sowohl Tante Nga als auch ihr Mann Onkel Ngoc müssen Onkel Duong und dessen Frau mit einem

»höheren Titel« ansprechen. Es ist Tante Nga nicht erlaubt, ihren Bruder nur bei seinem Namen zu nennen. Sie muss, bevor sie mit ihm ein Wort wechseln will, vor seinen Rufnamen das Wort *anh* stellen. *Anh* bedeutet so viel wie »großer Bruder«. Auch ihre Tochter Lan muss Onkel Duongs Kinder Cay und Co mit *anh* ansprechen und den Rufnamen hinzufügen – unabhängig vom Alter. Umgekehrt müssen Mamas Geschwister sie, da sie die älteste Tochter der Familie ist, mit *chi* (plus Rufname: Phung) anreden, Papa mit *anh* (plus Rufname: Dung) und mich mit *chi* Minh-Khai. Sich nicht daran zu halten, wäre respektlos und undenkbar.

Noch heute müssen mir meine Eltern bei Verwandten, die ich kaum kenne, vorsagen, wie ich sie bezeichnen soll. Übrigens geht es meinen Eltern in einigen Fällen auch nicht viel besser. Manchmal ist ihnen nämlich das Verwandtschaftsverhältnis einfach nicht bekannt.

Bis heute macht man sich in meiner Familie lustig über mich, weil ich am Anfang alles durcheinanderbrachte. Meine Ahnungslosigkeit war für sie ein grandioses Unterhaltungsprogramm. Kein Wunder, denn es gab zudem auch noch weitere Titel für die übrigen Verwandten väterlicherseits und mütterlicherseits. Selbst die angeheirateten Familienmitglieder werden unterschiedlich angesprochen. Hier einige Beispiele: *ong noi* wird mein Opa väterlicherseits betitelt, *ong ngoai* der Opa mütterlicherseits; mit *ba noi* ist meine Oma väterlicherseits gemeint, mit *ba ngoai* meine Oma mütterlicherseits. Zu dem jüngeren Bruder meines Vaters sage ich *chu* (Onkel), zu seiner Frau *co* (Tante). Handelt es sich aber um den älteren Bruder meines Vaters, dann rede ich ihn mit *bac* (in etwa »großer

Onkel«) an, aber auch seine Frau nenne ich *bac*. Zur älteren Schwester meines Papas sage ich ebenfalls *co* – wie überhaupt zu allen jüngeren Schwestern meines Papas. Bei dem angeheirateten Mann der jüngeren Schwester meines Papas benutze ich *chu*, angeheiratete Tanten tituliere ich mit *thiem*. Sowohl zum älteren als auch zum jüngeren Bruder meiner Mutter sage ich *cau*, ihre Frauen nenne ich *mo*. Die Schwester meiner Mama, unabhängig vom Alter, habe ich mit *di* anzureden, deren Mann mit *cau*. Das sind nur die wichtigsten Titel. Weiter will ich gar nicht in die Familienhierarchien einsteigen, es ist auch so schon verwirrend genug.

Ein Detail ist jedoch noch interessant: Wenn man von sich selbst spricht, dann benutzt man ebenfalls eine Anrede, die abhängig von dem Verwandtschaftsgrad der Person ist, mit der man gerade redet. Bei Fremden sagt man entweder *toi* (= ich), oder man redet von sich in der dritten Person. Ein Beispiel: »Minh-Khai *muon uon nuoc cam*« heißt wörtlich übersetzt: »Minh-Khai will einen Orangensaft trinken.« Wenn ich mit meinen Eltern kommuniziere, wäre es jedoch respektlos, meinen Rufnamen oder *toi* zu verwenden, also benutze ich statt Minh-Khai das Wort *con* – es bedeutet so viel wie »Kind«. Meine Eltern haben aber umgekehrt das Recht, mich entweder mit *con* anzusprechen oder mich bei meinem Namen zu rufen. Letzteres taten sie immer dann, wenn ich etwas angestellt hatte. Dann wusste ich, dass es gleich Ärger geben würde.

Anders verhält es sich bei fremden Menschen. Ist man sich nicht sicher, ob die Person älter oder jünger als man selbst ist, dann sollte man das Gegenüber besser mit einem zu hohen Titel anreden. Im Lauf des Gesprächs wird meist das Alter geklärt, und dann macht es einen besseren Eindruck, wenn man nach »unten« statt nach »oben« korrigiert.

Das hört sich alles sehr umständlich an. Doch wenn man anfängt, Verwandtschaftsverhältnisse hierzulande zu beschreiben – »Tante Helga ist die Frau meines Onkels, der wiederum der ältere Bruder meines Papas ist« –, kommt mir das nicht minder vertrackt vor. Im Grunde ist im Vietnamesischen alles sehr klar: eine Anrede, und man weiß sofort den gesamten Stammbaum der jeweiligen Person. (Vorausgesetzt man macht es richtig.)

Diese Titel haben den weiteren Vorteil, dass sie sofort Respekt herstellen. Nachteil ist: Wenn man diskutiert oder sich streitet, passiert das nie auf Augenhöhe. Der ältere Gesprächspartner kann dem jüngeren jederzeit den Mund verbieten, ohne dass dieser dagegen protestieren darf. Konflikte werden demzufolge häufig nicht geklärt. Man geht schlichtweg davon aus, dass der Ältere aufgrund seiner längeren Erfahrung einfach weiser ist.

Es gibt noch eine andere Art der Respektsbekundung: Wenn ein älterer Gesprächspartner eine Frage an einen jüngeren richtet, dann hat der Jüngere, auch wenn die Antwort eine Verneinung ist, den Satz mit *da*, was so viel wie »ja« bedeutet, zu beginnen. Erst danach darf man eine Antwort auf die gestellte Frage geben. In der Übersetzung klingt das etwas merkwürdig, hier ein Beispiel: Auf die Frage »Möchtest du etwas trinken?«, muss man mit »Ja, nein, danke!« antworten. Das Ja ist als Respekt gegenüber der fragenden älteren Person zu verstehen.

Bei Mahlzeiten wird eine andere Regel eingehalten: In Deutschland wünscht man sich einfach nur einen guten Appetit, wenn man gemeinsam am Tisch sitzt und mit dem Essen anfangen will. In Vietnam fordert jeder jeden auf, der Älteste beginnt damit, doch etwas zu essen. So herrscht vor der Mahlzeit ein einziges Gemurmel. Da meine Eltern in dieser Hinsicht nicht so streng waren, musste ich dieses Ritual nie vollziehen. Jedes Mal, wenn ich in Vietnam bin, kann ich nicht so schnell umschalten, und manchmal passiert es, dass ich es gerade schaffe, meine Oma zum Essen aufzufordern.

Mir gefällt an der vietnamesischen Kultur, dass ältere Menschen respektiert werden. Dadurch wird gewährleistet, dass sie ein wichtiger Teil in der Gesellschaft sind. Es ist selbstverständlich, dass die Großeltern mit ihren Kindern und Enkeln unter einem Dach leben. Und sie werden nicht nur geachtet, sondern auch gebraucht. Sie können mit ihrem Rat und ihren Erfahrungen einer Familie Halt geben. Natürlich ist ein solches Zusammensein oft nicht leicht. Aber wenn ich sehe, wie in Deutschland mit der älteren Generation umgegangen wird, dann empfinde ich das nicht nur als ungebührlich, sondern zum Teil schon als menschenunwürdig. Sobald man hier nichts mehr leisten kann und auf Hilfe angewiesen ist, wird man ins Altenheim abgeschoben. In Vietnam gibt es derartige Einrichtungen nicht. Man geht davon aus, dass sich die Kinder um einen kümmern, so wie sich einst die Eltern um den Nachwuchs gesorgt haben. Für mich ist das ein schönes Prinzip.

Dadurch, dass die älteren Menschen ein wichtiger Bestandteil der Familie sind, bleiben sie auch fit – nicht nur im Kopf.

In Vietnam darf man mit Würde altern. Der Jugendwahn in Deutschland ist nicht nur traurig, sondern zeugt

Ein Mönch vor einem der Buddha-Altäre in den Berghöhlen von Non Nuoc

1973: Hochzeit von Minh-Khais Eltern

Voller Stolz präsentieren sie ihren ersten VW-Käfer

Minh-Khai mit drei Jahren im Käfer und mit ihren Spielkameraden

Minh-Khai wächst in Darmstadt auf, lernt die vietnamesische Esskultur aber früh kennen.

Oma Thong und Opa Tri in den traditionellen *ao dais*

Opa Tri kurz vor seinem Tod

Minh-Khai mit Oma Thong vor dem blühenden Tet-Baum (*cay mai*)

Minh-Khais Familie (mütterlicherseits) in Saigon, mit Minh-Khais Mutter (Mitte) und Vater (ganz rechts)

Minh-Khai mit Oma Thong (Mitte), ihrer Mutter (links) und den Tanten zur Tet-Feier 2003 in *ao dais*, den traditionellen Kleidern der Vietnamesen

2003: Minh-Khai und ihre Eltern

2006: Minh-Khai und ihr Freund Max in Saigon

Abendstimmung in Da Nang

von einer armseligen Haltung der eigenen Person gegenüber. Ich kann nicht begreifen, wie manche Frauen und Männer krampfhaft versuchen, jung zu bleiben, sei es mithilfe der plastischen Chirurgie oder indem sie in Outfits herumlaufen, die ihre Töchter oder Söhne tragen könnten. Dieses betonte »Ich bin zwar fünfundsechzig, verhalte mich aber wie ein Teenager« ist einfach nur lächerlich.

Die Kehrseite dieser in der vietnamesischen Gesellschaft stark verankerten Respektbezeugung will ich aber auch nicht verschweigen. Sie besteht darin, dass die Älteren ein überaus großes Mitspracherecht bei der Erziehung ihrer Enkel und im Alltag haben.

Meine Eltern haben einen anderen Weg gewählt. Dadurch, dass sie deutsche Freunde hatten, waren sie in ihren erzieherischen Ansichten liberaler eingestellt als andere in der Bundesrepublik lebende Vietnamesen, die nur unter Menschen aus ihrer Heimat blieben – und sie waren überhaupt offener, als Vietnamesen es grundsätzlich sind. Folglich genoss ich eine deutsch-vietnamesische Erziehung.

Papa fand es immer toll, dass in Deutschland bereits den Kleinsten Dinge erklärt werden. Ihm zeigte das, dass man sie von Anfang an ernst nahm. Er beobachtete unter seinen deutschen Freunden und im Kindergarten, dass sich Väter mit ihren Kindern oft genauso auseinandersetzten wie Mütter – und übernahm dieses Verhalten. Er beschäftigte sich viel mit mir, und er war lange nicht so ignorant wie sein älterer Bruder in Vietnam, der den Haushalt und die Erziehung der Frau überließ und nahezu nicht existent war. Sicher, Papa legte oftmals auch ein strenges Verhalten an den Tag, aber zugleich war er sehr herzlich und brachte mir viel bei. Er las mir viele Bücher vor, ging mit mir zum Schwimmen, musizierte mit mir und kochte für mich die besten Spaghetti. Meine Eltern hatten keine Angst, dass ich zu sehr die Verhaltensweisen einer Deutschen annehmen würde. Sie vertrauten darauf, dass ich meinen Weg gehen und meine vietnamesischen Wurzeln nicht vergessen würde.

Sicher war es für sie nicht immer leicht, die Werte und Regeln, die sie von zu Hause kannten, gegenüber dem Leben in der neuen Heimat ins richtige Verhältnis zu stellen. Sie versuchten mir, aus ihrer Sicht, das Beste aus beiden Welten mitzugeben. Einerseits lehrten sie mich, dass Respekt, Demut, Freundlichkeit und vor allem Fleiß sehr wichtig sind, andererseits zeigten sie mir, andere Menschen ernst zu nehmen und sich tolerant zu geben. Zu den deutschen Tugenden zählte auch Pünktlichkeit, denn Vietnamesen, so meinen deutsche Bekannte meiner Eltern ironisch, würden selbst zu ihrer eigenen Beerdigung zu spät kommen. Die Ordnungsliebe ist eine andere berühmte deutsche Eigenschaft, die Papa adaptiert hat. Sein Büro könnte nicht »deutscher« sein, alles ist fein säuberlich in Ordnern abgelegt. Und in der Wohnung sind sämtliche Kabel perfekt zusammengeschnürt. All seine geliebten elektrischen Geräte stehen auf den dafür vorgesehenen Schränken, und auch sein Auto ist stets blitzsauber, nichts liegt unnötig herum.

Vietnamesische Freunde kritisierten meine Eltern wegen ihrer viel zu freizügigen Erziehungsauffassung mir gegenüber, meinten, sie könnten ihren guten Ruf verlieren. Papa und Mama hatten jedoch sehr schnell begriffen, dass die Angst vor Entfremdung, die Angst vor der unbekannten Kultur bei vielen ihrer eingewanderten Freunde eine Lähmung hervorgerufen hatte, die innerhalb der Familien zum Streit führte. Wollte man vietnamesische Traditionen bei den in Deutschland geborenen Kindern auf Biegen und Brechen durchsetzen, fingen sie an, ein Zweitleben zu führen, oder brachen, im schlimmsten Fall, mit ihrer Familie.

Meine Eltern glaubten daran, dass eine Entdeckung meines Selbsts nicht automatisch damit verbunden sein musste, dass ich nichts mehr mit ihrer Heimat zu tun haben wollte. Und sie sollten recht behalten.

In den Augen der Freunde meiner Eltern hatte ich jedoch nur deutsche Freunde, sprach – allerdings nur bis zum vierzehnten Lebensjahr – viel zu schlecht vietnamesisch, war zu selbstbewusst und somit in ihren Augen zu frech. Als ich älter wurde und sagte, dass ich nicht studieren werde, sondern vorhabe, Schauspielerin zu werden, schüttelten sie heftig den Kopf – jetzt schien ich überhaupt keine Elternpflicht mehr zu kennen.

Diesen Menschen war ich auch viel zu häufig weg. Sie fanden es suspekt, dass ich mit sechzehn Jahren ein wenig zu modeln anfing, mal für Hüte, mal für Sonnenbrillen, mal für Sportbekleidung. Immerhin stand ich zwei Jahre lang für die Bogner-Kampagne *Fire & Ice* vor der Kamera. Im Grunde urteilten sie, ohne wirklich etwas über mein Leben zu wissen.

Meine Eltern ließen sich aber von diesen Einflüsterungen nicht beirren und unterstützten mich weiterhin auf meinem Weg. Für sie war es allein wichtig, dass ich mein Abitur machte, damit ich mir für die Zukunft keine Möglichkeiten verbaute. Als ich zum ersten Mal im Fernsehen auf Sendung war, verstummten die Kritiken für eine Weile. Als allerdings der erste Film mit mir im Fernsehen lief, fingen die spitzen Bemerkungen wieder an. Auch Mama und Papa waren anfangs verunsichert, denn als Moderatorin war ich weniger angreifbar, weil ich immer noch mich selbst darstellte. Aber als Schauspielerin verkörperte ich eine Rolle und zeigte eine Seite, die sie nicht kannten und vielleicht auch nicht mochten. Für sie war ich stets »ihre Tochter Minh-Khai«, und nun entdeckten sie etwas an mir, was sie befremdete. Bis heute schauen sie sich nicht gern meine Filme an und bemerken bedauernd, warum ich ausgerechnet diesen Weg einschlagen musste.

Meine Eltern erzogen mich so, dass ich über alles mit großer Freude diskutiere. Wenn ich aber in Vietnam bin, muss ich mich zurücknehmen, was mir sehr schwerfällt. Schnell fühle ich mich in diesem hierarchischen Familiensystem bevormundet.

Diese Enge innerhalb der Familie wird auf der anderen Seite jedoch durch sehr viel Geborgenheit aufgewogen. Dennoch: In Deutschland hatte ich mein eigenes Zimmer. Wenn ich Ruhe brauchte, konnte ich mich zurückziehen – in Vietnam ist das undenkbar. Und als Einzelkind war ich es auch nicht gewohnt, permanent jemanden um mich zu haben. Ich empfand das als sehr anstrengend.

Egal, ob ich bei meinen Besuchen nach draußen gehen wollte oder mich zum Ausruhen aufs Bett legte, alles wurde registriert und kommentiert. Selbst meinen Eltern, das sagten sie mir einmal, als ich ihnen von meinen Problemen berichtete, fällt die Umstellung noch heute nicht leicht. Vietnamesen sind Familienmenschen und sehen sich nicht als Individuen. Die Gemeinschaft ist alles.

Doch zurück zu meinem zweiten Aufenthalt in Vietnam 1982. Als ich mit meinen Eltern bei den Großeltern ankam, war es Juli – und damit Monsunzeit. Im Süden Vietnams gibt es nur zwei Jahreszeiten: die Regen- und die Trockenzeit. In der Regenzeit (oder Monsunzeit), die von Ende Mai bis ungefähr Ende September dauert, kann es entweder den ganzen Tag wie aus Eimern schütten oder aber auch nur stoßweise regnen. Es ist eine wunderbare Zeit, ich liebe sie.

Wir waren nun von Long Khanh wieder für eine Woche nach Saigon zurückgekehrt. In diesen sechs Wochen unseres Aufenthalts pendelten wir – wie schon bei meinem ersten Besuch – mehrmals zwischen Saigon und Long Khanh hin und her. Mama wäre gern die gesamte restliche Zeit bei ihrer Familie und ihrem kranken Vater geblieben. Aber das wäre gegenüber den Schwiegereltern respektlos gewesen.

In den letzten Tagen in Long Khanh war es schon drückend heiß geworden. Die Luftfeuchtigkeit war so hoch, wie ich es noch nie zuvor erlebt hatte. Man wollte sich kaum bewegen, um nicht noch mehr zu schwitzen. Der Schweiß rann an einem herunter, als stände man unter einer Dusche. Jetzt, in Saigon, war es noch schlimmer geworden. Ich lag fast nur noch im Haus meiner Oma Quit auf einer Strohmatte, die man auf dem Fußboden ausgebreitet hatte. Die Fensterläden waren heruntergeklappt, der Ventilator drehte auf höchster Stufe, wenn nicht gerade Stromausfall war. Opa Lieu saß auf seinem Stuhl und wedelte sich mit einem Fächer Luft zu. Ich wälzte mich auf der Matte hin und her. Es war nahezu unerträglich. »Gleich wird's besser. Gleich wird's regnen«, tröstete mich Opa.

Plötzlich wurde es stockdunkel, und als hätte jemand Schleusentore geöffnet, knallte der Regen mit voller Wucht auf das Wellblechdach. Es war so laut, dass man sich anschreien musste, um sich zu verstehen. Ich erschrak furchtbar und fing im ersten Moment zu weinen an. »Ist doch nur der Regen«, schrie Opa, während meine Oma und meine Tanten hektisch hin und her liefen, um die Wäsche, die draußen zum Trocknen hing und die sie vergessen hatten, schnell einzusammeln. Ich war noch immer völlig aufgelöst und wusste nicht, wohin mit mir. Plötzlich standen meine Cousins Vu und Giang vor mir, die Söhne von Onkel Dao, dem ältesten Bruder meines Papas, der damals in Da Nang bei dem Großonkel Cam lebte, zogen mich an den Armen hoch und zerrten mich hinaus in den Regen.

Ich hatte eine solche Wassermenge, die da aus den Wolken geradezu herausbrach, noch nie erlebt. Meine Cousins sprangen im Nass herum und tobten mit den Nachbarskindern herum. »Komm! Es ist herrlich!«, schrie Vu, seine schwarzen Haare klatschten an seinem Kopf, seine Augen strahlten vor Vergnügen. Erst zögerte ich, blieb noch an der Tür stehen, dann nahm ich all meinen Mut zusammen und folgte ihnen. Der Regen war zu meinem Erstaunen ganz weich, die bleierne Hitze verschwunden. Zusammen mit Vu und Giang sprang ich von Pfütze zu Pfütze, spielte Fangen und Fußball – und auch ich juchzte bald vor Vergnügen. Die Abkühlung tat so gut!

Oma kam nach einer Weile heraus und wusch sich mit sichtlicher Freude im Regen ihre Haare. Als ich mich in der Gasse umsah, taten das fast alle Erwachsenen. Ich streckte meine Zunge raus, schloss die Augen und sammelte das weiche Regenwasser in meinem Mund, um es dann zu trinken.

Als wir völlig erschöpft waren, zogen wir uns trockene Sachen an, und meine Oma bereitete eine heiße süßliche Suppe zu, die *che* genannt wird. Es gibt sie in zig Varianten. Diese bestand aus süßen gemahlenen Sojabohnen in warmer Kokosmilch. Während wir die Suppe schlürften, saßen wir vor dem Hauseingang und beobachteten die Welt. Die Straßen waren trotz des heftigen Regens nicht leerer als sonst, man hatte sich seit Langem mit diesen Fluten arrangiert. Fußgänger, Fahrrad- und Mopedfahrer eilten oder rasten an uns vorbei, einzig geschützt von einem Regenumhang. Die Cyclo- oder Rikschafahrer saßen aufrecht auf ihren Sätteln, die eine Hand am Lenker des Wagens, in dem ihre Kundschaft bequem und trocken saß, da sie durch eine Plane geschützt war, die andere an einer dünnen Stange, die als Bremse diente. Es sah mühsam aus, wie sie sich durch den Regen kämpften.

Diese Regenbilder haben sich unauslöschlich in mein Gedächtnis eingeprägt, sie stehen für meine erste Monsunerfahrung.

Als der Zeitpunkt nahte, zurück nach Deutschland zu fliegen, wollte ich von meinen Eltern wissen, wie sie sich entschieden hätten.

»Wollt ihr in Zukunft vielleicht doch wieder in Vietnam leben?«, fragte ich.

»Es wäre für uns ein Rückschritt«, sagte Papa. »Niemandem wäre damit geholfen, wenn wir hierher zurückkehren würden.«

»Sind wir wieder in Deutschland, haben wir unweigerlich Heimweh nach Vietnam«, fügte Mama hinzu. »Sind wir aber in Vietnam, freuen wir uns, wieder unsere zweite Heimat zu sehen. So auch jetzt.«

Kurz vor unserem Heimflug fuhren wir noch einmal nach Long Khanh. Der Abschied – vor allem von meinem Opa – war sehr tränenreich. Wir wussten, dass es das letzte Mal sein würde.

Einen Monat später starb mein Großvater.

9 Ein fast normaler Teenager

Als ich zehn Jahre alt war, zogen wir also 1984 nach München. Für meine Eltern war es nicht so ein entscheidender Einschnitt wie für mich, denn sie hatten durch die jährlichen Treffen zum Tet-Fest einige vietnamesische Freunde, die bereits in der bayerischen Landeshauptstadt lebten. Ich aber kannte dort keine Kinder in meinem Alter. Mir fiel der Abschied von meinen Klassenkameraden sehr schwer, obwohl der Zeitpunkt günstig war. Schließlich wechselten meine Schulfreunde nach der gerade beendeten Grundschule auf verschiedene Gymnasien.

Meine Eltern hatten in den vergangenen Jahren viel erreicht. Mein Vater war jetzt diplomierter Ingenieur der Papiertechnik, und meine Mama hatte ihren Doktor in Chemie gemacht. Ich selbst war in der Grundschule fast immer Klassenbeste gewesen, der Sprung aufs Gymnasium stand außer Frage.

Da in Hessen die Sommerferien drei Wochen früher anfingen als in Bayern, hatten meine Eltern mich pro forma auf dem Edith-Stein-Gymnasium in Darmstadt angemeldet. Im Nachhinein erwies sich das als weiser Schritt, denn kaum waren wir in München, fingen die Probleme an. Anfangs sah noch alles gut aus. Wir mieteten eine sehr schöne Wohnung in einem Zweifamilienhaus in Obermenzing, einem ruhigen Vorortviertel. Zu ihr gehörte eine kleine Dachterrasse, und mein Zimmer war so groß wie unsere ehemalige Wohnstube. Die Freude über mein neues Reich ging jedoch schnell vorbei, denn ich fühlte mich einsam. Neun Wochen Sommerferien musste ich ohne meine alten Freunde überstehen. Hinzu kam, dass mir in München alles so riesig erschien. Um in die Innenstadt zu fahren, mussten wir die S-Bahn nehmen. Bis dahin kannte ich nur Straßenbahnen oder Busse. Außerdem redeten die Menschen um mich herum meist im bayerischen Dialekt, ich aber konnte nur Hessisch. Ständig hatte ich das Gefühl, dass mich niemand verstand, weil ich selbst ja auch nichts mitbekam.

Als endlich die Schule begann, war ich nervös und hatte große Angst, was mich in der neuen Klasse erwarten würde. Beim ersten Gespräch mit dem Direktor des Elsa-Brändström-Gymnasiums teilte er meiner Mama und mir mit, dass ich, um überhaupt auf diese Schule gehen zu können, einen Test hätte absolvieren müssen. Die Frist wäre aber bereits abgelaufen. Eine Welt brach für mich zusammen! Das bedeutete, dass ich nicht berechtigt war, diese weiterführende Schule zu besuchen, sondern erst ein Jahr auf die Realschule musste, um dann diesen Test fürs Gymnasium machen zu können. Am Ende der Unterredung stellte sich jedoch heraus, dass ich in Darmstadt ja bereits auf einem Gymnasium angemeldet war. Das bedeutete, dass es sich bei mir nur um einen Wechsel zwischen zwei gleichen Schultypen handelte und ich somit einen Anspruch auf einen Platz auf einem Gymnasium hatte.

Dieser Schock war nicht die günstigste Voraussetzung für einen Neubeginn in einer fremden Umgebung. Als ich meine Klasse in dem neusprachlichen Gymnasium betrat, stellte ich fest, dass sich viele Schüler schon aus der Grundschule kannten und sich unter großem Gejohle zusammensetzten. Ich stand in einer Ecke und wünschte, ich wäre unsichtbar. Warum konnte ich jetzt nicht bei meinen Freundinnen in Darmstadt sein? Als sich das Chaos schließlich einigermaßen gelegt hatte, winkte mich ein blondes Mädchen mit zwei geflochtenen Zöpfen zu sich und fragte mich verschüchtert, ob ich mich neben sie setzen wollte. Ich war ihr so dankbar und nickte erfreut. Anne hieß sie und wurde meine beste Freundin.

Anne fiel durch ihre Größe und grazile Art auf: Sie glich einer Elfe und war eineinhalb Köpfe größer als ich. Bei ihr war alles anders als bei mir. Sie lebte mit ihrer Mutter und deren fast zehn Jahre jüngeren Freund zusammen. Anne war viel reifer als ich, was auch nicht weiter verwunderlich war, weil ihre große Schwester sie überall mit hinnahm. Britta, die acht Jahre älter war als Anne, wohnte nicht mehr zu Hause, sondern in einer Wohngemeinschaft. Ich beneidete meine Banknachbarin um ihre coole Schwester.

Britta sah ich nur hin und wieder, denn das Verhältnis zwischen Annes Mama und ihrer ältesten Tochter war angespannt. Britta war stark geschminkt, trug kurze Röcke und rauchte lässig Zigaretten. Manchmal, wenn sie mit ihrer kleinen Schwester loszog, um Klamotten einzukaufen, durfte ich mit. Annes Mama war großzügig und erlaubte, dass meine Freundin Markenoutfits tragen durfte. Bis zu diesem Zeitpunkt war mir diese Welt der Mode verschlossen gewesen. Meine Eltern hatten für derlei Dinge nicht viel übrig, sie fanden das auch völlig unnötig.

»Ich gebe gern Geld für etwas Sinnvolles wie Musik- oder Tanzunterricht aus«, bemerkte mein Papa streng, wenn ich ihn darum bat, mir doch auch eine Markenjeans zu kaufen. »Und Klamotten hast du sowieso genug!«

Meist ging ich dann zu Mama, aber auch sie blieb hart. »Wieso muss es ein Pullover von ... sein? Wie heißt diese Marke gleich noch?«

»Benetton«, erwiderte ich.

»Ja, genau. Also, warum muss es ein Pulli von Benetton sein? Und überhaupt, was ist so toll an dem, dass er so teuer ist?«

»Aber Anne bekommt auch einen«, klagte ich.

»Deine Freundin ist eine Deutsche, hat reiche Großeltern und Onkel und Tanten.«

»... und wir nicht«, ergänzte ich trotzig. Ich kannte die Argumentation meiner Mama schon auswendig. »Wir müssen unseren Verwandten Geld schicken.«

Schmollend zog ich mich in mein Zimmer zurück und träumte von meinem ersten Benetton-Pullover, den ich – wie es damals angesagt war – nicht tragen, sondern lässig mit geknoteten Armen um die Schulter tragen wollte. Anne war von Kopf bis Fuß in Markenkleidung gehüllt, aber da sie leider viel größer war als ich, konnte ich mir nie etwas bei ihr ausleihen. Sie wiederum beneidete mich um meine intakte Familie. Zu ihrem leiblichen Papa hatte sie kaum Kontakt, der reiste als Architekt in der Weltgeschichte herum und überwies ihr ab und zu viel Geld. Und mit den wechselnden Männerbekanntschaften – vor allem aber mit dem aktuellen Freund ihrer Mutter – konnte sie nichts anfangen. Sie liebte es – ähnlich wie meine Grundschulfreundin Julia – bei uns zu sein und von meiner Mama bekocht zu werden.

Ich fand ihr Leben aufregend, sie fand bei uns Geborgenheit. Trotz der großen Schwester und der damit verbundenen Reife war ich jedoch die Selbstbewusstere von uns beiden. Das lag sicherlich auch daran, dass ich als ein Kind aus zwei verschiedenen Welten früh schlagfertig sein musste. Außerdem war ich stets die Kleinste in der Klasse und musste das mit einer großen Klappe wettmachen. Ich fiel dadurch überall auf.

Anne war in meinen Augen ein typisches deutsches Mädchen mit ihren großen blauen Augen und den blonden Haaren. Im Alter von zwölf Jahren freundeten wir uns mit Lena an, die in die Parallelklasse ging. Lena hatte rot gefärbte kurze Haare, Tausende von winzigen Sommersprossen im Gesicht, war sehr selbstsicher und fiel durch ein enorm ansteckendes Lachen auf. Die Jungen waren verrückt nach ihr, denn sie war – im Gegensatz zu Anne und mir – damals schon sehr weiblich gebaut und provozierte mit einem türkisfarbenen Stretchminikleid. Lena kam – wie ich – aus geordneten Familienverhältnissen. Sie hatte einen großen Bruder, in den ich eine Zeit lang heimlich verliebt war. Sie nannte ihre Eltern bei ihren Vornamen, und diese benahmen sich eher wie Freunde als wie Erziehende.

Zusammen waren wir drei Mädchen ein unschlagbares Trio. Wir erlebten zusammen die Pubertät, unseren ersten Liebeskummer, unsere ersten Intrigen, Eifersüchteleien und Freuden. Mit fünfzehn nahm Britta, Annes große Schwester, uns in eine Diskothek mit. Ich hatte meinen

Eltern nur gesagt, dass ich die Nacht bei Anne verbringen würde. Aber stattdessen schliefen Anne, Lena und ich bei Britta zu Hause in der WG. Es war das erste Mal, dass ich bei ihr zu Hause war. Ihre Mitbewohner waren Mischa, ein Lebenskünstler, wenigstens bezeichnete er sich so, und Shivan, ein Anhänger Bhagwans. Seinen richtigen Namen hatte er abgelegt. In der Altbauwohnung roch es nach einer Mischung aus Räucherstäbchen und anderen esoterischen Düften sowie – wie ich erst später erfuhr – Haschisch. Aus allen Räumen tönte laut Musik. Die Küche war blau gestrichen mit lauter Schränken und offenen Regalen, die nicht zusammenpassten. Bis dahin kannte ich nur Einbauküchen und war über diese Zusammenstellung äußerst erstaunt.

Brittas Zimmer war hell, besaß große Fenster und einen kleinen Erker. In diesem befand sich ihr buddhistischer Schrein, sie war mit siebzehn Jahren, nachdem sie von zu Hause ausgezogen war, zum Buddhismus konvertiert. Daher war auch Anne in sehr jungen Jahren mit dieser Philosophie in Berührung gekommen. Auf dem Boden lag ein riesiger Futon mit lauter bunten Kissen darauf.

Britta war an der Musikhochschule eingeschrieben und studierte Gesang. Deshalb dominierte in ihrem Zimmer auch ein Flügel, und Tausende von Schallplatten standen in ihren Hüllen in einer Ecke des Raums, daneben befand sich ein Plattenspieler mit zwei riesigen Boxen. Wenn Papa das gesehen hätte, wäre er schnurstracks ins nächste Möbelgeschäft gegangen, um einen Schrank für den Plattenspieler und die LPs zu kaufen. Ich fand es einfach nur toll.

Die Vorhänge entpuppten sich als zwei indische Saris aus blauer Seide, die Britta provisorisch angebracht hatte.

Ihre Klamotten hingen auf einer Kleiderstange, und daneben, auf dem Boden, waren ihre Pullis, T-Shirts und Hosen gestapelt. Ich war sehr beeindruckt von ihrem Zimmer – es war genauso cool wie sie selbst.

Lange konnte ich die faszinierende Umgebung nicht genießen, denn Anne, Lena und Britta waren bereits dabei, sich auf den Abend vorzubereiten. Britta half uns bei der Kleiderfrage, anschließend schminkte sie uns. Um die Zeit zu überbrücken, bis wir in die Disko konnten, gingen wir erst einmal ins Kino. Wir sahen uns *Todesstille* an, einen Thriller mit der damals noch sehr unbekannten Nicole Kidman. Nach dem Film zogen wir weiter zu McDonald's, wobei wir drei Mädchen keinen Bissen herunterbekamen, weil wir viel zu aufgeregt waren. Endlich, gegen Mitternacht, konnten wir ins »Far out«, einen Klub, der sich hinter der Maximilianstraße befand. Der eine Sänger von dem Diskopop-Duo Milli Vanilli war dort Stammgast. Vielleicht würden wir ihn heute treffen? Britta begrüßte den Türsteher mit Küsschen. Super! Doch dann sagte sie: »Kann ich meine kleine Schwester und ihre Freundinnen mit reinnehmen?« Der Türsteher sah uns an und schüttelte den Kopf: »Baby, du darfst hinein, aber nicht die drei Küken da!« Enttäuscht gingen wir nach Hause. Anne warf ihrer Schwester während des gesamten Heimwegs vor: »Warum musstest du auch fragen? Der hätte das doch nie geschnallt, und wir wären jetzt drin.« Ich war deswegen weniger aufgebracht, denn für mich war der Ausflug zu Britta schon ein Highlight!

Mit sechzehn Jahren betraten wir dann zum ersten Mal eine Diskothek. Im »Nachtwerk« durfte man, wenn man noch nicht volljährig war, nur bis Mitternacht bleiben.

Normalerweise hätten wir am Eingang unsere Ausweise als Pfand hinterlegen und um Punkt zwölf Uhr wieder abholen müssen. Ansonsten ging ein Ordner umher und suchte einen, und in der Regel bekam man bei einem Verstoß Hausverbot. Lena war aber so geschickt im Fälschen, dass wir als achtzehn durchgingen. Manchmal sahen wir den Ordner durch den Klub laufen, und jedes Mal befürchteten wir, der Schwindel würde auffliegen. Mein größter Horror war, er würde die Polizei rufen, und meine Eltern hätten mich auf einer Wache abholen müssen. Obwohl wir uns öfters auf der Toilette versteckten, lagen wir vor drei Uhr morgens nicht im Bett. Ich übernachtete bei Anne, später auch bei Lena, deren Eltern das ebenfalls nicht so eng sahen. Darum beneidete ich die beiden Freundinnen: für die lockere Einstellung ihrer Eltern, was die Vergnügungen betraf.

Trotzdem waren meine Eltern, im Gegensatz zu den meisten ihrer vietnamesischen Freunde, bei denen es kaum Diskussionen zwischen Eltern und Teenagern gab, sehr fortschrittlich. Bei unseren Auseinandersetzungen ging es aber nicht vordergründig um Verbote oder Rechte (da hatte ich keine Chance), sondern um so wichtige Themen wie Politik und Philosophie. Besonders Papa förderte früh mein politisches Denken. Es war ihm ungemein wichtig, dass ich die *Süddeutsche Zeitung*, die er abonniert hatte, und den *Spiegel* las, dass ich täglich Nachrichten mit ihm im Fernsehen sah oder andere politische Sendungen. Er wollte, dass ich begreife, wie diese Gesellschaft, in die ich hineingeboren wurde, funktioniert – und ich sollte mitreden können.

Am meisten liebte ich es aber, gemeinsam mit meinem Vater die *Sportschau* und später das *Sportstudio* anzugucken.

Als ich ihn vor einiger Zeit zu einem Spiel seines Lieblingsvereins Bayer Leverkusen (sie traten gegen Hertha BSC an) mitnahm, brachte er vor Aufregung das ganze Spiel über kein Wort heraus. Er vergaß sogar das Fotografieren – und das will bei einem Vietnamesen schon etwas heißen!

Wenn ich mir das Leben von Freunden und Bekannten anschaue, die auch einen Migrationshintergrund haben, dann stelle ich nachträglich fest, wie modern meine Eltern in ihrer Einstellung waren und immer noch sind. Viele von diesen Freunden und Bekannten mussten weitaus mehr in einer Parallelwelt leben als ich. Nie musste ich mich – bis auf das Weggehen am Wochenende – vor meinen Eltern verstecken, immer konnte ich mit ihnen über meine Probleme reden. Es war sicher oft nicht leicht für sie, mein Leben, so wie ich es führe, zu akzeptieren. Ob es um meine Beziehungen oder auch um meine beruflichen Entscheidungen ging, stets haben sie jedoch – meist tapfer – meinen Weg geschluckt.

Viele Migranten, darunter eben auch Vietnamesen, die in Deutschland leben und arbeiten, haben große Angst vor einer Überfremdung. Sie ziehen sich zurück, entwickeln sich auch nicht weiter, weil sie nicht nach vorn gehen wollen. Häufig ist es so, dass sie erst in der Bundesrepublik religiös werden. Manche sogar radikal und fanatisch, weil sie keinen anderen Halt in der Fremde finden, vielleicht aber auch nicht finden wollen. Sie fühlen sich nur unter ihresgleichen und in der Religion aufgehoben und verstanden. Man kann es ihnen manchmal nicht verdenken. Deutschland öffnete in den Sechzigerjahren Tür und Tor, damit möglichst viele Gastarbeiter kamen. Aber keiner hatte sich damals Gedanken gemacht, was es bedeuten würde, wenn diese Menschen die Bundesrepublik auf einmal als ihre zweite Heimat ansehen.

Die Politiker haben sich auch wenig damit auseinandergesetzt, dass Deutschland längst ein Einwanderungsland geworden ist. Vor diesem Hintergrund ist die Diskussion um die sogenannten geduldeten Ausländer (Abschiebestopp ja oder nein?) nicht nur verletzend, sondern auch unmenschlich. Wie fühlt sich eigentlich ein Mensch, der nur geduldet ist? Etwa deutsch und dazugehörig, wie es letztlich auch von ihm erwartet wird? Sprache kann schon sehr verletzend sein.

Unabhängig von meinen Freundinnen Anne und Lena waren die ersten Jahre in der neuen Schule kein Zuckerschlecken für mich. Bayern hat das schwierigste Schulsystem und Hessen wohl das einfachste. Auf den Punkt gebracht bedeutete das: Ich kam mit dem Schulstoff nicht hinterher. Meine Versetzung war in den ersten beiden Jahren gefährdet, und meine Mama musste ziemlich viel mit mir büffeln. Sie hatte mittlerweile einen Halbtagsjob an der Ludwig-Maximilians-Universität angenommen, bei dem sie unter anderem Chemiestudenten betreute. Mittags kam sie nach Hause, kochte für uns und lernte mit mir.

Schon die ersten Behördengänge hatten meine Abneigung gegen die neue Heimat verstärkt, die nur durch meine Freundinnen gemildert wurde. Als wir uns in München ummeldeten, mussten wir, da wir einen vietnamesischen Pass hatten, mehr Formalitäten erledigen als in Darmstadt. Das Bundesland Hessen war – durch die damals rotgrüne Regierung – weitaus liberaler als das schwarze Bayern. Weitaus schlimmer aber war: Man behandelte uns wie Verbrecher, als hätten wir keinerlei Berechtigung, uns in diesem Freistaat aufzuhalten. Eine solche Arroganz und Ignoranz hatte ich bislang nicht erlebt.

Als ich später – mit siebzehn – einen deutschen Pass beantragte, wiederholte sich diese unschöne Erfahrung. Obwohl meine Eltern zu dem Zeitpunkt schon fast zwanzig Jahre in Deutschland lebten und ich in diesem Land geboren wurde, war es nicht selbstverständlich, dass ich die deutsche Staatsbürgerschaft erhielt. Nur Kinder, bei denen ein Elternteil Bürger der Bundesrepublik ist, bekommen automatisch einen deutschen Pass. Bei meiner Einbürgerung musste ich sämtliche Zeugnisse und einen handgeschriebenen Lebenslauf abgeben – als Beweis dafür, dass ich der deutschen Sprache mächtig bin. Auf meine Frage, ob meine Zeugnisse nicht ausreichend beweisen würden, dass ich diese Sprache beherrsche, war die Antwort des Beamten nur ein Achselzucken. Außerdem könnte doch eine andere Person den Lebenslauf geschrieben haben, fügte ich hinzu. Aber auch darauf erwiderte er nichts. Ich fühlte mich in meinem Stolz verletzt – so wie das bei Teenagern schnell passiert.

Früher konnte man die deutsche Staatsbürgerschaft erst nach zehn Jahren Aufenthalt in der Bundesrepublik beantragen, das Verfahren war damals sehr kompliziert. Das hat sich in den letzten Jahren etwas gebessert, obwohl es immer noch sehr restriktiv ist. Heute dürfen Migranten die Staatsbürgerschaft bereits nach acht Jahren beantragen. Es kann auch schon eine Einbürgerung nach sieben Jahren stattfinden – falls sie erfolgreich an einem Integrationskurs teilgenommen haben. Aber was bedeutet eine erfolgreiche Teilnahme an einem Integrationskurs? Ist Integration nur eine Form theoretischen Wissens? Heute diskutiert man darüber, dass die Bewerbung um einen deutschen Pass mit einer Art Gesinnungstest verbunden sein sollte, einem Bekenntnis zur freiheitlichen demokratischen Ausrichtung des Grundgesetzes, oder einem Fragenkatalog, in dem es um Grundzüge der deutschen Geschichte, um Wahlen, Parteien und Interessenverbände gehen soll. So lauten einige der vorgeschlagenen Aufgaben: Nennen Sie sieben Bundesländer und deren Hauptstädte. – Nennen Sie drei deutsche Mittelgebirge. – Welche Versammlung tagte 1848 in der Frankfurter Paulskirche? – Erläutern Sie den Begriff »Existenzrecht Israels«. – Beschreiben Sie den Grundgedanken der Gewaltenteilung.

Ein Fernsehsender hat diese Fragen einmal dem deutschen Durchschnittsbürger auf der Straße gestellt. Dabei kam heraus, dass keiner sie komplett beantworten konnte, folglich niemand von ihnen die deutsche Staatsbürgerschaft hätte erhalten dürfen. Bei diesen ausgearbeiteten Tests zur Einbürgerung habe ich den Eindruck, dass der Politik nichts anderes einfällt, als sich hinter geografischen und pseudointellektuellen Fragen zu verstecken. Ist es nicht wichtiger, Migranten ein Gefühl vermitteln? Ein Gefühl dafür, was Deutschland ist?

Wenn mich jemand fragt, was Deutschland für mich bedeutet, dann schwärme ich nicht vom Rhein, den Alpen oder der Fünf-Prozent-Klausel. Ich fühle mich diesem Land zugehörig, ohne es weiter groß analysieren zu wollen. Das schönste Beispiel war für mich die Fußballweltmeisterschaft 2006. Deutschland bestand aus einem Fahnenmeer: Autos, Busse, Häuser, Kinderwagen, türkische Dönerbuden, vietnamesische Restaurants, chinesische Imbissstände wurden benutzt, um diese Begeisterung mitzuteilen. Dieses Gemeinschaftsgefühl war unglaublich! Egal, welche Hautfarbe man hatte, es herrschte eine Euphorie, die nicht nur unsere Nachbarländer überraschte, sondern vor allem uns selbst. Vielleicht weil es so leicht war.

Auf jeden Fall: An dem Tag, an dem ich den deutschen Pass erhielt, musste ich meinen vietnamesischen abgeben. Es war ein trauriger Moment, denn ich gab damit einen Teil meiner Identität auf. Aber gleichzeitig erfuhr ich dadurch eine Freiheit, die ich bis dahin nicht kannte. Für viele mag der deutsche Ausweis nur ein Stück Papier sein, aber dieses Stück Papier beinhaltet das Recht, in einer Demokratie mitzubestimmen. Mit achtzehn Jahren durfte ich wählen gehen. Ich war sehr stolz, als ich auf dem Wahlzettel meine Kreuze machen durfte. Und endlich war es einfacher, aus Deutschland auszureisen. Vorher war es mit einem unglaublichen Aufwand verbunden, nach Italien oder Österreich zu fahren. Wir brauchten beinahe für jedes Land – außer für die sozialistischen Republiken – ein Visum.

Ich erinnere mich nur ungern daran, wie ich mit der Familie meiner Freundin Anne nach Venedig in den Urlaub fahren wollte, ich war damals zwölf Jahre alt. Als Papa die italienische Botschaft in München aufsuchte, um für mich ein Visum zu beantragen, reagierten die Mitarbeiter nicht besonders höflich. Sie beförderten ihn wieder nach draußen, mit dem Verdacht, er würde mich nur nach Italien einschleusen wollen, damit ich dort untertauchen könne. Das war völlig absurd. Wie sollte ein zwölfjähriges Mädchen allein in Italien untertauchen? Schließlich verlangten die italienischen Behörden, dass Annes Mutter eine Bürgschaft für mich abgab. Das tat sie auch, und nach zwei Monaten erhielt ich dann endlich ein Visum. Da wir aber mit dem Auto fuhren und somit auch durch Österreich mussten, um nach Italien zu gelangen, musste Papa noch ein Visum für dieses Land beantragen. Zumindest stellten sich die Österreicher nicht so an wie die Italiener, und nach einer Zuzahlung von ungefähr fünfzig Mark bekam ich die Erlaubnis, Österreich passieren zu dürfen.

Als Teenager schwitzte ich bei den Grenzkontrollen jedes Mal Blut und Wasser, wenn ich mit der Klasse oder mit meinen Freunden verreiste. In glücklichen Fällen durften wir einfach weiterfahren, aber meistens kam es zu einem Stopp und einer Überprüfung meiner Papiere. Mir waren diese Kontrollen vor meinen Freunden unendlich peinlich, und ich hatte immer Angst, dass man mich gleich abführen würde.

10 Die Entdeckung meiner vietnamesischen Wurzeln

Als wir 1988 das dritte Mal nach Vietnam flogen, war ich vierzehn Jahre alt. Mit dieser Reise sollte sich vieles in meinem Leben ändern.

Die Mutter meiner Mama war mit ihrer Familie mittlerweile nach Saigon gezogen. Nach dem Tod meines Großvaters hielt sie es nicht mehr in Long Khanh aus – im Gegenteil, für sie war das Dorf ein Ort des Unglücks. Zudem boten sich für ihre drei Söhne in einer Großstadt bessere Jobchancen.

Meine Onkel waren schon ein Jahr zuvor nach Saigon gegangen und hatten tatsächlich sehr schnell eine Arbeit gefunden. Bald konnten sie, auch mit der Hilfe meiner Eltern, ein Haus kaufen, und meine Oma, die das kleine Anwesen in Long Khanh samt den Schweinen und den Hühnern verkaufte, folgte ihren Söhnen nach Binh Thanh, einem Vorort Saigons. Durch das rasante Wachstum Saigons ist Binh Thanh heute längst nicht mehr ein vorstädtischer Bezirk.

In diesem Haus lebt meine Oma noch immer. Es hat sechs Zimmer, was sich vielleicht erst einmal sehr groß anhört. Aber neben Oma und ihren beiden jüngsten Söhnen

Onkel Dinh, der mir damals die Kokosnuss pflückte, und Onkel Danh, der als Kind oft Ohnmachtsanfälle hatte, zogen noch ihre Tochter Phoung und ihr ältester Sohn Duong mit seiner Frau und den zwei Söhnen Co und Cay ein. Schon bald heirateten auch Onkel Dinh und Onkel Danh, beide Ehefrauen, Tante Thuy und Tante Diem, bekamen jeweils zwei Kinder. Jetzt wohnten dort also vierzehn Menschen in sechs Räumen. Trotzdem bedeutete das Haus in Saigon eine deutliche Verbesserung ihrer vorherigen Wohnsituation, hatten sie doch in Long Khanh in zwei winzigen Zimmern zusammengelebt.

Für uns hatte dies den Vorteil, dass wir nicht mehr zwischen Long Khanh und Saigon hin- und herreisen mussten. Mama war sehr glücklich über diesen Umstand, denn auf diese Weise konnte sie ihre Familie so oft sehen, wie sie wollte.

Nach wie vor lebten wir aber in den Wochen unseres Vietnam-Aufenthalts bei Papas Familie. Neben meinen Großeltern gab es da noch Onkel Nam, Papas jüngsten Bruder, Onkel Dao sowie seine Frau Huong. Sie hatten jetzt vier Kinder: Vu, Guang, Hoang und Uyen. Mit Vu und Giang hatte ich damals im Regen Fußball gespielt. Nach dem dritten Sohn, der den Namen Hoang erhielt, bekamen Onkel Dao und Tante Huong noch das Mädchen Uyen. Sie ist sieben Jahre jünger als ich, und da sie die Tochter des älteren Bruders meines Vaters ist, sollte ich sie eigentlich mit *chi* (große Schwester) anreden, aber wir haben uns angewöhnt, dass sie mich mit *chi* anredet und ich sie nur beim Namen rufe. Bei meinem Besuch 1988 war Uyen noch sehr klein, und so hatte ich mehr mit meinen Cousins zu tun.

Trotz anfänglicher Irritationen stellte sich bei mir nach einer Weile das Bedürfnis ein, genauso zu sein wie eines der vietnamesischen Familienmitglieder. Schon bald ließ ich meine Jeans und T-Shirts im Koffer und trug die Hauskleidung *ao ba ba*. Sie besteht aus einer schwarzen, relativ weit geschnittenen leichten Stoffhose. Dazu trug ich ein kurzes Hemdchen in einer beliebigen Farbe aus demselben Stoff. Im unteren Bereich sind jeweils rechts und links kleine Taschen aufgenäht, in denen Geld und Taschentücher aufbewahrt werden. Frauen tragen diese Kleidung nicht nur zu Hause, sondern auch, wenn sie auf den Markt gehen, um Lebensmittel einzukaufen. Gehen Vietnamesinnen jedoch in die Stadt oder haben einen Behördengang vor sich, dann ziehen sie sich schick an und schminken sich. Schick bedeutet übrigens immer westlich. In der größten Affenhitze fahren Vietnamesinnen dann auf ihren Rollern oder Fahrrädern in Jeans, T-Shirt oder Bluse mit Mütze, Mundschutz, Sonnenbrille und langen Handschuhen durch die Straßen.

Nur ältere Frauen ziehen sich noch traditionell an, wenn sie aus dem Haus gehen. Die Mutter meiner Mama beispielsweise wählt zu diesem Zweck eine schwarze, leicht glänzende Hose und ein passendes weißes langärmeliges Hemd. Dazu trägt sie dezenten Schmuck. Sie ist eine sehr schöne und stolze Frau und strahlt viel Würde und Weisheit aus. Ich liebe ihre vielen kleinen Fältchen, die ihr Gesicht umschmeicheln.

Oma hat immer schöne manikürte und pedikürte Hände und Füße – es ist der einzige Luxus, den sie sich alle zehn Tage erlaubt. Dann kommt Frau Ha, die schon seit über zehn Jahren die Fuß- und Handpflege macht. Oma sitzt dann meist in einem Sessel, die Füße weichen in einem Bad auf, in der einen Hand hält sie die Zigarette, an der sie ab und zu pafft (übrigens sieht man in Vietnam meist nur ältere Frauen rauchen), während die andere gerade von Frau Ha bearbeitet wird. Hinterher schlurft sie in Flip-Flops durchs Haus und kontrolliert, ob alles in Ordnung ist. Meist sind die Hände dabei auf dem Rücken verschränkt, und die Zigarette hängt lässig im Mundwinkel.

Wenn ich jedoch damals nach draußen ging, bevorzugte ich statt der langen Hosen auch oftmals kurze, was aber bedeutete, dass meine Beine zur Hälfte nackt waren und bräunten. Jedes Mal, wenn ich ins Freie wollte, forderte mich meine Oma auf, Handschuhe anzuziehen und Hosen bis zu den Fußknöcheln. »Es ist doch total heiß!«, protestierte ich dagegen. Aber meine Oma und auch meine Tanten verstanden das nicht. »Aber es ist doch noch heißer, wenn du keine lange Kleidung trägst« – ihre Argumentation war meiner genau entgegengesetzt. Bei späteren Besuchen konnten sie auch nicht begreifen, dass ich mich nie schminken wollte. Ich griff nur zu Wimperntusche und Farbe, wenn ich einen offiziellen Auftritt hatte.

Wie gesagt, alles war auf dieser Reise anders, und meine Cousins, die ich sonst wenig wahrgenommen hatte, wurden sogar meine Freunde. Auch mit Onkel Nam, dem jüngsten Bruder meines Papas, der nur ein paar Jahre älter war als ich, verstand ich mich sehr gut. Er war zwar vom »Rang« her mein Onkel, aber er wurde eher ein Kamerad. Jeden Tag unternahmen meine Cousins Giang, Vu und Hoang, ihre Freunde, Onkel Nam und ich etwas miteinander. Ich war ein Teenager und lernte Vietnam nun von einer ganz neuen Seite kennen. Wir besuchten Cafés, setzten uns in die typischen Korb- oder Plastikliegestühle, schlürften im Schatten von Palmen *chanh da*, das Lieblingsgetränk der Vietnamesen – Sodawasser, verrührt mit Eiswürfeln, Limettenstücken und viel Zucker –, oder tranken *cafe sua da*, den vietnamesischen Espresso. Wir sangen uns in Karaokebars die Seele aus dem Leib, mieteten Tretboote und veranstalteten auf den Seen Wettfahrten. Wir knatterten mit Mopeds an den Stadtrand von Saigon, um in der Nähe riesiger Kautschukplantagen Picknicks zu veranstalten, und wir spielten bis spätnachts *tien len*, ein vietnamesisches Kartenspiel, das so ähnlich wie Poker funktioniert. Ab und zu gingen wir auch in Diskos, in denen schlechte Technomusik lief und aufwendige Lasershows das Publikum bei Laune hielten.

Ich kannte mich selbst kaum wieder. Bislang hatte ich mich nie für diesen Playbackgesang erwärmen können. Highlight eines jeden vietnamesischen Wohnzimmers ist eine Karaokeanlage, eine solche schmückte – leider – auch unser Zuhause. Sie ist mit zwei bis drei Mikrofonen und einem Hightech-Verstärker ausgestattet. Papa besitzt ein großes Repertoire an Songs, und am Samstagnachmittag wird meist das Karaokegerät angemacht, und er trägt meiner Mama ein paar Lieder vor. Manchmal kommen auch Freunde vorbei, sodass im Duett gesungen wird. An meinem Papa ist ein großer Sänger verloren gegangen. Vielleicht war das der Grund, warum er mich stets in meinem Wunsch, Schauspielerin zu werden, unterstützte.

Bei meinen früheren Vietnamaufenthalten versuchte ich jedes Mal so zu tun, als ob ich mich für diesen »Nationalsport« begeistern könnte. Jetzt musste ich feststellen, dass selbst ich, wenn ich eine Weile das Mikrofon in der Hand hatte, es nicht mehr weggeben wollte – ein Phänomen, das ich besonders bei meinem siebenundzwanzigsten Geburtstag auch bei Freunden beobachten konnte. An diesem Tag zwang ich meine Gäste regelrecht in eine Karaokebar. Jeder sollte mir – als Geschenk – ein Lied vorsingen. Anfangs wälzten sie stundenlang in ellenlangen Karaoke-Playlists, bis sie sich endlich für einen Song entscheiden konnten. Als sie dann auf der Bühne standen und die anfängliche Schüchternheit inklusive Kicherattacken überwunden hatten, wollten sie gar nicht mehr aufhören.

Häufig läuft zu den vietnamesischen Songs ein speziell von der Musikfirma gedrehtes Video. Denn wenn man nur den Text lesen könnte, wird es anscheinend schnell langweilig. Besonders beliebt waren damals die kleinen Filme eines Regisseurs, der sich von westlichen Liebesschnulzen inspirieren ließ. Da sah man zwei Menschen durch irgendwelche Wiesenfelder laufen und Blumen pflücken, vielfach in Zeitlupe. Im nächsten Augenblick lehnte die Frau zärtlich an der Schulter des Mannes, kicherte verliebt, während er ihr sanft Haarsträhnen aus dem Gesicht strich. Oder sie rannten mit einem lustigen Gesicht um einen Baumstamm herum. Der Höhepunkt dieser einfallsreichen Inszenierung war eine Umarmung, bei der der Mann die Frau voller Freude nach oben hob, um sich dann mit ihr zu drehen – natürlich in Slow Motion –, während sie ihren Kopf nach hinten warf und ihre frisch gewaschenen langen schwarzen Haare in der goldenen Sonne flatterten. Diese amateurhaft aufgenommenen Videos, nicht zu vergleichen mit den Clips, die auf den Musiksendern ausgestrahlt werden, hatten eine Weichzeichnerbearbeitung, ihre Bildästhetik erinnerte an schlecht gemachte Softpornos aus den Siebzigerjahren. Gedreht wurden und werden diese Filme meist in Amerika. Sie sind so grauenhaft schlecht, dass sie schon wieder unterhaltsam sind.

Die Musikshows, die man in Vietnam im Fernsehen zu sehen bekommt, sind ähnlich faszinierend. Sängerinnen und Sänger bewegen sich dabei vor einer total überladenen Kulisse und bieten vietnamesische Lieder in einem sehr schlechten Playback dar. Sie singen aber leider nicht nur schlecht, sondern sie verhalten sich auch so steif, als wollten sie dem Zuschauer am liebsten zurufen: »Hilf mir! Ich stehe vor der Kamera und kann mich leider nicht mehr natürlich bewegen. Genauso wenig weiß ich, was ich da singe, denn Leidenschaft, Liebe und Herzschmerz« – worum es meistens in den Liedern geht – »kann ich im Rampenlicht nicht darstellen!« Die Interpreten haben zudem ein derart starkes Make-up, dass das Maskenhafte noch verstärkt wird.

Es gibt auch professionellere Shows, die in Amerika produziert werden, sich aber seltsamerweise *Paris by Night* nennen und nur auf Video oder DVD erhältlich sind. Das ist eine Show mit Tänzern, einer Band und zwei Moderatoren, die das schon seit Jahren machen, jeder Vietnamese hat garantiert eine Folge davon in seinem Videoschrank stehen.

Ich genoss die Zeit in Vietnam sehr, fühlte ich doch eine neue Verbundenheit zu meinen Verwandten. Plötzlich verstand ich, was es heißt, eine Vietnamesin zu sein. Ich lernte, die Familienverbundenheit zu schätzen, all die damit einhergehenden Werte und die Traditionen dieser Kultur wurden für mich plausibel. Diese Wurzeln hatten sich schon längst in mir ausgebreitet, aber ich hatte es bis dahin nicht wirklich wahrgenommen.

Mich berührte die Selbstverständlichkeit im Umgang der Menschen, wieder einmal entdeckte ich, dass man zum Leben eigentlich nicht viel brauchte. Als Privatperson durfte man Ende der Neunzigerjahre kein eigenes Telefon besitzen. Wenn man jemanden anrufen wollte, gab es in jedem Viertel öffentlich registrierte Geschäfte, in denen Apparate standen, oder man ging zur Post. Ich fand es cool, dass wir dadurch direkt zu den Freunden fahren mussten, um uns zu verabreden. Noch cooler fand ich es, hinten auf dem Moped zu sitzen und durch Saigon zu cruisen.

Apropos Moped! Von den rund sechs Millionen Einwohnern Saigons hat jeder zweite ein solches Vehikel. Mopeds sind günstig zu bekommen und werden aus Korea und Japan importiert, die billigsten stammen aus China. Es wird für diese Gefährte geworben, was das Zeug hält. Das alte Moped abzugeben und dafür ein neues inklusive Handy zu erhalten, ist der letzte Schrei. Die Roller werden auch nicht – so wie in Deutschland – vor der Haustür abgestellt, sondern direkt ins Wohnzimmer gefahren, denn nur dort sind sie sicher.

Wenn man mit dem Moped einkaufen fährt, dann gibt es überall Parkwächter, die auf das Gefährt aufpassen, wenn man in einen Laden will. Man zahlt für diesen Dienst zwischen fünf- und sechstausend Dong, was ungefähr zweieinhalb Cent sind. Meist händigt man das Geld bei Abgabe aus, manchmal aber auch erst beim Abholen des Mopeds. Ein Zettel mit einer Nummer dient als Pfand, die Nummer wird wiederum mit Kreide auf den Rollersitz gekritzelt. Wenn man sich also die Sitze der motorisierten

Zweiräder in Saigon anschaut, dann sieht man stets Reste von Kreidespuren darauf.

Vietnamesen veranstalten die lustigsten Sachen mit ihren Mopeds: Sie halten darauf ein Nickerchen, indem sie sich auf dem Sitz rückwärts ausstrecken und die Beine lässig über den Lenker legen. Auch lieben sie es, von ihrem Gefährt aus das Straßengeschehen zu beobachten, wobei sie sich seitlich auf dem Sitz aufstützen, vielfach mit einem Zahnstocher oder einer Zigarette im Mund. Manche essen auch auf dem Moped, wobei das Bein, das gegen den Lenker gestemmt wird, als Stütze für den Ellbogen dient, damit man besser genüsslich die Suppe schlürfen oder den Reis in sich hineinschaufeln kann.

Vietnamesen quetschen sich auch gern mit ihrem Moped durch die schmalsten Gassen. Selbst vor den engen Marktdurchgängen machen sie nicht Halt und kaufen – bei laufendem Motor – Gemüse ein. Manchmal nervt es schon, wenn man gerade in einer Suppenküche am Straßenrand seine *pho*-Suppe schlürfen will, und ein Moped zwängt sich zwischen den Tischen hindurch.

Am schönsten aber ist es, wenn man selbst auf einem Roller sitzt. Man kann sich schnell durch den Verkehr schlängeln, und weil es in Vietnam keine Helmpflicht gibt, ist es herrlich, wenn der kühlende Fahrtwind einem durch die Haare streicht.

Taxen gibt es in Vietnam seit etwa 1990. Leider nehmen sie den Rikschafahrern, den *xich los* oder Cyclos, die Kundschaft weg. Ich selbst mag es nicht, in einem Taxi durch Saigon zu fahren, denn das ständige Gehupe und die ewigen Bremsmanöver gehen einem schnell auf die Nerven. Hinzu kommt, dass die meisten Taxler miserable Autofahrer sind, und trotz einer Durchschnittsgeschwindigkeit von allerhöchstens dreißig Stundenkilometern schalten sie gern in höhere Gänge, frei nach dem Motto: »Hauptsache einmal am Tag den vierten Gang benutzt!«

Die Verkehrsdichte ist so hoch, dass eine Fortbewegung mit dem Fahrrad oder dem Moped dynamischer ist und man nicht in der ständigen Angst leben muss, mit dem Auto gleich jemanden über den Haufen zu fahren. Allerdings sieht es meine Familie nicht so gern, wenn ich mit dem Roller durch die Gegend fahre. Ständig haben sie Sorge, dass mir etwas passiert. Ich musste bei meinen früheren Aufenthalten stets heimlich fahren. Mein Cousin Giang holte mich ab, und wenn wir um die Ecke fuhren, nahm ich den Platz am Lenker ein. Mit Mitte zwanzig konnte ich mich endlich durchsetzen: Seither darf ich »offiziell« selbst ein Moped lenken. Meine Mutter wundert sich jedes Mal, dass ich mir das zutraue, denn sie würde es bei diesem Verkehr und den kaum vorhandenen Verkehrsregeln selbst nicht wagen. Wenn man aber die Nerven behält und einiges beachtet, etwa dass man beim Linksabbiegen einfach drauflosfährt und nicht mitten auf der Fahrbahn stehen bleibt, um den Gegenverkehr abzuwarten, und dabei kräftig hupt, dann kann einem eigentlich nicht so viel passieren.

Meine Cousins und deren Freunde fanden meine selbstbewusste Art auf der einen Seite etwas fremd, auf der anderen aber amüsierte sie es. Vietnamesische Mädchen und Frauen sind sehr schüchtern und zurückhaltend, ich dagegen hatte gegenüber den Jungen keine Berührungsängste. Da ich in München in einer großen Clique war, empfand ich es als normal, mit dem anderen Geschlecht abzuhängen. Vu, Giang und Hoang waren es dagegen bislang gewohnt gewesen, mit ihren männlichen Freunden eher unter sich zu bleiben. Manche von ihnen hatten zwar eine Freundin, ich aber war mit meiner kumpelhaften Art etwas ganz Neues für sie.

Um mit ihnen und ihren Freunden zu kommunizieren, merkte ich, dass mein vietnamesischer Wortschatz nicht gut genug war. Ich strengte mich in dieser Zeit besonders an, um so schnell wie möglich mein Vokabular zu verbessern. Meine Eltern beobachteten diesen Wandel mit Erstaunen, aber auch mit Freude. Und als ich nach sechs Wochen wieder in Deutschland war, hatte ich zum ersten Mal Heimweh. Heimweh nach all den neu gewonnenen Freunden, die geschlossen zum Abschied zum Flughafen gekommen waren. Ich vermisste die Unbeschwertheit, die Langsamkeit, die Freude am Leben. Stattdessen lief ich nun durch das hektische München mit seinen schlecht gelaunten Menschen, die ihrem Alltag hinterherhetzten und ständig ihren Ärger kundtaten.

Vietnamesen sind gemütliche Menschen und lassen sich mit allem Zeit. Wenn man sich mit ihnen verabredet, braucht man viel Geduld. Sie kommen gern eine halbe Stunde zu spät, manchmal auch gar nicht (selbst das kann passieren!), und alles, was sie in Gang setzen, packen sie enorm umständlich an. Meinen Papa, der oft geschäftlich in seiner Heimat zu tun hat, treibt dieses Verhalten oft in den Wahnsinn, obwohl ihm dieser Charakter vertraut ist. Aber wer Jahrzehnte in Deutschland lebt und arbeitet, hat sich den hiesigen Gegebenheiten angepasst.

Um eine Sache zu erledigen, werden in Vietnam vielfach mehrere Personen gebraucht. Wenn man beispielsweise in einem Restaurant sitzt, dann wird man nicht nur von einer, sondern von mindestens drei Personen bedient. Man bringt auch das Besteck nicht gleichzeitig mit dem Geschirr, nein, man trägt alles einzeln heran. Kauft man etwas ein, dann gibt es eine Person, die einen bedient, eine weitere, die kassiert, und eine dritte Verkäuferin packt alles ein – möglichst in viele Plastiktüten. Ein Umweltbewusstsein haben die Vietnamesen leider überhaupt nicht. Der Abfall wird gern auf die Straße und – noch schlimmer – in den Fluss gekippt. Wenn man über die zahlreichen Brücken fährt, riecht man – neben den Abgasen – oft den faulenden Müll. Gepaart mit der enormen schwülen Hitze, ist das alles andere als angenehm.

Personal kostet in Vietnam nichts, und die meisten Geschäfte sind sowieso reine Familienunternehmen. Es ist selbstverständlich, dass alle mithelfen. In einem Haus mit Laden wohnt im hinteren oder oberen Teil die Familie, während die vorderen beziehungsweise unteren Räume für Businessaktivitäten reserviert sind. Wenn man durch Saigon fährt, bemerkt man schnell, dass es kaum ein Domizil gibt, das »nur« bewohnt wird.

Die meisten Häuser sind gekauft, selten wird eines gemietet, wobei die Architektur oft sehr eigen ist. Weil Bauland sehr teuer ist, sind sie enorm schmal und hoch gebaut. Dazwischen findet man Kirchen, Tempel, Märkte, alte wunderschöne französische Villen und moderne Wolkenkratzer. Viele Straßen werden außerdem von einheitlichen Geschäften dominiert, so existieren Schuhstraßen, Haushaltswarenstraßen, Stoffstraßen und Mopedstraßen. Das erleichtert das Leben ungemein, da es auf diese Weise gute Vergleichsmöglichkeiten beim Preis gibt. Und falls man etwas nicht in dem einen Laden findet, dann geht man einfach zum nächsten, ohne dass man lange herumfahren muss.

Nach dieser Vietnam-Reise war ich also richtig stolz auf meine Herkunft, was ich auch auf einmal nach außen demonstrieren wollte. Wollte ich mich zuvor auf keinen Fall von meinen Freunden unterscheiden, legte ich es nun regelrecht darauf an. Auf die Frage, woher ich denn komme, antwortete ich jetzt: »Aus Vietnam.« Zu Hause sprach ich mit meinen Eltern nur noch vietnamesisch, und ich versuchte auch in der Sprache zu lesen und zu schreiben, was ich bis heute leider nur ziemlich schlecht kann. Ich habe mir jedoch fest vorgenommen, meinen Sohn Kalani später in eine vietnamesische Schule zu schicken, in der jeden Sonntag zwei Stunden lang ein Lehrer mit den Kindern intensiv vietnamesisch lernt – zu meiner Schulzeit gab es solche Bildungseinrichtungen noch nicht in Deutschland.

Aber meine Vietnam-Euphorie stieß auch an Grenzen, das musste ich in den nächsten Jahren erleben. Während der gesamten Pubertät steckte ich in einer tiefen Krise. Ständig überlegte ich: Bin ich nun eine Deutsche oder eine Vietnamesin? Irgendwann war es mir selbst zu kompliziert geworden, und ich gewöhnte mir an, mich als Vietnamesin vorzustellen. Damit handelte ich mir aber Betroffenheit ein: »Ach ja, der Vietnam-Krieg, das war schrecklich! Gehören deine Eltern auch zu den Boat-People?« Ich sagte daraufhin: »Nein, sie sind nach Deutschland gegangen, um hier zu studieren.« – »In den Osten, oder?« – »Nein, in den Westen.« – »Echt?« – »Ja, echt!« Solche oder ähnliche Dialoge führte ich ständig.

11 Einmal Huhn süßsauer, bitte!

Ein Jahr nach dieser dritten Asienreise fiel in Deutschland die Mauer. Und es war das Jahr, in dem meine Mutter ihren Beruf als Chemikerin aufgab und sich ihren sehnlichsten Wunsch erfüllte: ein Restaurant zu eröffnen. Sie nannte es – sehr originell – »Saigon Restaurant«. Der Traum vieler Vietnamesen ist es, früher oder später ein Lokal zu besitzen. Wahrscheinlich liegt es daran, dass man gern Gastgeber ist und mit großer Freude andere Menschen bewirtet und bekocht. Und Mama liebte das besonders. Nach vielen Jahren als Angestellte wollte sie nun ihr eigener Chef sein. Papa unterstützte sie bei ihren Plänen, ebenso wie die meisten ihrer Freunde. Ich war die Einzige, die nicht besonders glücklich über ihre Idee war, denn das bedeutete – neben dem Umstand, dass ich mit Sicherheit oft aushelfen musste –, dass wir nach Gauting zogen. Dort, in dieser Gemeinde im Landkreis Starnberg, südöstlich von München gelegen, hatte Mama nämlich passende Räume für ihr »Saigon Restaurant« entdeckt. Ich musste durch den Umzug zwar nicht die Schule wechseln, aber ich konnte nicht mehr spontan mit dem Fahrrad meine Freunde besuchen. Zukünftig musste ich mit der

S-Bahn fahren, die nur alle zwanzig Minuten Richtung Innenstadt fuhr.

Vietnamesisches Essen war damals noch relativ unbekannt. Man kannte zwar die japanische, thailändische und vor allem die chinesische Küche, aber die vietnamesische? War das nicht alles dasselbe? Ich kann das nur mit einem klaren Nein beantworten. Vietnamesische Speisen zeichnen sich durch eine große Vielfältigkeit aus – auch durch die französische Küche beeinflusst. Dennoch hatten die wenigen Vietnamesen, die ein Restaurant in Deutschland betrieben, nicht den Mut, rein vietnamesische Speisen anzubieten. Enten- oder Huhngerichte wurden nach chinesischer Zubereitungsart angeboten, das Fleisch wurde gebacken und anschließend in eine süßsaure Soße gelegt. Auch Mama verzichtete auf ihrer Karte nicht auf ein paar süßsaure Speisen, denn sie befürchtete, dass die Deutschen dem Essen ansonsten nicht trauen würden. Das aber war ihr einziges Zugeständnis, die weiteren Gerichte waren original vietnamesisch.

In den Räumlichkeiten, die meine Mutter ausfindig gemacht hatte, war zuvor eine rustikale bayerische Gaststätte gewesen. Da man sie vertraglich dazu zwang, das Inventar vom Vorbesitzer zu übernehmen, musste sie nun die schweren Eichenmöbel mit einem asiatischen Touch versehen.

Fast alle chinesischen und vietnamesischen Restaurants haben diese scheußlichen rosafarbenen Tischdecken. Quer darüber liegt dann ein weißes Tischtuch. Die Dekoration besteht meist aus rosafarbenen, gefalteten Servietten (oft in Form eines Fächers), links und rechts davon liegt das Besteck, in der Mitte steht eine Petroleumleuchte.

Wer es ganz kitschig und klischeehaft will, der hat an den Decken rote Lampen mit irgendeinem Goldgehänge baumeln. Die Karte enthält Hunderte von Gerichten, denn jede Speise gibt es variiert mit Huhn, Rind, Schwein oder Fisch. Allein zum Studieren all der Kombinationen braucht man eine halbe Ewigkeit, bis man schließlich das Essen Nummer 213 bestellt – aber bitte nicht zu scharf!

Ganz so schlimm war es bei uns nicht. Es gab zwar kein Goldgehänge, aber auch unsere Speisekarte war sehr umfangreich. Bevor die Hauptspeise serviert wurde, mussten erst die Wärmeplatten auf den Tisch gestellt werden, woran sich die Gäste – trotz Warnung – immer wieder die Finger verbrannten. Obwohl das Interieur gewöhnungsbedürftig war, kamen immer mehr Gäste. Nach ungefähr einem Jahr hatte das Restaurant meiner Mutter eine Kritik in der *Süddeutschen Zeitung* unter der Rubrik »Kostprobe« – für jeden Gastronom Dolchstoß oder Ritterschlag. Erwartungsgemäß kam das »Saigon« bei der Einrichtung nicht gut weg, aber es gab – und darum ging es ja letzten Endes – viel Lob für das Essen. Und so besuchten immer mehr Menschen das Lokal und wollten bei »Frau Dr. Hoang« die hervorgehobenen Speisen wie »Lachs im Tontopf« oder »Schweinefleisch, in Pfefferblätter umwickelt« probieren.

Während sich das Restaurant langsam etablierte, klopften eines Tages zwei entfernte Verwandte aus der ehemaligen DDR bei uns an der Tür. In der einstigen Deutschen Demokratischen Republik hatten viele Vietnamesen gelebt. Die ersten waren 1955 im Rahmen einer Solidaritätsaktion als Schüler und Studenten in dieses Land gekommen. Nach der Ausbildung reisten einige wieder zurück in ihre Heimat, um beim Aufbau eines neuen Vietnams mitzuhelfen. Anfang der Achtzigerjahre schloss die DDR mit der asiatischen sozialistischen Republik eine Art Freundschaftsvertrag, in der Folge gingen viele Vietnamesen als Vertragsarbeiter nach Leipzig, Dresden und Ost-Berlin.

Nach dem Mauerfall zog es die meisten von ihnen aber in den »goldenen Westen«. Und so standen eines Tages auch bei uns Cousin und Cousine vor der Tür und baten meine Eltern um Unterstützung. Für sie war es eine Selbstverständlichkeit, dem Geschwisterpaar zu helfen. Durch das Restaurant konnten sie auf der einen Seite für sie bürgen, auf der anderen Seite mussten sie sich nicht um weitere Arbeitskräfte bemühen. Für mich war es eine Umstellung, plötzlich nicht mehr nur zu dritt, sondern zu fünft unter einem Dach zu leben. Anh Chau und Chi Nhung waren Mitte zwanzig und sprachen ziemlich schlecht Deutsch. Sie beantragten Asyl, und während sie auf eine Ablehnung oder Genehmigung warteten – was sich manchmal über Jahre ziehen konnte –, mussten sie Deutschkurse besuchen. Nach der Wende beantragten fast alle Asyl, aber die meisten wurden wieder nach Vietnam zurückgeschickt. Ich fungierte daher häufig als Lehrerin. Das hatte aber den Vorteil, dass ich auf diese Weise mein Vietnamesisch verbessern konnte, denn ich musste häufig vieles erklären.

Durch sie fiel mir auf, dass viele Vietnamesen, die hier in Deutschland leben, einen ganz bestimmten Kleidungsstil pflegen. Die jungen Frauen tragen gern verwaschene Jeans mit Schlag, Schuhe mit einer Plastikplateausohle, enge T-Shirts und um den Hals eine schmale Goldkette. Anstelle der Hosen werden auch kurze Röcke favorisiert. Die Männer, wenn sie keine Jeans anhaben, bevorzugen

Bundfaltenhose (meist in Schwarz), am Gürtel baumelt die obligatorische Handytasche, unter der Lederjacke ist ein buntes Hemd erkennbar, die Haare sind gegelt und nach hinten gekämmt. Ältere Frauen entscheiden sich meist für Blusen mit den schlimmsten Blumenmustern, Jacken mit eingearbeiteten Schulterpolstern, häufig in einem Auberginetton und damit passend zur häuslichen Ledersitzgarnitur.

Wie ich geahnt hatte, musste ich häufig im Restaurant einspringen. Am Wochenende stand ich hinter der Theke, spülte die Gläser und wischte die Wärmeplatten sauber. Da wir direkt über dem Restaurant wohnten, konnte Mama mich jederzeit holen, wenn gerade viel zu tun war. Ich war ziemlich genervt, dass ich jedes Wochenende und in den Ferien im »Saigon« aushelfen musste, während meine Freunde ihr Wochenende genießen konnten, ins Kino oder auf Partys gingen. Schließlich handelte ich einen Kompromiss mit meinen Eltern aus: Ich war bereit, freitags oder samstags zu arbeiten und in den Ferien an drei Tagen in der Woche – gegen eine Aufbesserung des Taschengelds.

Meine Freundinnen Anne und Lena fanden die Verpflichtungen, die ich als Vietnamesin hatte, manchmal sehr unverständlich. Und noch seltsamer kam es ihnen vor, dass mein Papa überhaupt nichts davon hielt, dass ich das ganze Wochenende nur auf Partys ging. Natürlich widersprach ich mit den üblichen Worten: »Aber die anderen dürfen das doch auch!« Aber die Antwort meiner Eltern war ebenso typisch: »Was die anderen dürfen, das interessiert uns nicht!« Unweigerlich folgte daraufhin noch der Nachsatz meines Papas: »Und außerdem bist du eine Vietnamesin und keine Deutsche!« Wehe, ich hätte es dann gewagt, vor lauter Wut – so wie ich es oft bei meinen Freundinnen erlebt hatte – die Tür zuzuknallen, dann wäre der Ärger noch größer gewesen. Meine Eltern hätten das als absolute Respektlosigkeit ihnen gegenüber empfunden.

Überhaupt unterschied sich der Umgangston in meiner Familie von dem, der zwischen meinen Freundinnen und ihren Eltern herrschte. Als ich zum ersten Mal eine Diskussion zwischen Anne und ihrer Mutter erlebte, war ich ziemlich erschrocken. Wenn ich jemals in dieser aggressiven Form mit meiner Mama gesprochen hätte, dann wüsste ich nicht, was passiert wäre. Äußerungen wie »Nerv mich nicht!«, »Du redest so 'nen Scheiß!«, »Ich mach das so, wie ich es will, basta!« oder ein gelangweiltes »Ja, ja« waren aufgrund meiner Erziehung schlichtweg tabu. Das bedeutet nicht, dass meine Eltern und ich uns nicht gestritten hätten, aber das letzte Wort behielten sie.

Papa war immer strenger als Mama. Die Diskussionen ums Weggehen, wann ich zu Hause sein musste, welche Aufgaben ich im Haushalt übernehmen musste, führte ich eher mit ihm. Heute schüttle ich häufig verwundert den Kopf, wenn ich sehe, wie er mit seinem Enkelkind umgeht. Während ich jetzt genau auf bestimmte Regeln achte und meinen Sohn ermahne, ist mein Papa sanft wie ein Lamm und weist mich darauf hin, ich solle nicht so streng mit Kalani sein. Aber in Deutschland sagt man ja, dass die Großeltern nicht mehr Eltern sein müssen, folglich auch nicht mehr erziehen müssen. Sie können sich entspannt zurücklehnen.

Deutsche Freundinnen, das stellte ich ebenfalls fest, hatten auch so gut wie keine Verpflichtungen gegenüber

Tanten, Onkeln und anderen Angehörigen. Jedes Mal, wenn ich in Vietnam bin, graut es mir am meisten vor diesen Verwandtenbesuchen. Oft wissen die älteren Familienmitglieder nicht, worüber sie mit mir sprechen sollen. Dennoch wären sie beleidigt, wenn ich nicht mindestens ein Mal bei ihnen aufkreuzen würde. Bei diesen Besuchen ist es aber auch nicht damit getan, dass ich kurz bei ihnen herumsitze und Small Talk mache, sondern es ist selbstverständlich, dass ich zum Essen bleibe. Meist ist es auch so, dass die Verwandten mir zuvorkommen, indem sie gleich nach meiner Ankunft bei meiner Großmutter auftauchen, um mich zu sehen. Der Gegenbesuch wird dadurch unweigerlich erwartet – und zwar möglichst bald. Bei einer großen Anzahl von Verwandten wie in Vietnam ist das alles nicht nur mühsam, sondern auch sehr zeitaufwendig.

In Deutschland leben einige Verwandte meiner Eltern. Sie alle haben sich aber mittlerweile an die hiesigen Gebräuche angepasst und gehen, was die Besuche betrifft, eher gelassen damit um. Mein Verpflichtungsprogramm ist längst nicht so umfassend, wie es unweigerlich wäre, würde ich in Vietnam leben.

Wenn ich mich bei meinen Freundinnen über diese Aspekte des vietnamesischen Daseins beklagte, bekam ich von ihnen das Argument zu hören: »Deine Eltern müssen akzeptieren, dass du doch auch Deutsche bist!« Genau darin lag das Problem. Ich war für sie nur »auch Deutsche«.

Es ist oft nicht leicht, in zwei Kulturen zu Hause zu sein. Man sucht auf der einen Seite Gemeinsamkeiten, scheitert aber vielfach an den Unterschieden – und die vietnamesische und die deutsche Kultur sind so unterschiedlich! Ständig fühlte ich mich hin- und hergerissen. Wenn ich mich bei Freunden oder Bekannten über meinen inneren Konflikt beklagte, dann erhielt ich stets als Antwort: »Sei doch froh! Ist doch toll! Du sprichst zwei Sprachen, wächst mit zwei Lebensweisen auf. Das ist eine Bereicherung, die andere nicht haben.« Das stimmte schon, aber als Jugendliche, wenn man sowieso damit beschäftigt ist, seine Identität zu finden, fällt es schwer, das so zu sehen. Man empfindet es als eine Last, mit einer weiteren Kultur, die nicht so sehr zu einem selbst, sondern mehr zu den Eltern gehört, zu leben und sich in ihr zurechtzufinden.

Ich hatte das Gefühl, zu etwas anderem gemacht zu werden – sowohl von meinen Eltern als auch von meiner Umgebung. Noch heute fällt es mir manchmal schwer, die richtige Entscheidung zu treffen, ohne der einen oder anderen Kultur in den Rücken zu fallen, die eine oder andere Lebensweise zu verraten. Das klingt jetzt möglicherweise etwas dramatisch, aber ich lief ständig mit dem Gedanken herum, etwas falsch zu machen. Noch heute fällt es mir schwer, das zu sagen, was ich denke, meine Wut zum Ausdruck zu bringen, weil ich es nicht gelernt habe. Mir ist es sehr wichtig, mein Gesicht zu wahren – wie es unter Vietnamesen üblich ist. Wenn ich beim Drehen sehe, wie sich manche Kollegen – über oftmals banalste Dinge – aufregen, wie sie sich aufführen, rumbrüllen oder Forderungen stellen, dann bin ich im ersten Moment peinlich berührt. Und doch beneide ich sie manches Mal dafür, dass sie es können und auch einfach tun, denn sie bekommen meist das, was sie wollen. Ich dagegen schlucke meinen Ärger herunter. Keiner merkt, dass man meine Grenzen verletzt hat, weil ich erst gar keine setze. Aber wenn ich mich dann doch mal durchringe und sage, dass mir etwas nicht passt, merke ich, dass es mir gleich besser geht. Vielleicht habe ich auch deshalb den Beruf der Schauspielerin ergriffen: Dadurch habe ich die Möglichkeit auszubrechen, jemand anderes zu sein – sein zu dürfen, aber auch sein zu müssen!

Durch meine Mithilfe im Restaurant war es aber auch möglich, mir einen Traum zu erfüllen: sechs Wochen bei einer Gastfamilie in Amerika! Der zuletzt ausgehandelte Deal war, dass meine Eltern zu dem Verdienten noch einmal dieselbe Summe dazugeben. Und so flog ich mit sechzehn Jahren allein in die Staaten.

Ich wusste, wie sich die Amerikaner während des Vietnam-Kriegs und auch danach verhalten hatten, dennoch hatte ich kein Problem mit dieser Nation. Das lag sicherlich auch daran, dass in unserer Familie dieses Thema selten angesprochen wurde. Das war kein Einzelfall, die meisten Vietnamesen hatten dieses Kapitel in der Geschichte ihres Landes schnell abgehakt. Natürlich gab es Schmerz, Wut, Leid und Verluste innerhalb der Familien zu beklagen, aber Vietnamesen sind nicht nachtragend, schauen schnell wieder nach vorn. Es geht ihnen immer ums weitere Überleben – und der Blick zurück im Zorn hält nur auf.

So hatte auch ich den »Feind Amerika« verdrängt. Ich liebte amerikanische Filme, insbesondere jene, die das Leben an der Highschool zum Inhalt hatten, und wie die meisten meiner Freunde wollte auch ich unbedingt in das Land der unbegrenzten Möglichkeiten. Über eine Austauschorganisation fanden meine Eltern und ich eine mexikanisch-amerikanische Familie, die in Moreno Valley, in der Nähe von Los Angeles, wohnte. Herr und Frau Martinez, so erfuhren wir, hatten vier Kinder. Annabelle, die älteste Tochter, war zwei Jahre jünger als ich, also vierzehn. Anfangs überlegten wir, ob dies die richtige Wahl sei, denn zwei Jahre Altersunterschied konnten in der Pubertät viel ausmachen. Aber der Brief von Familie Martinez war so herzlich, und auf den mitgeschickten Bildern sahen die Menschen so sympathisch aus, dass ich beschloss, es einfach zu wagen.

Ich flog zunächst zwei Wochen nach Los Angeles, zu Papas Onkel Cam, bei dem er damals in Da Nang als Kind lebte. Danach sollte ich vier Wochen bei der Familie Martinez bleiben. Ich war nicht sehr glücklich darüber, meinen Großonkel besuchen zu müssen, aber die Verwandten außer Acht zu lassen, das hätte sich nicht gehört. Ich fürchtete mich ein wenig vor Großonkel Cam, denn Papa hatte ihn mir ja als sehr streng und eigensinnig beschrieben. Kurz vor Ende des Kriegs war er nach Amerika ausgewandert, in L.A. eröffnete er dann eine Wäscherei. Mittlerweile war eine weitere dazugekommen.

Viele Vietnamesen, die eine Greencard für die Vereinigten Staaten erhalten, eröffnen entweder ein Nagelstudio (in Amerika sind sie berühmt dafür!) oder eine Videothek für vietnamesische und koreanische Filme und Musikshows. Zwei weitere Alternativen: Sie werden Restaurantbesitzer beziehungsweise Inhaber eines asiatischen Lebensmittelgeschäfts. Die meisten emigrierten Vietnamesen leben in den USA, es gibt in den größeren Städten ganze Viertel – ähnlich geschlossen wie die Chinatowns –, in denen nur Vietnamesen wohnen. Wenn man dort durch die Straßen geht, hat man das Gefühl, sich mitten in Vietnam zu befinden. Aus allen Restaurants und Cafés dringt die typische seichte Synthesizer-Popmusik. Die Gäste sitzen auf niedrigen Hockern und schlürfen ihre Nudeln, andere unterhalten sich angeregt.

Ein »Little Saigon« findet sich auch in Berlin. In Mahrzahn und in Lichtenberg gibt es zwei riesige vietnamesische Einkaufszentren, an den Wochenenden fahre ich oft dorthin. In diesen erhält man alles, was das vietnamesische Herz begehrt: Plastikspielzeug, das unentwegt blinkt und Geräusche von sich gibt, Kleidung aus synthetischen Materialien, billig produzierte Plateauschuhe, Plastikpflanzen in den schrillsten Farben und mittendrin Lebensmittelgeschäfte, in denen man kaufen kann, was für die asiatische Küche notwendig ist. Mindestens drei kleinere Restaurants habe ich in diesen Zentren entdeckt, in denen die berühmte *pho*-Suppe angeboten wird, die vierundzwanzig Stunden lang gekocht wird. Allerdings wird sie in diesen Lokalen nach nordvietnamesischer Art gewürzt. Und da meine Familie aus dem Süden kommt, schmeckt sie mir – die Nordvietnamesen mögen es mir verzeihen – nicht ganz so gut. Es fehlen die vielen frischen Kräuter und Sojasprossen und der etwas süßliche Geschmack. In diese Zentren »verirren« sich nur wenige Deutsche, denn die Hemmschwelle ist doch sehr hoch. Die Kellner sprechen alle fast kein Deutsch, die Speisekarte ist meist auf Vietnamesisch verfasst. Aber wenn ich mal deutsche Freunde mitnehme, dann sind sie alle ausnahmslos von der authentischen Atmosphäre begeistert.

Amerika ist tatsächlich das Land der unbegrenzten Möglichkeiten, wenigstens was die vietnamesische Küche anbelangt. Da die Gemeinde dort um ein Vielfaches größer ist als in Deutschland, gibt es auch eine größere Auswahl an regionalen Speisen. Als meine Eltern einmal die Staaten bereisten, waren sie sehr gerührt, Gerichte aus ihrer Heimatstadt Da Nang essen zu können.

Während meines Amerika-Aufenthalts stellte ich fest, dass die »vietnamesischen Amis« ganz anders sind als die Vietnamesen, die in Deutschland leben. Ihre Kinder haben amerikanische Vornamen, einen vietnamesischen Nachnamen und allesamt amerikanische Pässe. Sie fühlen sich als Amerikaner mit vietnamesischen Wurzeln, gehen mit beiden Kulturen vollkommen natürlich um, weil sie von Anfang an eine größere Zugehörigkeit in ihrem Einwanderungsland erlebt haben. Ich beneidete meinen Großonkel und seine Familie um ihre Verbundenheit zu ihrem Gastland. Fragte man sie, woher sie kommen, war die Antwort: »Aus Amerika.« Nur wenn man intensiver nachforschte, dann sagten sie, dass sie oder ihre Eltern aus Vietnam stammten.

Ich fand es auch sehr spannend, dass meine amerikanischen Verwandten einen völlig gemischten Freundeskreis hatten. Unter ihnen waren Menschen mit mexikanischen, chinesischen, koreanischen und italienischen Ursprüngen. Auf diese Weise kannten sie sich sehr gut in den verschiedensten Kulturen aus. Für mich war interessant, dass ich für sie die Cousine aus »Germany« war. Ich war nicht eine Vietnamesin aus der Bundesrepublik, sondern sie nahmen mich als Deutsche wahr. Obwohl sie sich gleichzeitig darüber amüsierten, denn eine Deutsche war ihrem Verständnis nach blond und blauäugig. Aber nach kurzer Zeit war das kein Thema mehr.

Die Furcht vor meinem Großonkel Cam, die von Papa auf mich übergegangen war, legte sich nach den ersten Tagen. Aber richtig viel hatten wir uns trotzdem nicht zu sagen. Er war sehr geschäftstüchtig und immer noch sehr geizig. Verwundert war ich über seinen Lebensstil. Er besaß zwar ein großes Haus, in dem seine Frau und seine drei Kinder mit ihm lebten, aber es war sehr spartanisch, ja, fast dörflich vietnamesisch eingerichtet mit nur wenigen alten Möbeln. Es gab beispielsweise kaum Geschirr, und sämtliche Teile passten nicht zusammen, so, als könnte er sich kein vollständiges Service leisten. Der Fernseher – und das war vollkommen untypisch – stellte sich als ein ziemlich veraltetes Modell heraus und hatte zudem ein ungewöhnlich kleines Format. Unabhängig davon verstand ich mich sehr gut mit seinem ältesten Sohn. Phuoc – für mich Onkel Phuoc – war ein begeisterter Hobbysänger und trat an den Wochenenden oft als solcher auf vietnamesischen Veranstaltungen oder Hochzeiten auf. Im »wirklichen« Leben arbeitete er als Computerfachmann und hatte eine hübsche amerikanisch-malaysische Stewardess als Freundin. Als seine Eltern in die Staaten auswanderten, war er zehn Jahre alt und fühlte sich von Anfang an als Amerikaner. »Nur im Herzen bin ich Vietnamese«, pflegte er zu sagen. Onkel Phuoc liebte Baseball und sang jedes Mal lautstark mit, wenn die US-Nationalhymne angestimmt wurde.

Gleich am zweiten Tag nach meiner Ankunft fuhr er mit mir zum berühmten Hollywood Boulevard. Zufällig fand an diesem Tag die Erstaufführung des Actionfilms *Young Guns II* (deutscher Titel: *Blaze of Glory – Flammender Ruhm*) im Chinese Theatre statt, eines der berühmtesten

Premierenkinos Hollywoods. Genau in dem Moment, als wir neugierig zum roten Teppich schauten, kam Martin Sheen aus dem Kino heraus. Ich machte wie wild Fotos, ohne damals zu wissen, wer das war. Onkel Phuoc kannte den Schauspieler ebenso wenig, doch wir beide begriffen, dass er berühmt sein musste, denn die Menschenmenge kreischte unentwegt, und er gab ein Autogramm nach dem anderen. Heute schmunzle ich über dieses Erlebnis, denn ich bin mir ziemlich sicher, dass auch bei mir einige nicht wissen, wenn sie mich nach einem Autogramm fragen, von wem sie es gerade erhalten.

Als ich abends im Bett lag, schwor ich mir, eines Tages auf der anderen Seite zu stehen. Ich wollte auf dem roten Teppich entlanggehen und Autogramme verteilen. Dass sich dieser Traum schon vier Jahre später erfüllen würde, hätte ich nie für möglich gehalten!

Manches Mal war ich peinlich berührt über das mangelnde Wissen der Amerikaner, was das Weltgeschehen betraf. Eines Tages, ich saß beim Abendessen mit der Familie Martinez zusammen, fragte mich Gastmama Justina, ob die Berliner Mauer noch stünde – das war ungefähr ein Jahr nach dem Mauerfall. Als ich dies verneinte, sagte sie mit einem zufriedenen Lächeln: »Ach, das ist schön! Jetzt können die Leute ungehindert vom Norden in den Süden gehen.« Anschließend überlegte sie, von welcher Partei eigentlich Hitler gewesen sei. »Ich weiß das«, bemerkte Annabelle, die vierzehnjährige Tochter. »Er war Kommunist.« Als ich sie verbesserte und ein wenig von der Nazizeit erzählte, schüttelte meine Gastmutter bedauernd den Kopf. »Und was ist mit Hitler jetzt? Lebt er noch?«, fragte sie. Als ich dies hörte, dachte ich anfangs, das sei als Scherz gemeint, denn ich antwortete mit den Worten: »Klar lebt der noch, der sitzt im Gefängnis.« Justina erwiderte vollkommen entrüstet: »Also, hier in Amerika hätte er schon längst die Todesstrafe erhalten.« In diesem Augenblick begriff ich, dass sie es nicht besser wusste.

Moreno Valley war ein kleines Städtchen mit breiten Straßen. Die Familie Martinez wohnte in einem wohlhabenderen Viertel und besaß ein geräumiges Haus. Während meines Aufenthalts bei ihnen überließ man mir sogar ein eigenes Zimmer. Ein wenig erinnert mich die Gegend heute an die Wisteria Lane aus der TV-Serie *Desperate Housewives*. Damals glaubte ich, in einer amerikanischen Highschool-Serie angekommen zu sein. Wir gingen zum Essen zu Pizza Hut oder Taco Bell und selbst McDonald's fühlte sich cooler und amerikanischer an. Die Art und Weise, wie der Service in den USA gehandhabt wird, schätze ich sehr. Man fühlt sich einfach willkommen.

Mein persönlicher Höhepunkt war der Tag an einer Highschool. Annabelle hatte zwar noch Ferien, aber sie musste sich kurz vor Schulbeginn für ihre nächsten Kurse anmelden und diverse Lehrbücher abholen. Als wir die Schule betraten, war alles so anders als in Deutschland. Die Schüler hatten ihren Locker (ein Schließfach), es gab ein *Year Book* (Jahrbuch), in dem man nachlesen konnte, wer das »most popular girl« war – natürlich gab es auch einen »most popular boy«. Lustig fand ich die Rubriken »best dressed«, »best look« und »most wanted«. Justinas Tochter stellte mich vielen ihrer Mitschüler vor, auch für sie war ich einfach nur eine Deutsche. Sie wunderten sich nur, warum ich fast akzentfrei Englisch sprach.

Nach einer Weile bekam diese neue Welt kleine Risse, denn ich bemerkte, dass man ohne die Begleitung eines Erwachsenen nichts unternehmen konnte. Keiner ging zu Fuß, Kinder wurden nur in Autos herumkutschiert. Ich hatte mir naive Vorstellungen gemacht, und nun wurde ich mit einer merkwürdigen Widersprüchlichkeit konfrontiert, die sich auf alle Lebensbereiche erstreckte. Da drohte einem die Verhaftung, wenn man beispielsweise am Strand oben ohne badete, andererseits schien dieses Land die größte Pornoindustrie der Welt zu haben. Lebten in den Staaten auch die verschiedensten Kulturen zusammen, gelang es den Amerikanern trotzdem nicht, über den eigenen Tellerrand hinauszuschauen.

Natürlich gab es noch vieles, was mir imponierte, etwa die riesigen Freizeitparks wie Disney World oder Universal Studios mit ihren gigantischen Achterbahnen oder die breiten Straßen mit ihren riesigen Villen in Bel Air. Und so hatte ich trotz meiner Kritikpunkte noch viel Spaß. Und als mich meine Gastfamilie einlud, im Jahr darauf wiederzukommen, nahm ich dankend an. Meine Bedenken, Anabelle könnte zu jung sein und ich würde mich mit ihr nicht verstehen, hatten sich auch als völlig unbegründet herausgestellt.

Onkel Phuoc freute sich ebenfalls, als er hörte, dass ich im nächsten Jahr wieder über den Großen Teich fliegen würde, wollte er mir doch gern Las Vegas und den Lake Tahoe zeigen, einen See, der die Bundesstaaten Kalifornien und Nevada teilt. Meine nächsten Sommerferien sollte ich wieder in Amerika verbringen – und Vietnam rückte erst einmal in weite Ferne.

12 Live auf Sendung

Nachdem ich 1993 mein Abitur bestanden hatte, war mein Wunsch, Schauspielerin zu werden, immer noch aktuell. Mama akzeptierte das, hätte es aber lieber gehabt, wenn sich mein Traum der letzten Jahre irgendwann als Hirngespinst entpuppt hätte. Sie hätte es gern gesehen, wenn ich Dolmetscherin geworden wäre. Für sie war es unbegreiflich, dass ich vier Sprachen beherrschte – neben Deutsch, Vietnamesisch und Englisch hatte ich auch noch Französisch in der Schule gehabt – und nichts damit anfangen wollte. Tatsächlich fiel es mir leicht, wie fast jedem Kind, das zweisprachig aufwächst, fremde Sprachen zu lernen. Aber ich wollte keine akademische Laufbahn einschlagen.

Papa, im Herzen eher Künstler als Techniker, unterstützte mich bei meinem Vorhaben. Allerdings stellte er zwei Bedingungen: Er gab mir ein Jahr, um in dem Beruf als Schauspielerin Fuß zu fassen. Sollte ich es bis dahin nicht geschafft haben, müsste ich ein Studium aufnehmen. Die zweite Bedingung war, dass ich in diesem Jahr auf eigenen Beinen stehen und mir mein Geld für den Lebensunterhalt selbst verdienen sollte. Das schreckte mich nicht ab, denn seitdem ich das erste Mal – mit drei Jahren – auf der Bühne stand, wusste ich: Das ist meine Welt!

Nach dem Abitur war es herrlich, nicht mehr in die Schule gehen zu müssen. Freiheit! Aber nach ein paar Wochen fiel ich in ein tiefes Loch. Dreizehn Jahre lang hatten Lehrer und Klassenkameraden mein Leben bestimmt, nun hatte ich kaum noch Kontakt zu ihnen, weil ich weder auf die Uni ging noch eine Lehre beginnen wollte. Ich hatte auch keine Ahnung, wie ich mein Bühnendasein realisieren sollte. Mir fehlte das Selbstbewusstsein, mich bei einer staatlichen Schauspielschule zu bewerben – aus der blöden Angst heraus, abgelehnt zu werden. Von ein paar Leuten, die sich an der Otto-Falckenberg-Schule – der Schauspielschule in München – angemeldet hatten, hörte ich, dass das einzig farbige Mädchen in ihrem Jahrgang abgelehnt worden war. Die Begründung: Sie hätte mit ihrem Äußeren als Theaterschauspielerin keine Chance in Deutschland. Das entmutigte mich natürlich noch mehr.

In dieser Zeit, 1993, suchte MTV eine neue deutsche Moderatorin. Ich bewarb mich für diesen Job. Obwohl ich bislang nie auf den Gedanken gekommen war, im Fernsehen zu moderieren, gefiel mir die lockere Art dieses Senders sehr gut. Man bat mich, ein Videotape einzuschicken, auf dem ich mich so natürlich wie möglich präsentieren sollte. Meine Freundin Anne filmte mich, und ich kündigte ohne vorgeschriebenen Text erfundene Videoclips an. Anschließend schickte ich das Demo-Band zu MTV. Eine Antwort erhielt ich nie.

Was nun? Ich dachte, der beste Weg sei, Praktika bei irgendwelchen Shows zu machen. Bevor es jedoch dazu kam, nahm mich ein Freund zur Eröffnung der neuen

München-Studios von RTL mit. Ich hatte das Glück, auf dieser Party von einer Casterin angesprochen zu werden, die für den *Disney Club* (ARD) – eine Unterhaltungssendung für Kinder – neue Moderatoren suchte. Obwohl ich eigentlich nicht ins Profil passte, da man junge deutsche Gesichter haben wollte, lud sie mich trotzdem ein. Ich war nach dieser Aufforderung der glücklichste Mensch und völlig aufgeregt.

Ein paar Tage später ging ich zu dem verabredeten Casting, bei dem ich mich nicht schlecht schlug. Auf der Party hatte ich die Casterin noch gefragt, ob sie etwas von einer freien Praktikumsstelle wüsste. Sie konnte mir nichts Genaueres sagen, hatte aber meine Anfrage nicht vergessen. Nach dem Castingtermin teilte sie mir mit, in der Redaktion von *Disney Club* sei gerade eine Praktikumsstelle frei. Sie bat mich aber darum, dass ich bei der Vorstellung meine Bewerbung als Moderatorin nicht erwähnen sollte.

Zwei Wochen später fing ich als Praktikantin in den Bavaria Filmstudios an. Es war alles andere als glamourös: Ich kopierte Drehbücher und Videokassetten, kochte Kaffee und hatte Gelegenheit, bei den Aufzeichnungen des *Disney Clubs* dabei zu sein. Zur gleichen Zeit kam ich bei insgesamt viertausend Bewerbern für den Moderatorinnenjob unter die letzten zwanzig. Nun musste ich meinem Chef diese Tatsache beichten. Er nahm es mir nicht übel, sagte mir aber, dass ich keine Chance hätte: »Mach dir keine großen Hoffnungen, Minh-Khai. Du wirst es im deutschen Fernsehen nicht schaffen, das Publikum wird dich nicht akzeptieren. Die Deutschen können mit Asiaten auf dem Bildschirm nichts anfangen. Selbst in den eingekauften Werbespots aus Amerika werden sie rausgeschnitten. Mach lieber was Vernünftiges, Mädchen!« Ich war zutiefst verletzt über diese Äußerung und völlig vor den Kopf geschlagen. Heute bin ich ihm fast dankbar für seine offenen Worte, denn danach erwachte mein Kampfgeist. Jetzt erst recht, dachte ich mir.

Ich wurde nicht die nächste *Disney Club*-Moderatorin, obwohl ich unter den letzten fünf Kandidatinnen war. Abgelehnt hatte mich übrigens nicht die ARD, sondern die amerikanischen Produzenten dieser Sendung. Ich war ihnen nicht deutsch genug! Um ehrlich zu sein: Während des Praktikums stellte ich auch ziemlich schnell fest, dass dieses Fernsehformat nicht mein Ding war. Es gab zu jeder Sendung Drehbücher mit geschriebenen Texten, von denen man nicht abweichen durfte.

Kurz darauf etablierte sich Viva – ein Musiksender mit deutschen Moderatoren, die ungezwungen und frei moderierten. Ich schickte meine Unterlagen hin, erhielt jedoch – das kannte ich ja schon – keine Reaktion auf mein Anschreiben. Als ich zwei Jahre später von Viva angeworben wurde, sagte ich scherzend zu Dieter Gorny, dem damaligen Geschäftsführer, dass er mich früher für ein Drittel des Geldes hätte haben können.

Nach meinem Praktikum fing ich dann bei einer kleinen Castingagentur als Assistentin an. Eigentlich hatte sie mich für eine Maggi-Werbung ausgesucht. Ich kam auch in die engere Auswahl, aber der Spot versprach so klischeehaft zu werden, dass ich mich weigerte, nochmals bei dem Kunden zu erscheinen. Ich sollte nicht nur laut Anweisung »asiatisch idiotisch, hysterisch kichern«, sondern auch noch alles ohne den Buchstaben R aussprechen. Den

Inhabern der Castingagentur gefiel meine offene Art, und sie fragten mich, ob ich mir vorstellen könnte, bei ihnen mitzuarbeiten. Warum nicht, überlegte ich.

Ich sammelte viele Erfahrungen und begriff sehr schnell, wie schwer es ist, gut vor der Kamera zu agieren. In den vier Monaten meiner Mitarbeit wuchs zugleich meine allgemeine Unzufriedenheit. Durch die tägliche Auseinandersetzung mit Werbemodels wurde mir nochmals deutlich, dass Asiaten im deutschen Fernsehen tatsächlich kaum eine Chance hatten, nicht einmal in der Werbung. Wenn sie überhaupt einmal gefragt waren, dann nur als lächelnde, R-lose Wesen, die möglichst noch Kung-Fu beherrschen sollten. Dass Asiaten auch sehr unterschiedlich aussehen können, interessierte niemanden.

Ich fing an, an meinem Berufswunsch zu zweifeln. Nach vier Monaten Agenturtätigkeit beschloss ich – im April 1994 –, wieder einmal nach Vietnam zu reisen. Dorthin zu fahren, wo ich stets Ruhe gefunden hatte. Sechs Jahre war ich nicht mehr in diesem Land gewesen, und auch dieses Mal sollte sich wieder einiges ändern ...

Als ich 1994 in Saigon landete, wurde ich von der Familie meiner Mutter empfangen. Zum ersten Mal hatte ich die Reise allein angetreten – ein völlig neues Gefühl. Da meine Großeltern (väterlicherseits) 1990 nach Kanada ausgewandert waren, war meine Oma mütterlicherseits die Älteste in der Familie, und somit musste beziehungsweise durfte ich zu ihr. In den ersten Tagen ging ich viel in den Tempel Vien Nghiem – er ist der größte in Saigon. Tante Yen, meine »Ersatzmama« in der Zeit meines Vietnamaufenthalts, fuhr mich jedes Mal mit dem Moped dorthin.

Der Tempel lag ungefähr fünfzehn Minuten vom Haus meiner Oma entfernt.

Tante Yen und ihr Mann, Onkel Tho, hatten mir – als ich vierzehn Jahre alt war – den Tempel einmal gezeigt. Ich war von seiner Größe und seiner enormen spirituellen Ausstrahlung sehr beeindruckt gewesen, jetzt wollte ich ihn unbedingt wieder aufsuchen. Mein erster Eindruck war jedoch ernüchternd. Waren damals auch so viele Menschen in dem Vorhof gewesen? So viele bettelnde, zum Teil verkrüppelte Menschen und Kinder? So viele Verkäufer, die neben Räucherstäbchen auch kleine Speisen, Getränke und buddhistische Souvenirs wie Gebetsketten und Buddhafiguren anboten? Tante Yen ging ganz selbstverständlich an ihnen vorbei, ich aber war von dem Anblick der Menschen verwirrt und merkte, dass mich diese Armut belastete. Es dauerte Tage, bis ich mich an sie gewöhnt hatte.

Aus Erfahrung wusste ich, dass ich ihnen nichts geben durfte. Wenn man einmal damit anfing, dann kamen sie alle an, und das Betteln nahm kein Ende mehr. Ab und zu gab ich dann doch etwas, weil ich ihr Leid nicht ertragen konnte. Kamen dann die anderen angelaufen, machte ich mich schnell aus dem Staub.

Tante Yen und ich gingen die breiten Stufen hinauf, wo wir, oben angelangt, unsere Schuhe auszogen. Das ist üblich, genauso wie man nicht in kurzen Hosen oder in einem Minirock einen Tempel betritt. Die Knie sollten bedeckt sein. Auf dem Hauptaltar thronte ein riesiger goldener Buddha, der von Räucherstäbchen, Blumen und einer Schale mit Obst umgeben war. Mönche in braunen und orangefarbenen Gewändern wandelten barfuß durch den Raum.

Hinter dem Hauptaltar gab es noch einen kleineren Altar für die verstorbenen Ahnen. Hunderte von Bildnissen – meist in Schwarz-Weiß – standen hintereinander aufgereiht auf ihm. Als fremder Besucher kann man ein Räucherstäbchen anzünden und sich dreimal verneigen als Symbol für alle toten Seelen, die über uns wachen.

Wie in den meisten anderen Tempeln ging es auch hier nicht besonders ruhig zu. Heilige Orte sind in Vietnam Begegnungsstätten. Einige Gläubige standen einfach nur herum und hielten ein Schwätzchen, während zur selben Zeit Mönche eine Trauerfeier abhielten und die Verwandten des Verstorbenen beteten. Sie waren ganz in Weiß gekleidet, mit einem weißen Stirnband im Haar, denn Weiß ist in Vietnam die Farbe der Trauer.

Ich zündete einige Räucherstäbchen an, lauschte dem gleichmäßigen Klopfen des Holzstocks auf einem Klangkörper, wodurch der Rhythmus der Gebete vorgegeben wurde, und den monotonen Gesängen der Mönche. Auch wenn ich nichts verstand, denn viele Gebete waren in Altchinesisch (*han*) und einer Sprache aus der Gegend von Nepal und Indien (*phan*), spürte ich den inneren Frieden, der sich wieder bei mir einstellte.

Doch nicht nur die Tempelbesuche berührten mein Herz, ich erfreute mich ebenso an der Langsamkeit des vietnamesischen Lebens und der Herzlichkeit und Wärme meiner Familie. Ich fühlte mich sehr wohl, doch zwei Wochen nach meiner Ankunft erkrankte ich plötzlich. Wir waren bei Bekannten eingeladen, und ich hatte etwas gegessen, was ich nicht vertrug. Die ganze Nacht kämpfte ich mit einer Eiweißallergie und hatte furchtbare Magenkrämpfe. Meine Oma schickte mich am nächsten Morgen zu einem Verwandten, der bei meinem Opa chinesische Heilmedizin gelernt hatte. Er registrierte meine innere Unruhe, mein Unwohlsein und fragte mich, ob ich jemals gefastet hätte. Ich verneinte. Er riet mir, mich einmal von innen gründlich zu reinigen.

In den folgenden fünf Tagen ernährte ich mich nur von Tee und Suppe, alle zwei Tage erhielt ich einen Einlauf, was sehr unangenehm war. Aber da der Darm durch das Fasten träge geworden war, musste nachgeholfen werden. Bereits am dritten Tag fühlte ich mich rein und frei. Gleichzeitig wurde ich ruhiger und klarer, und all die quälenden Gedanken über meine Zukunft verschwanden langsam oder wurden von einem Moment auf den anderen unbedeutsam. Ich hatte das Gefühl, dass der gesamte Müll meiner Seele durch alle Poren meines Körpers rausgeschwemmt wurde.

Bevor ich nach sechs Wochen Vietnam wieder nach Deutschland zurückfliegen musste, tauchte plötzlich der Wunsch in mir auf, in der Heimat meiner Eltern zu leben und zu arbeiten. Papa hatte angefangen, gebrauchte Papiermaschinen aus der ehemaligen DDR für vietnamesische Firmen aufzukaufen und nach Vietnam zu importieren, um sie dort installieren zu lassen. Er hatte also gute Kontakte zu hiesigen Firmen, die mit Sicherheit einen Dolmetscher brauchen könnten. Ich überlegte weiterhin, Vietnamesisch zu studieren und zwischen München und Saigon zu pendeln. In meinem Kopf spukte aber noch eine dritte Alternative herum: Ich hatte das Bedürfnis, in ein buddhistisches Kloster zu gehen. Nur dort, so kam es mir vor, könnte ich mehr über den Glauben erfahren.

Als meine Eltern und ich 1988 Long Hai besichtigten, eine Ortschaft am Südchinesischen Meer, hatten wir uns ein buddhistisches Kloster angesehen. Schon als Vierzehnjährige war ich fasziniert von der Stille, die die Mönche und Nonnen umgab. Bis zu diesem Zeitpunkt hatte ich – außer einigen Ritualen wie der Ahnenverehrung und dem Tet-Fest – wenig mit dem Buddhismus zu tun gehabt. Ich stand damals kurz vor der Firmung, dem für mich nächsten wichtigen Schritt im Katholizismus. Ich weiß noch, dass ich, als ich das erste Mal den Tempel auf der Klosteranlage betrat, dachte, dass die Stille einerseits mit der in einer Kirche vergleichbar, aber dass es doch auch irgendwie anders sei, nicht ganz so ehrfürchtig. Die Mönche und Nonnen schwiegen, aber die Besucher flüsterten nicht wie in einer katholischen oder evangelischen Kirche, keiner zischte »Psst!«, wenn man zu laut sprach. Der Altar dieses Tempels war auch nicht schlicht gehalten, sondern fast schon kitschig zu nennen. Die Göttin des Leidens (Phat Ba Quan The Am) hatte man nämlich mit einer blinkenden und farbenfrohen Lichterkette ausgestattet.

Nun war ich zwanzig Jahre alt – und der Buddhismus zog mich immer mehr an. Nach dieser Vietnam-Reise konvertierte ich und trat aus der katholischen Kirche aus. Meine Eltern hatten keine Probleme damit, ich kann mich einzig an einen Streit mit meinem Papa erinnern, als ich Weihnachten nicht mehr in die Messe gehen wollte.

»Was ist los mit dir?«, fragte er empört. »Seit zwanzig Jahren gehen wir am ersten Weihnachtstag in die Kirche, und jetzt willst du auf einmal nicht mehr?«

»So ist es!«, erwiderte ich wütend und fügte hinzu: »Ich bin mit der Politik der katholischen Kirche nicht einverstanden. Sie ist zum Beispiel gegen eine Verhütung mit Kondomen. Bei der hohen Zahl von Menschen, die HIV-infiziert sind, ist das unverantwortlich. Ich kann und will eine solche Institution nicht unterstützen – und erst recht nicht, nur weil Weihnachten ist.«

Mein Papa fand mich engstirnig, meinte auch, ich würde mich wie ein trotziges Kind aufführen. Der Streit endete damit, dass meine Eltern zur Messe gingen und ich schmollend zu Hause saß. Heute sehe ich es anders. Auch bei einer kritischen Haltung würde ich meinen Eltern den Gefallen tun und mit zum Gottesdienst gehen, denn wie ich mich damals verhielt, konnte man sicherlich nicht als buddhistisch bezeichnen.

Als ich wieder in Deutschland war, fühlte ich mich fremder als sonst, wenn ich aus Asien zurückgekehrt war. Ich hatte nicht mehr das Gefühl, nach München zu gehören. Alles empfand ich als hektisch, laut und unfreundlich. Bei den reißerischen Schlagzeilen der Boulevardpresse konnte ich nur wegsehen. Ich vermochte nicht zu begreifen, mit was für blödsinnigen Dingen sich die Menschen in diesem Land beschäftigten. Dann diese latent schlechte Laune, das tägliche Aufregen übers Wetter, das ständige Jammern über alles und nichts – all das lehnte ich ab, und doch wusste ich, dass es auch ein Teil von mir war.

Als meine kritische Haltung gerade ihren Höhepunkt erreicht hatte, erhielt ich einen Anruf und wurde zu einem Casting für die *Hugo Show* auf Kabel 1 eingeladen. Der Produzent Holger Roost-Marcia, der heute Sendungen wie *Popstars* und *Germany's Next Topmodel* macht, hatte mein Castingband für den *Disney Club* gesehen und wollte mich kennenlernen. Hugo war ein kleiner Zeichentrick-Troll, den der Fernsehzuschauer per Tastentelefon zu Hause in einem Telespiel lenken konnte. Die Sendung war live und eine Art Call-in-Show. Eigentlich war die Serie für Kinder zwischen zwölf und sechzehn Jahren gedacht, und so lief *Hugo* nachmittags und dauerte eine halbe Stunde. Aber es riefen Menschen aller Altersgruppen an. Die Moderatorinnen hatten die Aufgabe, durch die Sendung zu führen und Vermittlerinnen zwischen dem Kobold und den Zuschauern zu sein.

Eine vergleichbare Show gab es bis zu diesem Zeitpunkt noch nicht, sie war sehr innovativ und beliebt. Später bekam der eigenwillige Kauz Hugo sogar eine virtuelle Dimension, was bedeutete, dass er sich im Raum neben den Moderatorinnen bewegen und sich mit ihnen unterhalten konnte. Diese Echtzeitanimationen in Verbindung mit realen Darstellern waren ebenfalls völlig neu im deutschen Fernsehen.

Als ich zum Casting fuhr, war ich sehr gelassen, denn meine Pläne, nach Vietnam zurückzukehren, hatten von Tag zu Tag konkretere Züge angenommen. Meine Eltern unterstützten mich auch bei meinem Vorhaben und berieten mich. Vielleicht war Mama insgeheim froh, dass ich mich letztlich doch gegen eine Karriere als Schauspielerin entschieden hatte.

Aber dann ging alles Schlag auf Schlag. Nach dem Casting bei der Produktionsfirma Tresor TV wurde ich gebeten, zum Sender Kabel 1 zu gehen, und zwei Wochen später, am 27. Juni 1994, war ich zum ersten Mal live auf Sendung. Kabel 1 hatte sich vorbehalten, dass ich erst einmal zwei Wochen zur Probe moderieren sollte. Die Verantwortlichen wollten beobachten, wie das Publikum auf mich reagieren würde. Aber die Resonanz war grandios. Ich wurde sofort akzeptiert, und die Presse feierte mich.

Anfangs wurde ich von dem Erfolg überrumpelt. Mit einer solch schnellen Änderung meiner Pläne hatte ich nicht gerechnet. Mir schwirrten noch die Bedenken, die man mir entgegengebracht hatte, dass eine Asiatin hierzulande nicht fernsehtauglich sei, im Kopf herum. Und zudem war ich mit meinem Herzen schon in Vietnam. Aber die Begeisterung der Zuschauer und des Senders, die euphorischen Zeitungsartikel wie auch der Stolz meiner Eltern rissen mich mit der Zeit mit. Schließlich sagte ich mir: »Das ist es, das will ich tun!«

Ich hatte gemerkt, dass meine Vietnampläne eher eine reine Kopfgeburt waren, *Hugo* war schon das, was ich wirklich machen wollte. Mir gefiel nämlich, dass ich mich bei dieser Show nicht verstellen musste. Dadurch, dass es eine Live-Sendung war, war jeder Tag neu, spannend und aufregend. Ich musste mich nur an wenige Vorgaben halten und konnte so reden, wie es mir gerade in den Sinn kam.

Anfang 1996 gaben meine Eltern das Restaurant in Gauting auf und eröffneten ein neues in der Münchner Innenstadt, und zwar am Goetheplatz. Ich konnte Mama davon überzeugen, dieses Mal einige Veränderungen vorzunehmen. Die erste betraf den Namen. Das Lokal hieß nicht mehr »Saigon« oder »Hanoi«, wie sich jedes zweite vietnamesische Restaurant in Deutschland nennt, sondern wir wählten dafür die Bezeichnung »Ha Long«. Ha Long ist die wohl berühmteste Bucht im Norden Vietnams, die mit ihren dreitausend aus dem Wasser herausragenden Felsen zum Weltnaturerbe gehört. Weil der größte Felsen die Form eines herabsinkenden Drachens (*ha long*) hat, erhielt die Bucht diesen Namen.

Nachdem das geklärt war, nahmen wir uns die Speisekarte vor. Sie wurde auf ein Minimum reduziert, und es gab – wie bei italienischen Restaurants – monatlich sich ändernde Empfehlungen. Kitschige Dekorationen fanden in meinen Augen auch kein Pardon mehr, die alten wurden ungerührt entsorgt. Schlichtheit war jetzt angesagt. Die nächste Tat bestand darin, die verhassten Wärmeplatten – die sowieso nichts bringen, außer dass sie Unmengen von Strom fressen und den halben Tisch einnehmen – zu verschenken. Auch für die hässlichen Tischleuchten, die mit rosafarbenem (!) Petroleum gefüllt waren und zu allem Überfluss auch noch auf einem goldenen Ständer thronten, hatte die letzte Stunde geschlagen. Sie wurden durch weiße Kerzen ersetzt.

Zum Schluss schlug ich Mama vor, dass sie und sämtliche Kellnerinnen die traditionelle *ao-dai*-Tracht tragen sollten. Das kostete mich am meisten Überredungskunst, denn dieses Gewand ist sehr figurbetont geschnitten, sodass es sich nicht leicht darin kellnern lässt. Da ich aber mittlerweile durch meinen Beruf viel herumgekommen war und in vielen Restaurants auf der Welt gegessen hatte, ließ sie sich überzeugen, dass es wichtig sei, den Gästen so viel wie möglich von unserer Kultur zu präsentieren, um ihre Eigenständigkeit zu erkennen.

Als das »Ha Long« im Januar 1996 eröffnete und die ersten Gäste bei uns Platz nahmen, waren wir alle sehr zufrieden. Endlich harmonierte das Ambiente mit dem Essen – und so sahen es auch die Kritiker.

13 Mein Vietnam – Land und kein Krieg

Mit dem Beginn meiner Fernsehkarriere war immer mehr das Bedürfnis in mir gewachsen, ein anderes, ein modernes Vietnam-Bild zu vermitteln. Was die Menschen bislang über dieses Land wussten, hatten sie durch Filme wie *Platoon*, *Apocalypse Now*, *Full Metal Jacket* oder *Deer Hunter* vorgeführt bekommen, in denen es hauptsächlich um die Auswirkungen des Kriegs auf die amerikanische Gesellschaft ging. Bevor ich 2002 mit den Recherchen zu meinem Dokumentarfilm *Mein Vietnam – Land und kein Krieg* begann, hatte ich mich geweigert, mir eine dieser US-Produktionen anzusehen. Warum, konnte ich rein rational nie beantworten.

Auf jeden Fall setzte ich mich bei den Vorarbeiten zu meinem Film zum ersten Mal bewusst mit dem Vietnam-Krieg auseinander. Ich sah mir einige Dokumentationen an und las eine Menge Bücher zu diesem Thema. Für mich war es aber auch letztlich erträglicher, Hintergrundberichte über den Krieg anzuschauen, als einen von Amerikanern für Amerikaner gemachten Vietnam-Hollywoodfilm. Dokumentationen zeigen den Krieg authentischer und nüchterner als fiktive Großleinwandproduktionen, in denen es hauptsächlich um die psychischen und physischen Leiden der GIs geht. Anscheinend konnten die Amerikaner nur so ihr Vietnam-Trauma verarbeiten.

Wie gesagt, ich hatte die Folgen des Vietnam-Kriegs bei meinen Besuchen in diesem Land bisher nur auf einer emotionalen Ebene erfahren. Ich war damals zu jung gewesen, um das Gesehene und Erlebte zu begreifen. Als ich älter wurde und mehr über Macht und ihre Mechanismen begriffen hatte, entwickelte ich eine Aggression, die manchmal sogar in Hass umschlug. Die Sinnlosigkeit und Ungerechtigkeit des Kriegs wurden mir immer bewusster. Wie konnte man nur der Idee verfallen, einen sich etablierenden Kommunismus niederzuschlagen, indem man in ein Land einmarschierte, ohne die Kultur und damit das Volk zu kennen? Bei Diskussionen über den »Amerika-Krieg« reagierte ich daher vehementer und radikaler, als ich es bei Mama und Papa wahrgenommen hatte.

Aber das war nicht die einzige Motivation, einen Dokumentarfilm über die Heimat meiner Eltern und damit auch über meine zu machen. Durch das öffentliche Interesse an meiner Person wurde ich verstärkt mit meiner Herkunft konfrontiert. Nahezu jeder Journalist und jeder Moderator einer Talkshow stellten mir mindestens eine Frage zum Vietnam-Krieg. Die Situation verschärfte sich auch durch die Drehbücher, die ich erhielt. Immer ging es um das Thema Boat-People. Stets sollte ich das arme Flüchtlingsopfer spielen, das schlecht Deutsch konnte und am Ende der Geschichte einen älteren Mann heiratete, um auf diese Weise eine Aufenthaltsgenehmigung in der Bundesrepublik zu bekommen.

Irgendwann hatte ich die Nase voll von diesen Klischees, auch wenn mir klar war, dass sie hin und wieder der Wirklichkeit entsprachen. Auf einmal stand mein Entschluss fest: Ich wollte durch einen eigenen Film mit den Vorurteilen über Vietnam aufräumen. Mein Ziel war es, auf der einen Seite den Lebensweg meiner Eltern aufzuzeichnen (die eben keine Boat-People waren), gleichzeitig hatte ich den Wunsch, mit dem amerikanisch geprägten Bild vom ehemaligen Kriegsland Vietnam aufzuräumen. Ich wollte das heutige Vietnam zeigen.

Das Paradoxe war schließlich, dass ich gerade zu dem Zeitpunkt meinen Dokumentarfilm in Vietnam drehte, als die Amerikaner erneut in den Irak einmarschierten. Als Informationsquelle hatte ich nur CNN, und die Art der Berichterstattung dieses Senders erschütterte mich. Live wurden die Bombardierungen auf Bagdad präsentiert. Der Krieg wurde zu einer bizarren und geschmacklosen Show, ein schlecht inszenierter Film war noch gut dagegen. Ich musste unweigerlich an den Film *Wag the Dog* (*Wenn der Schwanz mit dem Hund wedelt*) denken. In dieser Satire von 1997 geht es um einen TV-Produzenten und Berater des US-Präsidenten, dargestellt von Robert De Niro, der einen erfundenen Albanien-Krieg in einem Fernsehstudio in einer Bluebox nachstellen lässt, um eine Sexaffäre des ersten Mannes der Vereinigten Staaten (Dustin Hoffman) kurz vor der Wahl zu vertuschen.

Ich wollte den Zuschauer an meinem ganz persönlichen Vietnam teilhaben lassen, so wie ich es kenne, wie ich es fühle, wie ich es erlebe. Mit all seinen Merkwürdigkeiten, Schönheiten, mit all seinen Wunden und Narben, mit all seinem Stolz. Das war die Absicht, die ich mit meinem Film verband.

Es existierten durchaus gute Berichte und Dokumentationen über das heutige Vietnam, doch ich wusste, dass ich einen viel persönlicheren Zugang vermitteln konnte als ein deutscher Journalist. Die Frage war nur, wie sollte ich ein solches Projekt realisieren? Ich hatte keine Regieerfahrung, durch meine Zeit bei Viva hatte ich zwar gelernt, wie man Interviews führte und einen Fünf-Minuten-Beitrag recherchierte, drehte und schnitt, aber ein Film von sechzig Minuten war eine ganz andere Herausforderung.

Als ich 1999 nach sechs Wochen Vietnam mit dem Fotografen Sammy Hart und meinen Eltern wieder in Deutschland war, schrieb ich einen Artikel für eine Frauenzeitschrift. Ich merkte, dass es mir wesentlich besser ging. Meine fatalen Gedanken, ob der Weg, den ich eingeschlagen hatte, richtig war, bedrängten mich zum Glück nicht mehr. Ich hatte diese Auszeit gebraucht, um zu wissen, was ich wirklich wollte. Es war richtig, nicht mehr in diesem Tempo weitermachen zu wollen, dafür war ich weiterhin bereit, finanzielle Einbußen in Kauf zu nehmen. Und das, was mich schon lange bewegte, wollte ich nun endlich anpacken: jenen Dokumentarfilm über Vietnam, wie ich ihn mir vorstellte. Ich setzte mich also nach Fertigstellung des Magazinbeitrags an den Schreibtisch und wagte mich an ein Exposé. Dieses lag dann aber noch zwei Jahre lang in einer Schublade, bis ich 2001 die richtigen Partner traf, die mit mir das Projekt realisieren wollten.

Zugleich fing ich an, mir Rollen als Schauspielerin in kleineren, aber ausgewählten Filmen auszusuchen. Die Arbeit mit guten Regisseuren befriedigte mich ungemein. Zum Beispiel hatte ich einen kurzen Auftritt in dem Kinofilm *Sonnenallee* (Regie: Leander Haußmann) oder in der Fernsehproduktion *Rette deine Haut* von Lars Becker, unter dessen Anleitung ich seit 2001 in der Reihe *Nachtschicht* spiele. Hierbei stelle ich eine deutsch-vietnamesische Kommissarin dar. Ich hörte auf, auf die von Kollegen gestellten Fragen, was denn mein nächstes Projekt sei oder was ich gerade mache, krampfhaft nach einer Antwort zu suchen. Stattdessen erwiderte ich stets mit zufriedenem Lächeln: »Ich lebe!«

Im Jahr 2001 hatte ich schließlich das Glück, drei besonderen Menschen zu begegnen: Hans Janke, Hauptredaktionsleiter Spielfilm und stellvertretender Programmdirektor des ZDF, Martin Hagemann, Produzent der Firma Zerofilm, und Reinhold Elschot (Network Movie), der mir wiederum seinen Partner Peter Nadermann vorstellte. Zwei Jahre lang hatte ich eher ernüchternde Treffen mit diversen Produzenten gehabt, die daran interessiert waren, mit mir eine fünfundvierzigminütige Reportage über Vietnam zu machen. Ich aber wollte mehr, und zwar einen Dokumentarfilm von mindestens einer Stunde. Man gab mir das Gefühl, dass man schon an dem Thema interessiert sei, doch letztlich traute man mir nicht zu, eine Geschichte in dieser Länge zu erzählen. Zu verübeln war es ihnen nicht, da es mein Debüt als Regisseurin sein sollte und ich keinerlei Referenzen vorweisen konnte. Sicherlich hatten die Bedenken auch mit meinem mir damals noch stark anhaftenden Image als Viva-Girlie zu tun.

Auf keinen Fall wollte ich einen oberflächlichen Film über das Land machen, möglichst noch mit einem Mikrofon vor dem Haus meiner Oma stehend, um das Ganze mit fröhlichen Worten zu kommentieren. Mir schwebte etwas anderes vor, etwas Poetisches. Ich wollte den Zuschauer an die Hand nehmen und ihm mein Vietnam zeigen, mit einer entsprechenden Kameraführung und einer eigens für den Film komponierten Musik. Ich selbst wollte in ihm möglichst nicht vorkommen, ich wollte nur als Stimme präsent sein.

Letzten Endes überzeugten mich Martin Hagemann und Peter Nadermann, dass ich gleichsam als roter Faden in Erscheinung treten sollte. Entsprechend sei es wichtig, persönlich sichtbar zu sein – als ein Bindeglied zwischen meiner Familie in Vietnam und dem Zuschauer. Lange Zeit haderte ich, da ich befürchtete, dass man mich zu sehr als Schauspielerin wahrnehmen würde. Jegliche Verkünstelung wollte ich umgehen, meine Absicht war, dass der Zuschauer sich auf meine Familie konzentrieren sollte. Doch schon bald lösten sich meine Zweifel in Luft auf. Ich kam auf die Idee, eher im Hintergrund zu agieren und vor der Kamera nur vietnamesisch zu sprechen. War ich zu sehen, dann nur mit einer Mütze oder Kappe auf dem Kopf, möglichst von der Seite aufgenommen.

Bei Martin Hagemann hatte ich das Gefühl, endlich den richtigen Partner gefunden zu haben. Er kannte mich nicht aus dem Fernsehen und nahm mich von Anfang an ernst. Hans Janke traf ich wiederum bei einem Essen. Ich drehte gerade als Kommissarin Mimi Hu eine Folge aus der ZDF-Polizeireihe *Nachtschicht* ab. Als ich ihm von meiner Dokumentarfilm-Idee erzählte, zeigte er sich sofort begeistert und versprach mir Unterstützung. Schließlich fand ich in dem Wiener Richard Ladkani einen geeigneten Kameramann und Koregisseur. Das weitere Team (Licht, Dollyfahrer etc.) sollte in Vietnam gebucht werden. Um hier überhaupt drehen zu können, brauchten wir eine Firma, die vor Ort alles klärte. Wir arbeiteten dann mit dem Studio One Hanoi zusammen, das bereits diverse Filme für ausländische Produktionen betreut hatte.

Studio One Hanoi stellte uns einen Produktionsleiter zur Seite, der sich nicht nur als korrupt, sondern auch als menschliches Miststück entpuppte. Man möge mir diese harte Ausdrucksweise entschuldigen, aber er machte uns das Leben zur Hölle! Nhan, so hieß er, sprach nicht besonders gut deutsch, aber gut genug, um das meiste zu begreifen, er war einst als Kameramann in der DDR tätig gewesen. Grundsätzlich verstand er aber nur das, was er verstehen wollte. Hinzu kam, dass ich die einzige Frau am Set war und – was die Sache ungemein erschwerte – zu den Jüngsten im Team gehörte. Als Regisseurin hatte ich jedoch das Sagen. Den Männern aus meinem deutschen Team bereitete das keine Schwierigkeiten, für die vietnamesische Crew war das eine völlig ungewohnte Situation.

Nhan benahm sich aber nicht nur wie der Chef am Set, sondern setzte das Kamerateam und mich bei jeder sich bietenden Gelegenheit unter Druck. Eskalierte der Streit, drohte er uns, dass er uns die Drehgenehmigung entziehen würde, wenn wir nicht seinen Spielregeln folgten. In Deutschland ist das ein Grund, den Produktionsleiter zu feuern, aber in Vietnam lagen die Dinge anders. Die Republik Vietnam ist ja ein sozialistischer Staat. Man kann sich nicht, wie in der Bundesrepublik, einfach eine Dreherlaubnis holen, dafür zahlen und anschließend mit dem Filmen anfangen.

Nhan war also derjenige, der uns sämtliche Drehgenehmigungen besorgte, die gleich einer Bürgschaft auf seinen Namen ausgestellt waren. Wenn wir uns also für eine neue Firma entschieden hätten, hätten wir sie komplett verloren. Ich hätte den Dreh abbrechen müssen und alles in den Sand gesetzt. Und das wusste er. Er forderte immer mehr Geld und erpresste uns mit Sätzen wie: »Dann braucht ihr morgen gar nicht erst zu kommen! Dann brechen wir den Dreh eben jetzt ab!«

Ich hatte seit Langem nicht mehr eine solche Ohnmacht verspürt.

Durch Nhan lernte ich Vietnam von einer neuen, von einer ganz anderen Seite kennen. Von einer hässlichen, vor der ich aus Liebe und Verklärung zu diesem Land meine Augen verschlossen hatte. Mir wurde klar, dass es auch eine Diktatur war, in der Korruption an der Tagesordnung war. Ich bekam zu spüren, was es bedeutete, in einem sozialistischen Staat zu arbeiten.

Meine erste »sozialistische Erfahrung« in dieser Hinsicht begann schon vor Beginn der Dreharbeiten. Gleich nach meiner Ankunft in Saigon wurde ich ins Kultusministerium zitiert. Zur Sicherheit nahm ich Onkel Tho mit, der mir, da ich nur das Alltagsvietnamesisch beherrsche, beim Übersetzen behilflich sein sollte.

Wir wurden nach unserem Eintreffen von einem Beamten in ein Zimmer geführt, man bat uns, Platz zu nehmen. Der Raum unterschied sich nicht wesentlich von einem typisch deutschen Behördenzimmer, bis auf die Tatsache, dass an der Wand ein überdimensional großes Bild von Ho Chi Minh hing. Das Porträt des einstigen Führers beruhigte mich eher, als dass es mich verunsicherte. »Der einzig wahre Kommunist«, pflegte Papa seit meinen Kindertagen zu sagen. Ho Chi Minh glaubte an den Kommunismus, ganz im Gegensatz zu dem chinesischen Diktator Mao Tse-tung (1893 – 1976) oder dem jetzigen kommunistischen Führer in Nordkorea, Kim Jong-il, die beide ihrem Volk nur Leid zugefügt hatten oder es immer noch tun. Der Verführer Mao zwang die Menschen, nach kommunistischen Grundsätzen zu leben, sie hungerten, während er jedoch in Saus und Braus lebte und viele Frauen, die noch Jungfrauen waren, zum Beischlaf zwang, weil er glaubte, durch sie würde er unsterblich werden. Kim Jong-il verhält sich kaum anders, er lässt sich als Halbgott feiern. Als er einmal Geburtstag hatte, bestellte er zu seinem Ehrentag fünf Tonnen Obst und Meeresgetier aus Thailand. Sein Volk muss dagegen hungern und sich von einem Brei aus Gräsern, Laub, Kiefernnadeln, Kürbiskernen und Maispulver ernähren.

Ich saß also mit meinem Onkel auf einem Sofa, über mir brannte eine Neonlampe, und ich starrte auf das Bild von Ho Chi Minh. Zuvor hatte ich noch nie Kontakt mit einer vietnamesischen Behörde gehabt. Onkel Tho war nicht weniger nervös als ich. Wir wussten beide nicht, was uns erwartete. Nach fünf Minuten ging die Tür auf, und eine Dame um die fünfzig kam herein, mit moderner Kurzhaarfrisur, kunstvoll in sanfte Wellen gelegt. Mein geschultes Auge sagte mir, dass es eine Dauerwelle war. Wie schon gesagt: sehr beliebt in Vietnam! Die Frau trug ein graues Kostüm, das eher wie eine Uniform aussah. Der Rock bedeckte die Knie, an ihrer Anzugjacke hingen diverse Orden. Ihr Auftreten erinnerte mich an einen James-Bond-Film, in dem das Opfer dem Bösewicht zum Verhör vorgeführt wird.

Gleich hinter ihr tauchte ein Mann auf, er trug einen Anzug, ebenfalls in diesem Grauton, allerdings war sein

Jackett ohne Orden verziert. Wie sich später herausstellte, war das unser Zensor, der uns über die Schulter schauen sollte. Wir hatten im Vorfeld die Wahl treffen müssen, eben zwischen einem Zensor am Set oder einer Abgabe des bereits gedrehten Materials. Wir entschieden uns für das in unseren Augen kleinere Übel, den Zensor. Die Videobänder wären von offiziellen Personen gesichtet, und alles, was ihnen ideologisch nicht gepasst hätte, wäre einfach entfernt worden. Bei solchen Aktionen sind schon aus Versehen falsche Stellen gelöscht worden, oder das empfindliche Filmmaterial wurde beschädigt. Und es heimlich außer Landes zu schmuggeln, wäre bei den fast sechsunddreißig Kassetten, die wir dann abdrehten, undenkbar gewesen. Da war es schon sinnvoller, vom Kultusministerium versiegelte und damit abgesegnete Kassetten bei sich zu führen.

Allerdings hatten wir – wie sich im Lauf des Drehs zeigte – ziemliches Glück mit unserem »Spion«. Er stammte aus Südvietnam und ließ oft mit sich reden. Dazu muss man wissen, dass immer noch eine große Rivalität zwischen Nord- und Südvietnam herrscht. Das ist beispielsweise daran erkennbar, dass die wichtigsten Ministerien mit Nordvietnamesen besetzt sind. Aus diesem Grund halten letzten Endes die Südvietnamesen doch wieder zusammen.

Unser Zensor schritt insgesamt nur zweimal ein. Das erste Mal, als wir von einer Brücke aus ein Armenviertel filmen wollten, das zweite Mal, als wir an Tet in dem größten Tempel Saigons, Vien Nghiem, drehten und lauter Bettler auf den Stufen des Tempels saßen. Armut existiert in einem sozialistischen Staat nicht. Hier gibt es nur lauter arbeitende und glückliche Menschen!

Die ordenbehängte Frau mit dem strengen Gesicht stammte jedenfalls aus dem Norden, weshalb ich sie auch nicht so gut verstand. Zu meinem Bedauern schickte sie als Erstes Onkel Tho nach draußen. Sie wolle sich mit mir allein unterhalten. Ich verspürte große Skepsis, die allerdings bald in Empörung, dann in Angst umschlug, als sie mir im Lauf des Gesprächs freundlich, aber bestimmt zu verstehen gab, ich möge doch einen guten und schönen Film machen. Immer betonend, dass man mich in diesem Land sehr schätzen würde, denn schließlich würde ich in Deutschland meinen Teil dazu beitragen, Vietnam populär zu machen.

Nach zehn Minuten, in denen sie ununterbrochen auf mich eingeredet hatte, legte sie mir einen Papierstapel vor die Nase. »Das ist Ihre Akte«, sagte sie freudestrahlend, als ob sie mir gerade eine Urkunde für vaterländische Verdienste verliehen hätte. Sie enthalte ausschließlich positive Berichte über mich, fuhr sie weiter fort. Das »noch«, so kam es mir zumindest vor, verschluckte sie. In dem Moment kam ich mir vor wie in einem schlechten Politthriller. Ich musste unwillkürlich an die Stasi denken. Dann beugte sie sich zu mir vor und wiederholte, sie hoffe doch, dass mein Film zu einem guten Vietnam-Image beitrage. Ihr gefiele die Idee, eine Dokumentation über eine einfache vietnamesische Familie anzufertigen, um den Alltag der Menschen zu zeigen. Plötzlich wurde mir klar, was sie eigentlich zu sagen versuchte! Sie wollte mir mit ihren verklausulierten Worten zu verstehen geben, dass bei diesem Unterfangen nicht nur ich, sondern auch meine Familie involviert sei. Wenn ich also zu kritisch werden sollte, was würde dann sein? Gäbe es Konsequenzen für meine

Verwandten? Als mir das bewusst wurde, brach mir der kalte Schweiß aus.

Im nächsten Moment schlug die Frau aus dem Kultusministerium wieder einen vertrauten Plauderton an, fragte mich, ob ich vietnamesische Literatur lese. Ich stotterte vor mich hin, sagte, ich könne nicht so gut in dieser Sprache lesen. Das sei aber sehr schade, bemerkte sie tadelnd (oder sagte sie sogar »schlecht«?), denn wir hätten so wunderbare Schriftsteller. Hey, was soll denn das?, dachte ich wütend. Sie hat wohl vergessen, dass ich in Deutschland geboren bin und dass es überhaupt nicht selbstverständlich ist, dass eine Deutsch-Vietnamesin so gut vietnamesisch spricht! Außerdem sind all die Schriftsteller, von denen sie redet, zensiert. Ich wurde richtig grimmig.

Äußerlich ließ ich mir natürlich nichts anmerken, lächelnd schwieg ich. Als würde sie meine Gedanken lesen können, fügte sie hinzu: »Also die Autoren, die im Ausland leben, von denen sollten Sie die Finger lassen, denn sie verkörpern nicht die wahre Literatur unseres Landes.« Fehlte nur noch, dass sie jetzt plötzlich aufsprang, um gegenüber dem Porträt von Onkel Ho einen kommunistischen Gruß auszuführen. Obwohl es vielleicht ein Impuls von ihr war, unterließ sie es jedoch und starrte mich schweigend an. Ich starrte schweigend zurück. Als die Pause immer länger wurde, überlegte ich fieberhaft, ob ich etwas verpasst hätte, möglicherweise eine Frage, die sie mir in ihrer eifrigen Rede über die grandiosen Schriftsteller unseres Landes gestellt hatte. Schließlich sagte ich: »Dafür schaue ich mir ab und zu Filme von vietnamesischen Regisseuren an. *Der Duft der grünen Papaya* von Tran Anh Hung ist einer meiner Lieblingsfilme.« Sofort verfinsterte sich ihr Gesicht. In dem Augenblick fiel mir mit Schrecken die Geschichte über die Vorführung seines zweiten Films *Cyclo* (*Rikscha*) ein.

Tran Anh Hung ist ein vietnamesischer Regisseur, der mit zwölf Jahren mit seinen Eltern nach Paris emigrierte. Das war 1974 gewesen. Sein Debüt, *Der Duft der grünen Papaya* (1993) – eine Liebesgeschichte zwischen dem Bauernmädchen Mùi und einem Musiker im Vietnam der Fünfzigerjahre –, erhielt etliche internationale Preise. Für mich ist es einer der schönsten Filme, die ich je gesehen habe. Seine poetische Bildersprache inspirierte mich zu meiner Dokumentation.

Sein zweiter Film *Cyclo* (1995) – er handelt von einem Rikschafahrer, der immer tiefer in einen Sumpf von Drogen und organisierter Kriminalität gerät – war sehr gesellschaftspolitisch. Ein Tabu in Vietnam. Das Filmfestival Hanoi hatte Tran Anh Hung mit *Cyclo* eingeladen und den Film auch mit einem Preis bedacht. Wahrscheinlich hatte sich nur keiner die Mühe gemacht, ihn vorher anzusehen, als sie ihn – Tran Anh Hung zu Ehren – im vietnamesischen Fernsehen zeigten. Nachdem der Film etwa zwanzig Minuten lief, bemerkte man, wie kritisch er war, und man drückte beim Sender einfach auf die Stopptaste. Es wurde an seiner Stelle aber auch nichts anderes ausgestrahlt, der Bildschirm blieb schwarz – und das die nächsten siebzig Minuten! Es gab kein Ersatzprogramm, in Deutschland eine undenkbare Situation.

»*Three Seasons* von Tony Bui war auch ein wunderbarer Film«, beeilte ich mich hinzuzufügen. Wieder lag ich falsch. Ich vergaß, dass es sich bei einer der Hauptfiguren um einen Rikschafahrer handelt, der eine Prostituierte zu ihren Freiern fährt, die sie in einem Hotel trifft. Er verliebt sich in sie und wartet nun täglich vor ihrer Haustür, um sie zu ihren Kunden zu bringen. Prostitution gibt es offiziell in Vietnam nicht. Hotelgästen ist es beispielsweise nicht gestattet, Vietnamesinnen mit aufs Zimmer zu nehmen. Und dann auch noch einen Film darüber machen?

Die Miene der »Verhörerin« verdüsterte sich noch mehr, und sie antwortete unterkühlt: »Der Film war ganz nett, und der Regisseur wollte seinen nächsten auch in Vietnam drehen, aber das Manuskript war alles andere als gut.«

Was genau ihr Missfallen daran erregt hat, erläuterte sie nicht näher. Ehrlich gesagt, ich wollte es auch gar nicht wissen. Ich wollte eigentlich nur schnell raus aus diesem Zimmer. Die Uniformierte war mir nicht nur unsympathisch, sondern sie schien vor allem in ihrer Hintergründigkeit gefährlich zu sein. Auf einmal lächelte sie wieder, freundlich meinte sie: »Sie sollten sich die beiden Regisseure nicht als Vorbild wählen. Sie werden einen ganz anderen Film machen.« Fehlte nur noch, sie hätte gesagt, ich solle eine unkritische Dokumentation machen. Ich nickte mechanisch. »Und *er* wird Sie begleiten«, fügte sie in einem Ton hinzu, der keine Widerrede duldete, und zeigte auf den Mann, der neben ihr saß: den Zensor. Er lächelte schüchtern und schüttelte mir die Hand.

»Auf gute Zusammenarbeit.« Mit diesem Satz beendete die ordendekorierte Frau die Unterredung, was aber mehr nach einem Befehl klang als nach einem ehrlich gemeinten Wunsch. Anschließend erhob sie sich von ihrem Sessel und rauschte aus dem Raum. Der Zensor begleitete mich zu Onkel Tho, der geduldig vor der Tür auf mich gewartet hatte. Und nicht nur ich war froh, diesen grauenvollen Ort endlich verlassen zu können.

Nachdem ich den Film abgedreht hatte und mich im Flieger auf dem Weg nach Deutschland befand, bemerkte ich, dass mein Blick auf Vietnam sich wirklich verändert hatte. Die rosarote Brille, die ich all die Jahre getragen hatte, hatte einen Knacks bekommen. Als private Person war ich kaum mit dem sozialistischen Vietnam in Berührung gekommen. Hinzu kommt, dass keiner gern darüber redet, was es bedeutet, in einem sozialistischen Staat zu leben. Es gibt viele Entbehrungen und Verbote, Meinungs-, Reise- und Pressefreiheit existieren so gut wie gar nicht. Vietnam gilt zwar unter den kommunistischen Ländern als eines der liberalsten, aber während der Drehzeiten empfand ich eine große Wut darüber, mich nicht wehren zu können. Und es fiel mir ungemein schwer, die Dinge, die mir vorgeschrieben wurden, als gegeben hinzunehmen.

Nhan, der Produktionsleiter, verhielt sich wie eine launische Diva, die ihre Tage hat. Aber als er dann herumschrie, er würde durch mich sein Gesicht verlieren, sah ich rot. Denn so, wie er sich seit Beginn unserer Dreharbeiten mir gegenüber verhalten hatte, war es ein Gesichtsverlust für mich und nicht für ihn – immerhin ist am Set der Regisseur die Respektsperson. Als er wie Rumpelstilzchen herumtobte, wollte ich mich zuerst zusammenreißen, besann mich dann aber: Ich schrie zurück.

Die Stimmung kippte dadurch merklich, und Nhan begriff, dass er Boden verlor. Ich war jedoch völlig aufgewühlt, hatte ich doch die Regeln der Höflichkeit – aus vietnamesischer Sicht – verletzt. Was mich aber weitaus mehr verwirrte, war die Entdeckung einer anderen Seite der Vietnamesen. Bei der Erziehung wird auf Höflichkeit und Respekt sehr viel Wert gelegt. Das Image, das ich ebenso im Kopf hatte wie Außenstehende, nämlich das eines zuvorkommenden, zurückhaltenden und stets lächelnden Vietnamesen, bröckelte. Es wich Bildern, die ich bislang gern verdrängt hatte. Ich erinnerte mich in diesem Moment an die grausamen Folterungen der Vietcongs, wenn GIs oder Vietnamesen, die auf amerikanischer Seite im Krieg kämpften, in Gefangenschaft gerieten. Wochenlang wurden sie beispielsweise in winzige Bambusboxen eingesperrt, wodurch körperliche Deformationen erzielt werden sollten. Auch die Praxis des »slow drowning« war gang und gäbe – hierbei stießen Südvietnamesen den Nordvietnamesen einen nassen Lappen in den Hals. Auch musste ich an die Bandenkriege der vietnamesischen Zigarettenmafia in Deutschland denken, bei denen es immer wieder zu brutalsten Hinrichtungen kommt.

Am selben Tag drehten wir abends eines meiner Lieblingsmotive: über fünfzig kahl rasierte, komplett in Schwarz gekleidete Vo-Vietnam-Kämpfer (vergleichbar mit Kung-Fu), die jeden Tag ab siebzehn Uhr bis zu fünf Stunden täglich in einem Hof trainierten. Dieses Bild, bei dem sie geschlossen in Reih und Glied stehen und schweißtreibende Übungen machen, dieses Bild von absoluter Disziplin, Körperbeherrschung und Härte bei gleichzeitiger Demonstration von Gemeinschaft und Zusammenhalt ist gleichsam eine Metapher für das vietnamesische Volk. Für mich war es ein Symbol seiner Leidensfähigkeit, seines Familiensinns, seiner Selbstbeherrschung.

Nhan war beim Drehen auffällig freundlich, ich aber ging ihm aus dem Weg, zu groß war noch meine Wut. Wir hatten zu diesem Zeitpunkt ungefähr gut zwei Drittel des Films »im Kasten«. Notfalls war ich sogar bereit, den offiziellen Part abzubrechen, ich konnte den Rest immer noch zu Hause bei meiner Oma »privat«, also heimlich, filmen. Es stellte sich aber heraus – dies sind die berühmten Zufälle im Leben –, dass Nhan Verträge zu seinen Gunsten gefälscht hatte. Jetzt hatten wir konkret etwas gegen ihn in der Hand. Wir beriefen am nächsten Tag eine Sitzung ein, auf der Papa der Hauptredner war. Schon Tage zuvor hatte er immer wieder versucht zu vermitteln. Er fing nun an, Nhan ohne Umschweife die Meinung zu sagen. Anschließend kam ich an die Reihe. Zwischendurch brüllte der Produktionsleiter. Das Ende dieser Auseinandersetzung: Nhan wurde vom Studio One Hanoi abgezogen, wir bekamen einen neuen Mann zugeteilt, einen Südvietnamesen mit viel Produktionserfahrung. Die letzten zehn Drehtage waren pure Entspannung!

Zurück in Deutschland, begriff ich nach Sichtung des gesamten Materials im Schneideraum, dass die Mühen und Strapazen sich gelohnt hatten. Zusammen mit meinen Eltern entdeckten wir das Haus meiner Großeltern mütterlicherseits. Mama war so gerührt und erfreut, es nach über dreißig Jahren wiederzusehen. Auf den Kassetten konnte ich sehen, wie glücklich sie darüber war. Mittlerweile war das Gebäude in drei Häuser aufgeteilt worden, die von drei Familien bewohnt wurden; in dem einen befand sich ein Schmuckgeschäft.

Als ich das Interview mit ihr führte, bekam ich gar nicht richtig mit, was sie im Einzelnen sagte. Doch nun, in der Dunkelheit des Schneideraums, konnte ich mir in Ruhe alles ansehen und anhören.

»Unten war die Praxis«, sagte Mama. »Und dort oben, wo der Balkon war, saßen dein Opa und ich oft zusammen. Während ich Hausaufgaben machte, las er Zeitung.« Sie zeigte anschließend auf die Gasse, die sich neben dem Haus befand: »Hier haben deine Onkel mit den Nachbarsjungen gespielt und viel Unsinn ausgeheckt. Opa konnte nicht wirklich böse werden, aber deine Oma war sehr streng und bestrafte ihre Söhne. Sie bekamen oft Hausarrest. Dann standen sie auf dem Balkon und schossen mit den selbst gebastelten Wurfgeschossen auf die vorbeigehenden Passanten. Deine Onkel waren verdammt frech!«

Während wir vor dem Haus standen, trafen wir auch einen alten Nachbarn, der Mama sofort erkannte. An ihrem Lachen, wie er schmunzelnd hinzufügte. Er schwärmte von ihrem Vater, wie er Menschen heilen konnte, auch seine gelähmte Mutter. Und zwar allein durch Akupunktur. Es waren berührende Szenen, nichts war inszeniert – alles war authentisch.

Am meisten aber hatte mich der Besuch am Grab meines Opas Tri und meiner »großen Oma« *ba ngoi nam* in Long Khanh beschäftigt. Einmal im Jahr, kurz vor Tet, wird das Unkraut von den Gräbern entfernt. Das ganze Jahr über wuchert dort das Gras, selbst der Feldweg dorthin ist kaum erkennbar und völlig verwildert. Die Dorfbewohner legen den Weg für ein paar tausend Dong (entspricht ein paar Euro) frei, damit die Verwandten zu den Gräbern ihrer Ahnen gehen können. Viele leben mittlerweile – wie meine Familie – in der Stadt und kehren nur für einen Tag dorthin zurück. Man hat Speisen, Getränke, Obst und Räucherstäbchen dabei. Alles wird auf dem steinernen Grab aufgebaut – wie zu Hause auf dem Ahnenaltar. Jeder Besucher verneigt sich dreimal vor der Ruhestätte, bevor er das Räucherstäbchen in die dafür vorgesehenen Behälter steckt.

Ich war noch nie an dem Grab meines Opas gewesen, da ich seit meinem vierten Lebensjahr nicht mehr zu Tet in Vietnam war, und ich musste mich an diesem Tag sehr beherrschen, nicht zu weinen. Die Zeremonie und der Ort berührten mich mehr, als ich gedacht hatte. Es herrschten fast über vierzig Grad Celsius im Schatten, und die Sonne schien unerbittlich auf uns herunter. Meine Verwandten hatten Schirme dabei, um sich vor der glühenden Sonne zu schützen. Alles hatte eine unglaubliche Farbigkeit.

Es sollte noch ein Jahr dauern, bis der Film endlich im deutschen Fernsehen gezeigt wurde. Er war wie ein Baby für mich – und auf der Pressetour für ihn war ich bereits »erneut« hochschwanger. Ein wirkliches Baby wartete auf mich ...

14 Bloß keine Hochzeit

Sehr zum Leidwesen meiner Familie in Vietnam wurde ich erst mit dreißig Jahren schwanger. Meine Eltern zeigten dagegen großes Verständnis. Ich hatte mir bewusst viel Zeit mit einem Kind gelassen, denn wie in Deutschland oft üblich, wollte ich mich erst einmal um meine Karriere kümmern, bevor ich einen neuen Weg als Mama beschritt. Meine Eltern waren froh, dass ich mit der Familiengründung gewartet hatte, waren sie doch selbst sehr jung Eltern geworden. Und für sie war es nicht leicht gewesen, alles unter einen Hut zu bringen. Für meine Eltern – insbesondere für Mama – war es wichtig, dass ich finanziell auf eigenen Beinen stand. Obwohl Mama so sanftmütig wirkt, ist sie eine starke Persönlichkeit, die konsequent ihre Ziele verfolgte und es immer noch tut. Als sie das Restaurant eröffnete, war es *ihr* Lokal. Papa unterstützte sie in ihrer Unabhängigkeit, und so war das Lebensmodell meiner Eltern eines, das auch ich verwirklichen wollte.

Als ich 2003 Max kennenlernte, einen Internisten und Sportmediziner, der kurz vor seinem Facharzt stand, wusste ich: Das ist der Vater unseres Kindes! Ich kann bis heute nicht beantworten, warum das so war, es war einfach so.

Manchmal wurde ich gefragt, ob sich meine Eltern einen Vietnamesen an meiner Seite gewünscht hätten. Aber wenn ich darüber nachdachte, kam ich zu dem Ergebnis, dass dies nie ein Problem war. Sie gehören nicht zu den engstirnigen Vietnamesen, die sich wünschen, dass alles gleich bleibt. Für sie zählt nur der Charakter des Mannes, und auch meine Familie in Vietnam machte mir niemals zur Bedingung, dass nur ein Vietnamese akzeptiert werden würde.

Meine Eltern schätzen und lieben Max sehr. Er hat mit seiner warmen und offenen Art schnell ein sehr freundschaftliches und inniges Verhältnis zu ihnen gefunden, zumal er viel Verständnis für unser Essen und andere vietnamesische Eigenarten aufbringt. Max war früher Profisurfer im Wellenreiten und tourte daher durch verschiedene Länder, um an Wettbewerben teilzunehmen. Er kennt deshalb keine Berührungsängste mit anderen Kulturen – was meinen Eltern sehr gefällt. Genauso wichtig ist für sie, dass er eine sehr enge Bindung zu seinen eigenen Eltern hat. So versteht er, dass sie für mich meine wichtigsten Ratgeber sind. Sie besuchen mich oft in Berlin oder ich sie in München. Ich genieße es dann, nur noch Tochter zu sein. Mama kocht die leckersten Sachen, Papa repariert meist irgendwelche Dinge im Haushalt (ich kann ihn nicht davon abhalten), und sie beide genießen es, Kalani zu bespielen. Wenn sie schon ihre Tochter so wenig sehen, dann wollen sie sich auch nützlich machen. Einfach nur auf dem Sofa herumsitzen und faulenzen, das können sie nicht. Und da mein Vater ein sehr ordnungsliebender Mensch ist, ist es für ihn hin und wieder ein Bedürfnis, bei mir ordentlich durchzuwischen. »Dann musst du das nicht machen«, pflegt er jedes Mal zu sagen, wenn ich mich dagegen wehre. Mich berührt diese Fürsorge meiner Eltern sehr. Ich bewundere auch die Selbstverständlichkeit, mit der sie nicht nur Eltern, sondern auch Großeltern sind. In meiner Umgebung kann ich das nicht oft entdecken.

Am 12. Mai 2005 kam Kalani Thanh Hai auf die Welt. Unseren Sohn Kalani zu nennen, war ein Wunsch von Max, denn sein einstiger Mentor auf Hawaii, bei dem er das Surfen lernte, hieß Kalani. Die Bedeutung des Namens gefiel mir auf Anhieb: »Der Himmlische«. Meine Oma Thong, die Mutter meiner Mama, gab den vietnamesischen Namen. Das ist Tradition, und keiner würde es wagen, ihr zu widersprechen. Immerhin durfte ich – im Gegensatz zu meinen Tanten – unter fünf Vorschlägen auswählen. Wir entschieden uns für Thanh Hai, was man mit »das grüne Meer« übersetzen könnte. Kalani Thanh Hai bedeutet also: »Der Himmlische auf dem grünen Meer«.

Bei der Geburt von Kalani war klar, dass Max und ich unseren Sohn deutsch und vietnamesisch erziehen wollten. Das bedeutete, dass er meine kulturellen Wurzeln im Gesamtpaket kennenlernen sollte, also auch die Sprache. Allerdings hatte ich anfangs einige Bedenken, konnte ich mich doch daran erinnern, wie ungern ich mit meinen Eltern vietnamesisch gesprochen hatte.

Wie aber sollte ich eine solch »doppelte« Erziehung realisieren? Meine Eltern waren konsequent vorgegangen, aber sie waren beide Vietnamesen! Max ist dagegen ein gebürtiger Deutscher, und außer meinen Eltern reden alle in meinem Umfeld nur deutsch.

Ich war also die Einzige, die mit ihm in der Sprache meiner Eltern kommunizieren konnte. Noch heute fällt es mir manchmal nicht leicht, vor anderen Menschen mit Kalani vietnamesisch zu reden. Es erscheint mir unhöflich. Hinzu kommt, dass ich es von jeher gewohnt bin, außerhalb der eigenen vier Wände sofort auf Deutsch umzuschalten. Nun habe ich mir angewöhnt, mit Kalani nur vietnamesisch zu sprechen, wenn wir allein zu Hause sind – genauso wie ich es mit meinen Eltern bis heute mache.

Als Kalani auf der Welt war, wusste ich bald, dass ich möglichst früh und oft mit ihm nach Vietnam fliegen wollte. Hatte ich nicht selbst die Sprache dieses Landes erst richtig gelernt, als ich regelmäßig dort war? Aber das war nicht der einzige Grund. Er sollte früh realisieren, dass Wohlstand und die damit verbundene Lebensweise in Deutschland nicht selbstverständlich sind. Ich wünschte mir, dass er die Möglichkeiten, die er zukünftig haben wird, schätzen lernt. Und auf der anderen Seite war es mir wichtig, dass er die wunderbaren Traditionen, die das Dasein in Vietnam bestimmen, wie Ruhe, Langsamkeit, Respekt, Familienliebe, kennenlernt und begreift, wie bedeutsam sie für den Menschen sind. Auf diese Weise, so hoffe ich, wird er herausfinden, dass Konsum, Karriere, Hektik, Pessimismus, Egoismus, Individualität, Neid und Orientierungslosigkeit, also all die Dinge, die in Deutschland vorherrschend sind, nicht das Leben ausmachen.

Ich will damit nicht sagen, dass ich nicht auch egoistisch bin, dass ich nicht auch gern Karriere mache, dass ich nicht auch gern konsumiere, aber es kommt für mich darauf an, dabei das Wesentliche nicht aus dem Blick zu verlieren. So ärgerte ich mich früher sehr, wenn ich nach einem Casting die Rolle nicht erhielt. Ich fühlte mich dadurch in meiner Eitelkeit gekränkt. Das passiert heute auch noch. Doch die Frage ist nur, ob man ziemlich bald erfasst, dass es sich dabei um verletzten Stolz handelt, ob es sich lohnt, so viel Energie für seine schlechte Laune aufzuwenden. Entscheidend ist für mich geworden, dass ich die Absage schnellstmöglich vergesse. Wie oft habe ich beobachtet, dass Menschen sich ihren Unmut, ihre Wut zum Mittelpunkt ihres Daseins gemacht haben – und auf diese Weise das Eigentliche in Vergessenheit geriet.

In Vietnam lernt man in kürzester Zeit, Demut vor dem Leben zu haben. Trotz der verheerenden Kriegsauswirkungen, des Elends und der Armut sind die Menschen optimistisch und beklagen sich nicht. Es war für mich nur schwer zu ertragen, wenn mir Menschen, deren Haut durch Napalmbomben verbrannt war, begegneten und mich anlächelten. Man schämt sich, wenn man, vielfach mit sich selbst beschäftigt, in einem klimatisierten Bus durch Vietnam fährt, an Reisfeldern entlang, auf denen Frauen und Männer stundenlang gebückt im Wasser stehen und bei vierzig Grad Celsius im Schatten Reispflanzen einsetzen und einen dennoch mit einem liebevollen Ausdruck in den Augen anschauen. Diese Menschen kennen keine Diskussion um eine Achtunddreißig- oder Vierzig-Stunden-Woche, geschweige denn eine um Urlaubsgeld oder ein dreizehntes Monatsgehalt. Diese Menschen kämpfen ums nackte Überleben! Und trotzdem sind sie so viel positiver eingestellt als die Leute in Deutschland.

Kalani war neun Monate alt, da entschieden Max und ich, mit ihm (und meinen Eltern) nach Vietnam zu fliegen. So klein er war, wusste ich dennoch, dass er zumindest ein »Gefühl« für das Land und seine Menschen erhalten würde. Auch für Max sollte es die erste Reise in die sozialistische Republik werden. Seine Surfwettbewerbe hatten ihn schon in mehrere asiatische Länder geführt, aber noch nie dorthin.

Kurz vor unserem Abflug wurde mir bewusst, dass ich in absehbarer Zeit nie wieder allein in die Heimat meiner Eltern fahren würde. In Zukunft würde ich für meine Verwandten nicht mehr »nur« Enkelkind und Nichte, sondern auch Mutter sein. Was würde das ändern? Weiter überlegte ich, wie meine Familie auf Max reagieren würde. Wie auf Kalani? Und wie würden die beiden mit meiner Familie zurechtkommen? Daneben tauchten noch andere Gedanken auf, die ich mir zuvor nie gestellt hatte. Was ist mit Jetlag? Mit Krankheiten? Impfungen waren bei mir nie ein Thema gewesen, auch nicht, als ich 1979 mit vier Jahren dort war – und kurz nach dem Krieg herrschten in dieser Region der Welt noch andere hygienische Verhältnisse als heute.

Meine Eltern waren bei all dem völlig entspannt gewesen. Doch es gibt Auslandsvietnamesen, die sich ganz anders verhalten. Ich habe Frauen erlebt, die ihre Kinder mit Wasser aus Flaschen abduschten, weil sie es ihnen nicht zumuten wollten, sich mit »normalem« Wasser zu waschen, geschweige denn, dass es den Kleinen erlaubt war, Leitungswasser zu trinken, selbst wenn es abgekocht war. Letztlich machten diese Frauen ihren Landsleuten damit klar, dass ihre Kinder, da sie im Ausland zur Welt gekommen waren, einen besonderen Status hatten, also nicht mit den vietnamesischen in einen Topf geworfen werden konnten. Die Angst vor Viren und Bakterien wurde sogar geschürt, selbst wenn die Vietkieus unter Umständen nicht unter besseren hygienischen Verhältnissen lebten als ihre Verwandten in Vietnam. Es war auch eine Form, sich wichtig zu machen. Sie wollten sich um jeden Preis von ihren Landsleuten unterscheiden und etwas Besonderes sein.

Eine andere Methode von Auslandsvietnamesen bestand darin, dass sie so taten, als ob sie nicht mehr richtig vietnamesisch sprechen könnten. Manche überlegten besonders lange, schienen stundenlang nach einem Wort zu suchen, oder sie hatten sich absichtlich einen starken Akzent angeeignet. Ich erlaubte mir in einer solchen Situation ab und zu den Spaß, mich mit ihnen in ihrer jeweiligen Gastsprache zu unterhalten, also Englisch oder Deutsch, und peinlicherweise konnten sie diese oft wirklich nur sehr schlecht.

Mich nervt es immer sehr, wenn ich beobachte, wie sich Vietkieus in Vietnam aufführen. Sie werfen mit Geld um sich, das sie mühevoll verdient haben, als würde es bei ihnen im Garten wachsen. Sie geben ihr ganzes Erspartes aus, nur um ihre Verwandten zu beeindrucken. Sie kleiden sich neu ein und gehen zum Friseur, bevor sie nach Vietnam fahren. Ich kenne sogar Leute, die pro Person mit drei Koffern anreisen, damit sie in den paar Wochen, in denen sie zu Besuch sind, jeden Tag etwas anderes anziehen können. Dass man auch in Vietnam seine Kleidung waschen kann, ist ihnen anscheinend nicht bekannt. Diese Menschen haben oft zwei Jobs, um sich das Leben im Ausland überhaupt leisten zu können, was sie natürlich verschweigen.

Mit vierzehn Jahren, als ich das dritte Mal bei meinen Verwandten war, wurde ich von Nachbarn gefragt, ob wir

Dienstboten hätten, die sich um unsere Villa kümmern. Mich erstaunte diese Frage, und ich konnte mir nicht erklären, wie sie auf diese gekommen waren. Aber man kann es ihnen nicht verübeln, dass sie ein derartiges Bild von Deutschland haben. Rechnet man unser Gehalt in die vietnamesische Währung Dong um, wäre jeder von uns ein Milliardär. Eigentlich hätten die Vietkieus die Pflicht, das Bild vom reichen und goldenen Westen zurechtzurücken.

Solche falschen Vorstellungen setzen meine Eltern zum Glück nie in Umlauf. Sie gingen ehrlich mit unseren Verwandten um, und mich behandelten sie auch nicht wie ein rohes Ei. Sie ließen mich alles essen und probieren, ich sollte meine eigenen Erfahrungen mit ihrer Heimat machen. Und nun war es für mich wichtig, dass ich mit Kalani ähnlich umging.

Natürlich gab es auch Bedenken. Ich war schließlich bei meiner ersten Vietnam-Reise vier Jahre alt gewesen, Kalani gerade erst neun Monate. Zusammen mit Mama überlegte ich, welche Nahrung ich für ihn mitnehmen sollte. Wir entschieden uns für einen Abendbrei, da die Vietnamesen ihren Kindern vor dem Zubettgehen etwas Salziges zu essen geben, auf jeden Fall keinen Milchbrei mit Obst. Da Kalani zu diesem Zeitpunkt noch Milch erhielt, war es keine Frage, auch Milchpulver einzupacken. Alles andere wollten wir vor Ort besorgen, denn seit einiger Zeit sollte es in Saigon einen Metro-Großmarkt geben.

In Vietnam stellte sich dann heraus, dass es viel unkomplizierter war, als wir dachten. Auf allen Märkten konnte man Windeln und Feuchttücher kaufen. Die Qualität war sehr gut. Sogar Babynahrung im Glas war kein Problem.

Meine Tanten kochten jedoch jede Mahlzeit frisch und pürierten sie anschließend. Im Nachhinein fragte ich mich, wie ich jemals denken konnte, dass diese Dinge dort nicht zu kaufen wären. Auch Vietnamesen haben Kinder. Aber ich will ehrlich sein: Selbst meine Tanten dachten anfänglich, dass bei einem eurasischen Kind alles anders sei. Sie gingen davon aus, dass es nicht nur anders aussieht, sondern auch andere Produkte isst als die eigenen Kinder. Kalani schmeckte das vietnamesische Essen jedenfalls sehr gut, und ich war sehr stolz auf seine Unkompliziertheit.

Das Einzige, was wir wirklich ausreichend mitnahmen, waren Medikamente gegen Durchfall und Magenschmerzen. Auch wenn in Saigon keine Unterversorgung mit Medikamenten herrscht, dachten wir: sicher ist sicher! Und sollten wir am Ende der Reise die Medikamente nicht gebraucht haben, so wussten wir: Es würden sich genügend dankbare Abnehmer dafür finden. Das Ansehen von deutschen Medikamenten (und Ärzten) war immer noch sehr hoch. Das bekam auch Max zu spüren. Er hatte sich nach dem Abitur dazu entschlossen, nicht mehr Richtung Profisport zu gehen, sondern ein Medizinstudium anzufangen. Jetzt, als Internist und Sportarzt, hatte ihn meine gesamte Verwandtschaft in ihren Fängen.

Gleich nach unserer Ankunft erlebten wir eine sehr amüsante Episode mit der älteren Schwester meines Großvaters, die damals immerhin schon dreiundneunzig Jahre alt war, eine gewitzte, im Kopf immer noch sehr fitte Frau. Als sie hörte, dass Max Arzt ist, hatte sie plötzlich tausend Wehwehchen und gab mir deutlich zu verstehen, dass sie von ihm behandelt werden wollte. Mama und ich standen daneben, um zu übersetzen. Als Max sie untersuchte, fragte er sie zuerst, wo sie denn genau Schmerzen hätte. »Überall«, antwortete sie ihm. Als er ihre Gelenke testete, waren wir über ihre enorme Gelenkigkeit erstaunt. Er hob ihr Bein und fragte sie wieder, ob es wehtun würde. Sie verneinte. Während der gesamten Untersuchung konnte er nichts bei ihr feststellen. Dabei hatte sie tagelang geklagt. Als er ihre Lunge sowie ihr Herz abhorchte, sagte er zu ihr, dass er sich von manchen seiner deutschen Patienten wünschen würde, sie seien nur halb so fit wie sie. Daraufhin war sie sehr stolz und lächelte, von Schmerzen keine Spur mehr.

Max bat sie noch, ihm die Medikamente zu zeigen, die sie einnehmen würde. Sie schluckte jeden Morgen Tabletten, wusste aber selbst nicht, was für welche es waren und wogegen sie wirken sollten. Da sie aber aus Amerika stammten, waren diese – ihrer Meinung nach – gut für sie. Schließlich hatte ihr Sohn, der in den USA lebt, dieses Präparat geschickt. Der Beipackzettel wurde ignoriert, die Tabletten gleich in ein Döschen umgefüllt. Ihre Tochter, bei der sie lebt, konnte aber nach längerem Suchen den Zettel mit den Inhaltsstoffen und angezeigten Nebenwirkungen finden und schickte ihn uns per Fax zu. Dabei stellte sich heraus, dass es sich bei den Pillen um irgendwelche Extrakte von Haifischflossen handelte, die eine sehr hohe Magnesiumdosierung aufwiesen. Die weiteren Inhaltsstoffe konnte Max auf dem Fax nicht mehr entziffern. Jedenfalls gab die Schwester meines Großvaters bei einem weiteren Besuch zu, dass sie bis zu sechs Tabletten über den Tag verteilt zu sich nahm. Max erklärte ihr, dass bei dieser Dosierung Herzrhythmusstörungen auftreten könnten. Es wäre besser, wenn sie Vitamintabletten ohne derartige Zusätze nehmen würde, denn schließlich fehle ihr ja nichts. Sie solle also dieses Zeug lieber gleich in den Müll werfen. Aber meine Großtante weigerte sich. Sie erklärte völlig empört, dass erstens vielleicht jemand anderes die Tabletten gebrauchen könnte und dass sie zweitens aus Amerika stammten. Eine einzelne Pille hätte immerhin dreitausend Dong gekostet! (In Vietnam kauft man vielfach nicht eine ganze Medikamentenpackung, sondern nur einzelne Tabletten.) Umgerechnet sind das zwar nur zwei Cent, aber ich fand die Szene unglaublich rührend. Schließlich tauschte ihr Neffe heimlich die Tabletten aus und ersetzte sie durch Vitaminpräparate.

Bevor wir in den Flieger nach Vietnam stiegen, riet mir Mama noch, dass es doch besser sei, Max nicht als meinen Freund, sondern als meinen Mann (*chong*) vorzustellen. In Vietnam ist es nicht üblich, unverheiratet zusammenzuleben, und schon gar nicht, ein Kind miteinander zu haben. Meine Eltern hatten das bis zu meiner Schwangerschaft auch nicht so eng gesehen. Im Gegenteil, sie ermutigten mich eher dazu, mir mit der Ehe Zeit zu lassen. Bis zur Gründung einer Familie sollte ich ausreichend Erfahrungen sammeln. Sie unterstützten mich ebenso darin, mit einem Partner eine gemeinsame Wohnung zu beziehen, um zu sehen, ob man im Alltag miteinander auskommt. Und Max ist nicht der erste Mann, mit dem ich zusammenlebe. Meine Eltern hatten fast immer Verständnis für meine Situation, was ich ihnen sehr hoch anrechne. Sie selbst hatten nie die Chance dazu, etwas auszuprobieren. Als sie heirateten, fern von ihren Familien, mussten sie vieles auf einmal können. Ich bewundere meine Eltern sehr dafür, dass sie alles so wunderbar gemanagt haben. Ich selbst erfahre so viel Unterstützung von der Familie und Freunden. Wie wäre es wohl gewesen, wenn ich in der Situation meiner Eltern gewesen wäre? Vielleicht fühlt man sich als Kind von Einwanderern deshalb immer ein wenig »schuldig« und steht in der Pflicht, seine Eltern nicht zu enttäuschen. Sie haben solch ein großes Opfer gebracht, um ihm ein besseres Leben zu ermöglichen. Viele Kinder verspüren einen enormen Druck, weil sie dem Wunsch der Eltern folgen und etwas Höheres erreichen wollen. Sie denken, dass sie etwas »Besseres« werden müssten, etwas, das den Eltern selbst niemals möglich gewesen war. Auch ich sollte studieren, das war wenigstens der Wunsch meiner Eltern gewesen. Ich aber wollte nie in die Verlegenheit kommen, mit ihnen verglichen zu werden. Vielleicht habe ich auch aus diesem Grund einen ganz anderen Weg eingeschlagen.

Einwandererkinder stehen noch unter einem weiteren Druck, nämlich mehr zu können als deutsche Kinder. Man denkt stets daran, bewusst oder unbewusst, dass man eine Art »Berechtigung« für sein Dasein haben müsste. Gerade in Konkurrenzsituationen ist das zu spüren. Wenn ich zum Beispiel zu einem Casting gehe, bei dem in der Rollenbeschreibung nicht spezifisch steht, dass es sich um eine Asiatin handelt, dann habe ich heute noch das Gefühl, die Gegenseite davon überzeugen zu müssen, dass ich genau die Richtige dafür bin. Viele Eltern von Einwandererkindern geben diesen aber auch zu verstehen, dass man sich anstrengen soll, denn sonst würde man nicht die gleichen Chancen wie deutsche Kinder haben.

Als ich jedoch mit dreißig schwanger wurde, wendete sich das Blatt. Plötzlich wurden meine Eltern sehr vietnamesisch. Neun Monate lang lagen sie mir ständig in den Ohren, ich solle doch heiraten.

Aber ich blieb standhaft. Um meine Zusammengehörigkeit und die Liebe zu meinem Freund zu zeigen, brauche ich kein standesamtliches Papier – erst recht nicht wegen eines Kindes. Für meine Eltern eine nicht besonders nachvollziehbare Einstellung. Aber schließlich gaben sie es auf, mich von ihrer Meinung zu überzeugen. Ich war schon immer meinen eigenen Weg gegangen, warum sollte es in diesem Fall anders sein? Vielleicht hatten sie bei ihrem Wunsch, mich verheiratet zu sehen, im Grunde nur Angst vor der Reaktion meiner Familie in Vietnam. Wie würde das aussehen, wenn keine Hochzeit in Sicht war! Dabei war Mama mehr die treibende Kraft als Papa. Vietnam ist ein matriarchalisch geprägtes Land, betrachtet man es aus der Innenperspektive, nur nach außen gibt es sich patriarchalisch. Die Mutter zieht die Fäden in der Familie, im Beruf hat sie wenig zu sagen. Und klar war: Oma Thong lebte noch, im Gegensatz zu Oma Quit, der Mutter von Papa.

Schnell stellte sich heraus, dass meine Oma aber kein Drama daraus machte. Eigentlich wurde überhaupt nicht darüber gesprochen. Wenn ich mit meiner Familie in Vietnam telefonierte, wurde die Tatsache des »wilden Zusammenlebens« einfach ignoriert.

Ich spielte also das von meiner Mama vorgeschlagene Spiel mit und nannte meinen Freund »Mann«. Keiner fragte nach, wann und wie wir unsere Hochzeit gestaltet und warum wir in Vietnam keine Nachfeier anberaumt hätten, was normalerweise üblich ist.

Eine Hochzeit gehört in Vietnam, neben dem Gedenken eines Verwandten an seinem Todestag (*dam do*) und dem

Neujahrsfest, zu den anstrengendsten und größten Feiern. Die Trauung ist noch sehr schön, und sie ist für alle gleich, egal, welchen Glauben man hat.

Da die Familien in Vietnam jedoch sehr umfangreich sind, meist aus über hundert Personen bestehen, und die Verwandten überall auf der ganzen Welt zerstreut sind, gibt die Familie der Braut einen Abend vor der Hochzeit ein Abendessen für ihre Angehörigen. Meist wird dieses – für vietnamesische Verhältnisse – eher klein gehalten, denn das weitaus wichtigere Festmahl findet am nächsten Tag statt.

Am Tag der Hochzeit zieht die Braut am Morgen das traditionelle *ao-dai*-Gewand an, das in diesem Fall aus einer weißen Seidenhose besteht, die so weit geschnitten ist, dass sie sich beim Gehen um die Beine schmiegt, und einer Art rotem Überkleid. Es liegt eng am Oberkörper an und ist an den Seiten bis zur Taille geknöpft. Dieses Kleid ist häufig bestickt mit zarten Silberblumen, Vögeln, die auf einem Blütenzweig sitzen, oder mit goldenen Kreisen. Auf dem Kopf trägt die Braut den dazu passenden Kranz, ihre Haare sind hinten hochgesteckt.

Das Hochzeitsgewand muss man bei einem speziell ausgebildeten *ao-dai*-Schneider anfertigen lassen. Er nimmt genau Maß und empfiehlt häufig, unter dem Kleid einen Push-up-BH zu tragen. Es ist wichtig, in diesem Kleid auch den perfekt sitzenden Busen zu haben. Und da Vietnamesinnen eher schmalbrüstig sind, behilft man sich eben wie überall auf der Welt mit einem erhebenden BH.

Ao-dai-Schneider gibt es in jeder Stadt, in jedem Dorf in Vietnam; ein genähtes Kleid kostet ungefähr zwischen zwanzig und dreißig Euro. Nicht zu empfehlen ist der

Kauf eines bereits angefertigten *ao dais*, da es niemals so perfekt sitzt wie ein maßgeschneidertes. Auch ich besitze – wie jede Vietnamesin – mehrere *ao dais* und ziehe sie meist zu Tet oder zu einer vietnamesischen Hochzeit an.

Der Bräutigam hat das Pendant zur Braut zu sein. Allerdings ist sein Überkleid blau und mit großen goldenen Kreisen bestickt. Auf dem Kopf trägt er einen Kranz – wie jenen, den sich mein Großvater Tri damals zu Tet aufgesetzt hatte. Viele Männer entscheiden sich jedoch gegen die Tradition und wählen stattdessen einen schlichten westlichen Anzug.

Der weitere Ablauf: Der Bräutigam begibt sich nach dem Ankleiden mit seiner Familie zu den Eltern und Verwandten der Braut. Er wird neben seinen engsten Verwandten auch noch von sechs jüngeren Cousins oder Brüdern begleitet, die in der Hand sechs rote, runde Schachteln tragen. Diese werden wiederum sechs weiblichen Angehörigen der Braut übergeben. In der ersten Schachtel befindet sich Schmuck, der in einen dünnen weißen und reich bestickten Hochzeitsmantel eingerollt ist. In der zweiten sind zwei große Kerzen, in der dritten Plätzchen, in der vierten ist Obst, in der fünften Tee und in der letzten Schachtel Wein. In Vietnam wird nicht der Bräutigam beschenkt, wie es zum Beispiel in Indien üblich ist (die Mitgift der Frau), sondern es ist genau umgekehrt. Ich finde, es ist eine schöne Tradition, wenn die Frauen bedacht werden. Sechs Schachteln ist keine strikt festgelegte Zahl, in manchen Familien werden bis zu elf Schachteln überreicht.

Sind die Geschenke verteilt, hält einer aus der Familie des Bräutigams eine Rede. Meist wird jemand dazu auserwählt, der dies besonders gut kann oder sehr respektiert wird. Nach den Worten für das Brautpaar zündet der Redner die mitgebrachten Kerzen an, die in der Zwischenzeit auf dem Altar aufgestellt wurden. Jeder der Anwesenden verneigt sich davor, auch die Atheisten, denn die Verbeugung gilt nicht den Göttern oder Ahnen, sondern den Eltern der Braut (*lai cha me*).

Besiegelt ist die Hochzeit aber erst dann, wenn die Braut mit ihrer Familie zu der des Bräutigams fährt. Man nennt dieses Ritual *le ruoc dau ve* – »die Braut wird nach Hause geholt«. Auch dort wird sich vor dem Ahnenaltar und vor den Eltern verneigt (*cung ban tho*), diesmal vor denen des Bräutigams. Danach schenkt die Braut den Schwiegereltern Tee ein, und die Zeremonie ist damit beendet. Katholische und protestantische Familien gehen im Anschluss daran meist noch in die Kirche, damit die Ehe auch vor Gott rechtskräftig wird. Eine solche Trauung unterscheidet sich in keiner Weise von einer deutschen. Einige Buddhisten suchen auch einen Tempel auf, das ist aber nicht zwingend notwendig. Eine standesamtliche Zeremonie gibt es nicht. Die Ehepapiere werden einige Tage vor der Hochzeitszeremonie in der Gemeinde unterschrieben. Dieser Akt hat nichts Feierliches an sich und findet eher nebenbei statt.

Nach der Feier in den eigenen vier Wänden kommt der anstrengendste Teil einer Heirat: das große (Fr-)Essen! Hunderte von Verwandten werden in ein Lokal geladen, mehrere Fotografen gebucht, inklusive eines, wenn nicht gar mehrerer Videoteams. Braut und Bräutigam ziehen sich während dieses Festbanketts mindestens drei- bis viermal um – übrigens sind sämtliche Kleider, die nun getragen werden, geliehen. Nach dem *ao dai* favorisiert die Braut häufig ein weißes Hochzeitskleid nach westlichem Vorbild. Danach folgt ein ähnliches Modell, jetzt aber in Zartrosa, bestickt mit Perlen und mit einer Unzahl von Rüschen verziert. Für meinen Geschmack sieht das sehr amerikanisch und kitschig aus. Manche Bräute wechseln dann noch zu einer Abendkleidvariante. Die Frau verändert aber nicht nur das Outfit, sie muss zu jedem weiteren Gewand auch eine neue Frisur vorführen. Der Bräutigam hat es dagegen viel leichter. Er darf in seinem Anzug bleiben, wichtig ist bei ihm nur, dass er zu dem jeweiligen Kleid der Braut die passende Krawattenfarbe wählt.

Mit jeder neuen Aufmachung wandern die frisch Vermählten dann um jeden einzelnen Tisch (bei Hunderten von Verwandten dauert das verdammt lange!). In der Hand halten sie ein Getränk, an dem sie nur kurz nippen. Meist ist es längst warm geworden, wenn sie ihre Runde beendet haben. Dabei posieren sie für Dutzende von Fotografen, die alle dasselbe Motiv aufnehmen, um später zwanzig Alben voller Erinnerungsbilder zu haben. Natürlich schaut sie sich hinterher kaum noch einer an, weil ihn die Menge erschlagen würde. Nebenbei wird das Ganze auch noch gefilmt, und wer total wahnsinnig geworden ist, hat auch noch eine Moderatorin engagiert, die die Auftritte der Brautleute miserabel kommentiert. Das Hochzeitspaar hat also nur Stress.

Die Gäste essen mindestens fünf Gänge im Schnellverfahren, und die männlichen Verwandten betrinken sich kollektiv. Zwischendurch werden überschwängliche Reden gehalten, eine Band spielt Musik. Doch keiner hört zu, weil alle zu sehr mit den Speisen und Gesprächen beschäftigt sind. Dabei isst man noch nicht einmal gemeinsam. Die Hochzeitsgäste kommen nämlich zu unterschiedlichen Zeiten, und nach der Begrüßung setzt man sich an einen Tisch und beginnt sofort damit, die Stäbchen auszupacken. Hat man keinen Appetit mehr, steht man auf und geht. Feierlich geht es hierbei kaum zu.

Wenn man sich ein Bild davon machen will, wie es ungefähr auf einer solchen Festivität zugeht, dann sollte man sich *Das Hochzeitsbankett* von Ang Lee ansehen. In diesem Film wird zwar eine chinesische Hochzeit gezeigt, sie ist aber einer vietnamesischen sehr ähnlich.

Flitterwochen mit einer damit verbundenen Reise sind eher unüblich, da Vietnamesen nicht so viele Urlaubstage im Jahr haben. Es gibt natürlich die Tendenz, den Westen nachzuahmen, aber das ist eher selten, auch fehlt das Geld dazu.

Normalerweise zieht die Frau nach der Heirat zu der Familie des Mannes. Natürlich gibt es auch umgekehrte Fälle, sie sind aber höchst selten. Dass Männer und Frauen ihr eigenes Leben in einer eigenen Wohnung haben, wird immer mehr gewünscht, aber meist können sich das nur reiche Familien leisten.

Ich kenne nur wenige Menschen in Vietnam, die sich diesem Ritual entziehen können. Hang und Ralf, zwei Freunde von mir, auf die ich später zurückkommen werde, wollten diesem Stress entgehen. Als sie heirateten, feierten sie zwar traditionell in einem Saigoner Restaurant mit Verwandten und Geschäftspartnern, doch kurz darauf fuhren sie für drei Tage in die Berge nach La Dat, das wegen seiner angenehmen Temperaturen »Stadt des ewigen Frühlings« genannt wird. Dort, dreihundert Kilometer nördlich von Saigon, feierten sie mit engsten Familienangehörigen und Freunden, ohne sich mindestens dreimal in einem neuen Outfit zu präsentieren, ohne dass die Gäste gleich nach dem Essen wieder weggingen, sondern noch lange zusammenblieben, um zu reden und zu tanzen. Und auch ganz unüblich: Sie mieteten sich nach der Hochzeit ein Haus, um sich eine gemeinsame Existenz frei von familiären Zwängen aufzubauen.

In meiner Familie wurde also das Thema Heirat schlichtweg umgangen. Oft rutschte mir natürlich das Wort »Freund« statt »Mann« raus, was meine Oma und die anderen Verwandten aber dezent überhörten.

Als ich Max meiner vietnamesischen Familie vorstellte, wusste ich, dass sie ihn herzlich aufnehmen würden. Durch meine Eltern waren oft westliche Besucher bei ihnen zu Gast. Als ich vierzehn Jahre alt war, begleitete uns beispielsweise meine Patentante Marianne nach Vietnam. Sie wurde herzlich aufgenommen. Die anfängliche Schüchternheit seitens meiner Familie war nach ein paar Stunden vergessen. Meine Onkel freuen sich immer über männliche und möglichst auch trinkfeste Besucher aus dem Ausland, denn nach ein paar Bieren sprechen sie »perfekt« Englisch. Trotz ihrer Machoeinstellung liebe ich sie sehr. Sie sind genauso fußballbegeistert wie ich, wir bringen uns gegenseitig oft zum Lachen, und sie sind die herzlichsten Menschen, die ich kenne. Gerade die Brüder meiner Mutter halten eng zusammen; als Einzelkind beneide ich sie sehr um diese Verbundenheit. In schweren Zeiten, damals in Long Khanh und nach dem Tod meines Opas Tri, waren sie mit ihrem Optimismus und Fleiß die Stützpfeiler der Familie.

Aus diesen Gründen war ich vor dem Zusammentreffen zwischen Max und meiner Familie auch nicht nervös. Wie es zu erwarten war, schlossen ihn meine Verwandten sofort ins Herz – und umgekehrt. Für Max war es sicherlich ein Schock, nach einer fast zwanzigstündigen Reise einem Pulk laut durcheinanderschnatternder Familienmitglieder gegenüberzustehen und sich einzig mit Handzeichen oder gebrochenem Englisch (aufseiten meiner Familie) verständigen zu können. Auch Kalani war anfangs etwas irritiert, genoss aber schnell die ungeteilte Aufmerksamkeit. Sofort nach unserer Ankunft wurde – natürlich – gegessen. Ich wusste, schon Wochen vorher waren Pläne gemacht worden, was während unseres Besuchs wann verspeist werden sollte.

15 Als Mutter keine Chancen

Die eigentliche Herausforderung dieser Reise sollte sich auf einem ganz anderen Gebiet abspielen. In Sachen Erziehung gingen nämlich meine Ansichten und die meiner vietnamesischen Angehörigen komplett auseinander. In Vietnam lebt man für die Kinder, sie sind das höchste Gut. Ich bewundere die Ausdauer, mit der sich die Frauen um ihren Nachwuchs kümmern. Selbstverwirklichung kennen sie nicht. Für mich unvorstellbar! In Deutschland ist es eher so, dass Kinder in den Alltag der Eltern integriert werden, in Vietnam ist es genau umgekehrt.

Unser Sohn Kalani wächst mit viel Liebe auf, fast überallhin nehmen wir ihn mit. Dadurch ist er ein sehr offenes Kind. Auf der anderen Seite gibt es aber auch feste Regeln und Rituale, besonders was die Schlafens- und Essenszeiten angeht. Aber der wichtigste Punkt ist, dass er selbstständig und mit viel Selbstvertrauen aufwächst. Er weiß sich eine Zeit lang allein zu beschäftigen, er entdeckt das Leben für sich ohne Angst und ohne dass wir ihm ständig im Nacken sitzen. In Vietnam ist das anders. Den Kindern wird hier wenig zugetraut. Bevor sie sich stoßen oder fallen, ist schon jemand zur Stelle.

Dadurch, dass stets mehrere Generationen unter einem Dach leben, hat immer einer Zeit, sich um die Kleinsten zu kümmern, mit ihnen zu spielen. Niemand muss sich hier, wie ich, um einen Babysitter bemühen. Der Vorteil dabei ist, dass Kinder sehr behütet im Kreis ihrer Familie aufwachsen, sie lernen früh zu teilen.

Wenn ich in Berlin versuche, mein Leben zwischen Kind, Job und Haushalt zu organisieren, dann beneide ich meine Familie in Saigon um diese Selbstverständlichkeit, für den anderen da zu sein. Die Erwachsenen haben keine Hemmungen, auf Kinder zuzugehen. Wo wir auch auftauchten, kamen Menschen auf uns zu, nahmen Kalani auf den Arm, trugen ihn herum und herzten ihn. Sie lieben Kinder über alles, tun alles für sie. Kein Weg ist zu weit, keine Mühe zu groß. Sie knuddeln sie unentwegt. Selbst meine kleinen drei- und vierjährigen Cousins küssten Kalani so oft, dass mir immer ganz warm ums Herz wurde. Für Deutsche ist das sicherlich gewöhnungsbedürftig. Ich beobachte oft Menschen in Berlin, die es nicht mögen, wenn man ihre Kinder hochhebt, geschweige denn auch noch küsst! Mich befremdet das, denn ich bin fest davon überzeugt, dass Kinder sich äußern, wenn sie es nicht mögen. Ich glaube sogar, dass Kindern die Nähe anderer Menschen guttut, vorausgesetzt, sie meinen es ehrlich mit ihnen. Kalani jedenfalls genoss sichtlich diese Zuwendung, diese spontane und unerschrockene Liebe – und ich gönnte ihm das von Herzen.

Geht man in Deutschland in ein Restaurant und hat ein kleines Kind dabei, wird man sofort streng und genervt angeschaut, obwohl noch kein Geschrei zu hören war. Von einer großen Kinderfreundlichkeit kann man in

Deutschland im Vergleich zu Vietnam nicht sprechen. Man hat eher den Eindruck, dass die Kleinen grundsätzlich stören. Kein deutscher Kellner käme auf die Idee, vorausgesetzt, er hat gerade nichts zu tun, das Kind eines Gastes auf den Arm zu nehmen, damit die Eltern in Ruhe essen können. Das ist allein Sache der Erziehenden. Ich kenne sogar Großeltern, die nicht einmal auf ihre eigenen Enkelkinder aufpassen würden, um Mama und Papa einen Abend zu zweit zu ermöglichen. In Vietnam ist das undenkbar. Selbst meine Oma Thong, die bei Kalanis Besuch fast achtzig Jahre alt war, setzte sich jeden Mittag neben die Hängematte und schaukelte ihren Urenkel, während er schlummerte. Dabei verzichtete sie auf ihre eigene Mittagsruhe.

Meine Tanten, Onkel und Oma brachten Kalani auch viel bei. Am Ende der drei Wochen war sein größtes Glück der Ventilator. Wo auch immer er hinkam, der Ventilator wurde extra für ihn angemacht. Kalani quietschte dann vor Vergnügen – und meine Verwandten mit ihm. Er verstand auch, was die Worte »Moped« und »Fisch« bedeuteten, und er hörte auf seinen Spitznamen »Baby Grapefruit (be bui)«. Einer von meinen kleinen Cousins gab ihm diesen, weil Kalanis Kopf seiner Meinung nach so rund wie eine Grapefruit ist.

Wenn wir mittags bei meiner Oma gegessen hatten und er schlief, wurden am Tisch immer wieder Anekdoten über ihn ausgepackt. Es gab keinen Tag, an dem meine Familie nicht über ihn redete. Am meisten begeisterte sie aber sein Essverhalten. Kalani war seit seiner Geburt ein guter Esser. Das war jedoch nicht das Ungewöhnliche. Besonders war, dass er völlig ruhig sitzen blieb, während er gefüttert wurde. In Deutschland etwas ganz Normales, nicht aber in Vietnam. Hier krabbeln und laufen die Kinder herum, wenn man ihnen etwas in den Mund stecken will. Die Mütter sind ständig damit beschäftigt, ihnen hinterherzulaufen. Auf diese Weise dauert das Füttern ewig. Aber dadurch, dass die Frauen sich »nur« um den Haushalt und um die Familie kümmern, können sie vielleicht ein solches Verhalten durchgehen lassen.

Eine Ewigkeit dauert es auch, die Kinder zu Bett zu bringen. Die Mütter legen sich meist zu ihren Kindern, bis sie selig schlummern. Dabei schlafen sie manchmal selbst ein, Mutter und Kind scheinen diese große Nähe regelrecht zu suchen. Das Eheleben leidet aber darunter. Gut, ich kenne genügend Eltern in Deutschland, die ihre Kinder ebenfalls in den Schlaf wiegen, bis diese eingeschlafen sind. Ich persönlich halte davon nicht viel. Es gibt für mich neben dem Dasein als Mutter auch noch die Partnerschaft mit meinem Freund. Wenn wir jeden Abend eine vietnamesische Einschlafprozedur durchführen würden, hätte ich keine gemeinsame Zeit mehr mit Max. Mir sind meine Abende mit ihm aber heilig.

Dennoch kommt Kalani abends nicht zu kurz. Wir haben mit ihm ein Ritual entwickelt, bei dem wir mit ihm spielen, schmusen, singen, toben, baden und ihm eine Gute-Nacht-Geschichte vorlesen. Anschließend lege ich ihn ins Bett – und seine Augen fallen sofort zu. Natürlich gibt es Ausnahmen, beispielsweise bei Krankheiten oder wenn er in einer fremden Umgebung einschlafen soll.

Als wir in Saigon waren, quengelte Kalani oft beim Einschlafen. Nicht nur die Hitze, sondern vor allem die ungewohnte Lautstärke machten ihm anfangs zu schaffen.

Es war schwierig, die Erziehungsmethoden von Max und mir durchzusetzen, denn meine Familie hielt es oft nicht aus, wenn er weinte, und rannte zu ihm ins Zimmer, um ihn zu beruhigen, selbst wenn ich ihn schon auf dem Arm hatte. Mit dem Ergebnis, dass mein kleiner Sohn ein bisschen zum Pascha mutierte, was mir natürlich auch nicht passte.

Nach kürzester Zeit hatte Kalani begriffen, dass immer jemand um ihn herumschwirrte. Sobald er auch nur einen Pieps von sich gab, klatschten alle begeistert in die Hände, und beim ersten Quengeln nahmen sie ihn augenblicklich auf den Arm. Nach einer Weile hatte ich damit ein großes Problem, und es war sehr schwer, dies meiner Familie klarzumachen. Da in ihr das Recht des Älteren gilt, wäre es ungehörig gewesen, wenn ich als die Jüngere meine Tanten belehrt hätte. So fühlte ich mich oft hin- und hergerissen. Auf der einen Seite ging es um die Erziehung unseres Sohnes, auf der anderen Seite sahen wir uns alle so selten, und ich wollte ihnen den Spaß mit ihm nicht nehmen. Ich beklagte mich heimlich bei Max, und er tröstete mich so gut er konnte. Auch für ihn war das alles sehr ungewohnt. Es befremdete ihn, aber er respektierte es.

Ich suchte Rat bei meinen Eltern. Meine Mutter zuckte nur die Schultern und sagte: »Hier ist das eben so.« Aber weil es »eben so ist«, sind die Kinder sehr unselbstständig. Ein Beispiel: Wenn ich Kalani etwas zum Knabbern anbot, etwa einen Zwieback, hielt ich ihn ihm so hin, dass er ihn sich selbst nehmen konnte. Meist schmiss er ihn erst einmal auf den Boden. Sofort war jemand zur Stelle, hob das bröselige Gebäck für ihn auf und drückte es ihm in die

Hand. Ich bat meine Verwandten, Kalani bestimmen zu lassen, ob er den Zwieback möchte oder nicht. Ich wusste, dass dieses Runterschmeißen eine Eigenart von ihm war. Er tat es immer, bevor er an ihm knabberte. Für ihn war es ein Spiel, und er fand es lustig, das Ding erst mal so weit weg wie möglich zu feuern, gerade im Beisein von Publikum. Er verstand es schnell, die Leute damit zu amüsieren – was meine Verwandten aber nicht begriffen. »Der Arme«, hieß es, »er ist doch noch so klein!« Und schon hoben sie den Zwieback wieder für ihn auf.

Aber bis zu welchem Alter ist ein Kind zu klein, selbst etwas in Angriff zu nehmen? In den Augen meiner Oma und meiner Tanten sind Kinder bis ins Teenageralter immer noch nicht erwachsen genug, um eigenverantwortlich zu handeln. Manchmal beobachte ich, wie meine kleinen Cousins, die damals drei und vier Jahre alt waren, allein essen wollten. Meine Tanten trauten ihnen das aber nicht zu. Jedes Mal nahmen sie den Jungen den Löffel wieder aus der Hand, wenn sie danach gegriffen hatten, um sie zu füttern.

Kinder werden in Vietnam oft nicht ernst genommen, was auch dazu führt, dass man ihnen selten etwas erklärt. Ich habe letztens eine junge Mutter mit ihrer vierjährigen Tochter auf einem Spielplatz in Berlin beobachtet. Die Kleine spielte mit einer Schaufel und mehreren bunten Förmchen im Sandkasten, als ein kleiner Junge sich ihr näherte und ihr die Schaufel wegnahm. Daraufhin fing das Mädchen an zu weinen, aber die Mutter blieb ganz ruhig und sagte ihr, dass sie zu dem Jungen gehen müsse, um ihm zu erklären, dass er ihr die Schaufel wiedergeben solle. Nach einigen Ermutigungen ging die Kleine zu dem

Jungen hin und beschaffte sich ihr Spielzeug wieder. In Vietnam eine undenkbare Situation! Meist ist es so, dass hier die Erwachsenen Konfliktsituationen für die Kinder lösen und nie die Kleinen untereinander.

Selbst in der Pubertät ist die Abhängigkeit zwischen Mutter und Kind noch deutlich sichtbar. Meine älteren Cousins, die bei meiner Reise mit Max und Kalani zwischen zehn und dreizehn waren, wurden immer noch von ihren Müttern geduscht und angezogen. Die Jungen kannten es nicht, den Tisch zu decken und nach dem Essen die Teller abzuräumen. Nur meine dreizehnjährige Cousine Tao Nguyen musste im Haushalt mithelfen, als Mädchen hatte sie keine andere Wahl. Das ist übrigens kein vietnamesisches Phänomen. Es gibt auch in Deutschland Familien, bei denen es genauso abläuft. In Vietnam kommt noch erschwerend hinzu, dass die Söhne von ihren Müttern bedient werden, bis sie heiraten, um sich dann von ihren Ehefrauen umsorgen zu lassen.

Männer beschäftigen sich in Vietnam grundsätzlich nicht mit Haushalt und Erziehung. Alles, was damit zu tun hat, lastet auf den Schultern der Frau. Selbst wenn sie arbeitet und der Mann zu Hause ist, würde das nichts an dieser Situation ändern. Daher ist es in meinen Augen oft unverständlich, warum Mütter ihre Kinder nicht zu mehr Eigenständigkeit erziehen. Es würde ihnen das Leben leichter machen. Aber Tante Thuy, die mit dem jüngsten Bruder meiner Mutter verheiratet ist, und Tante Diem beschweren sich nicht, sie kennen es nicht anders. Manchmal klagen sie leise, sagen mir, wie gut ich es hätte, dass sich in Deutschland auch die Männer um die Kinder und Haushaltsdinge kümmern. Gleichberechtigung ist in Vietnam ein Fremdwort. Auch wenn die Frauen meist im Haus das Sagen haben, ist es doch eine Macho-Gesellschaft.

Am meisten bemitleide ich meine Tanten, wenn beispielsweise die Verehrung der Ahnen stattfindet und die gesamte Verwandtschaft anrückt – und das bedeutet nicht, dass eine Tante und ein Onkel mit ihren Kindern auftauchen, sondern oft sind das bis zu fünfzig, sechzig Personen, manchmal auch mehr. Die Tanten kaufen dann riesige Mengen von Lebensmitteln ein, schleppen sämtliche Einkäufe nach Hause und beginnen mindestens eine Woche vor dem Ereignis mit dem Kochen und Putzen. Nebenbei bewältigen sie auch noch den normalen Alltag. Am Tag selbst herrscht Hochbetrieb, und sie müssen alle Besucher bedienen. Wenn abends dann ihre Männer leicht angetrunken in der Ecke sitzen und kichernd musizieren, müssen sie währenddessen alles wieder saubermachen.

Zwischendurch bringen sie ihre Kinder ins Bett, schlafen dabei kurz ein, um sich wieder müde von der Schlafstätte zu erheben und weiter aufzuräumen. Ihre Männer sitzen bis spät in der Nacht zusammen und betrinken sich immer mehr. Die Frauen halten sich währenddessen in der Küche auf, erzählen sich den neuesten Tratsch, den sie an einem solchen Tag erfahren haben, und warten, bis ihre Männer endlich betrunken ins Bett fallen, damit sie die letzten Reste beseitigen können. Frauen in Deutschland würden ausrasten! Und bei der Vielzahl von Verwandten findet fast wöchentlich ein Ahnenfest statt. Allerdings teilt man das untereinander auf, sodass jeder Angehörige einmal dran ist. Meine Tanten beneiden Frauen wie mich, die gleichberechtigt leben dürfen. Auf der anderen Seite berührte es sie während unseres Besuchs jedoch unangenehm, wenn Max helfen wollte, den Tisch abzuräumen, oder wenn er Kalani neue Windeln anlegte oder ihm die Tränen trocknete. Sie sprangen dann stets auf und nahmen ihm sofort die Teller oder seinen Sohn aus der Hand. Ich spürte ihre vorwurfsvollen Blicke und fühlte mich in solchen Momenten sogar kurzzeitig schuldig.

Max wiederum kam sich durch das Verhalten meiner Tanten bevormundet vor und sagte mir unter vier Augen, man würde ihm das Gefühl vermitteln, unfähig zu sein, sich um seinen Sohn kümmern zu können. Meine Tanten meinten es auf keinen Fall böse, aber sie sind es gewohnt, Männern alles abzunehmen. Männer wie mein Vater, der sich viel mit mir beschäftigte und zu Hause mithalf, sind in Vietnam leider die Ausnahme. In diesen Momenten merkte ich, dass ich niemals mit einem vietnamesischen Mann, der eine traditionelle Einstellung zur Familie hat, zusammenleben könnte – und der wohl auch nicht mit mir.

Mehr als auf jeder anderen Reise zu meinen Verwandten fühlte ich mich durch Kalani viel angreifbarer. Meine Erziehungsmethoden hatten sie oft nicht verstanden, aus meiner Sicht auch nicht verstehen wollen. Aber das Schwierigste war, dass keiner mich direkt darauf ansprach. Wollte man Kritik äußern, redeten meine Tanten mit Kalani. So sagten sie zu ihm: »Deine Mama (*me*) ist immer so streng zu dir!« oder »Du Armer! Du hast ja noch soo großen Hunger und kriegst nichts mehr zu essen.« Oder ich bekam über Dritte gesagt, wie die eine oder andere Tante über meine Erziehungsmaßnahmen denke. Es war für mich, als wenn ich komplett versagt hätte.

Dass ich Kalani nur eine bestimme Menge zu essen gab, fanden meine Tanten merkwürdig. Und jeden Tag, zu jeder Mahlzeit wurde das auch kommentiert. Sie vergaßen dabei, dass ich bestimmte Erfahrungen mit ihm gemacht hatte. Wenn er quengelte – in Vietnam wurde das mit Hunger gleichgesetzt –, war dies oft nur ein Nuckelbedürfnis, oder er konnte das Maß seines Appetits noch nicht richtig einschätzen. Aber in den Augen meiner Familie hatte ich keine Ahnung, wie ich mit meinem Sohn umzugehen hatte.

Seit es in Vietnam einen kleinen wirtschaftlichen Aufschwung gibt, neigen die Mütter dazu, ihre Kinder zu überfüttern. Meine beiden älteren Cousins brachten damals bereits ein Gewicht zwischen fünfzig und sechzig Kilogramm auf die Waage, und das hat sich in der Zwischenzeit nicht geändert. Meine Tanten »zwangen« ihre Kinder oft zum Essen. Oft waren die aufgefüllten Portionen viel zu groß für sie. Der Reis wurde regelrecht platt gedrückt, damit noch mehr in die Schüssel hineinpasste, auch zusätzliche Fleischstücke. Sie meinten es gut, und aufgrund ihrer vergangenen Situation ist das auch nur allzu verständlich. Für sie, die vor nicht allzu langer Zeit Durst und Hunger erleiden mussten, war es das Schlimmste, mit knurrendem Magen ins Bett zu gehen. Dies sollten ihre Kinder nie erleben. Dass sie damit in ein anderes Extrem kippten, weil sie nicht akzeptierten, wenn meine Cousins nicht mehr essen wollten, war ihnen kaum klarzumachen.

Sehr oft musste ich von dem Gefühl Abstand nehmen, sie von meiner Sicht- und Denkweise überzeugen zu wollen. Meine Tanten haben ihr eigenes Weltbild – und das will ich respektieren. Sie kennen nur das Leben in Vietnam und die Erziehung, die an sie weitergegeben wurde. Nie hatten sie wie ich die Möglichkeit gehabt, in andere Länder zu reisen und mit anderen Vorstellungen in Berührung zu kommen. Auch die Chance, sich umfassend zu informieren, ist begrenzt. Internet gibt es in Vietnam noch nicht so lange und wird zudem vom Staat kontrolliert, Zeitungen und Fernsehen werden zensiert.

Ich mochte mir nicht anmaßen, ihnen zu sagen, was richtig oder falsch ist. Und doch fiel es mir nicht leicht, ihre Kommentare zu schlucken. Ein Kind nach den eigenen Vorstellungen zu erziehen, ist in Vietnam nahezu unmöglich, denn jeder mischt sich in die Belange des anderen ein. Die Tante sieht es anders als der Onkel (wenn er mal gefragt wird), die Großeltern unterscheiden sich in ihrer Meinung wiederum von der der Eltern. Weil jeder seine Sicht auf die Erziehung hat, gibt es keine Linie. Die Kinder lernen früh, sich an die Person zu wenden, die ihnen ihre Wünsche erfüllt.

Doch trotz fortwährender Beobachtung und ständiger Kommentare, was eine Eigenart der Vietnamesen ist und einem wirklich auf den Geist gehen kann, fühlte ich mich bei meiner Familie aufgehoben. Ich durfte hier wieder Kind sein – ein Kind, das ein Kind hat. Dass ich in den Augen meiner Verwandten stets ein Kind bleiben werde, eingebunden in eine spezifische Hierarchie, begriff ich erst nach diesem Besuch.

Als Max, Kalani und ich nach Berlin zurückflogen, befürchteten wir, dass sich unser Sohn zu sehr an die uneingeschränkte Aufmerksamkeit und die Methode der Nichterziehung gewöhnt haben könnte. Immerhin hatte er sämtliche Verwandte um seine kleinen Finger gewickelt. Ich befürchtete schon, dass unsere vorherige Erziehungsarbeit völlig vergeblich gewesen war. Aber sobald wir im Flieger saßen, merkte ich, dass er verstanden hatte, dass bei Mama und Papa auch Mama- und Papa-Regeln herrschen. Heute wird mein Wunsch, wieder mit meiner kleinen Familie nach Vietnam zu reisen, immer größer. Mittlerweile kann Kalani auch richtig gut vietnamesisch sprechen, und es wäre das Größte für mich, wenn meine Familie das live miterleben könnte.

16 Das westliche Saigon

Meine Familie hat nur wenig mit dem westlichen Leben in Saigon zu tun. Die Tanten und Oma fahren zwar ab und zu in die Innenstadt, aber meist nur, um Stoffe oder Schuhe zu kaufen. Aus diesem Grund hatte mich diese andere, die westliche Seite dieser Stadt bislang nicht wirklich interessiert. Einerseits war ich neugierig darauf, sie doch einmal kennenzulernen, andererseits war ich aber auch skeptisch, denn Vietnam war für mich stets Rückzugsort vor meinem westlichen Ich gewesen.

1999, als ich für die Magazinreportage mit meinen Eltern, Tante Yen und Onkel Tho durch Vietnam reiste, war es aber dann so weit mit einer ersten Auseinandersetzung: Ich wollte das westliche Saigon erkunden – und ausgerechnet ein Deutscher, der Freund und Fotograf Sammy Hart, sollte es mir zeigen.

Da ich am Ende dieser Reise in einem Hotel abgestiegen war, genoss ich es, überall hinzugehen, ohne mich meinen Verwandten gegenüber rechtfertigen zu müssen. Es fühlte sich abgefahren an, das vietnamesisch-westliche Ambiente zu erleben, es war, als wäre man in Deutschland und könnte permanent vietnamesisch sprechen.

Das westliche Saigon besteht aus vielen modernen Cafés, die mittlerweile auch Internet-Hotspots haben und sich von den Internetcafés, die es in Deutschland gibt, nicht unterscheiden. Daneben findet man viele Bars und Diskotheken.

Sammy und ich besuchten am ersten Tag einen Coffeeshop, in dem ich endlich wieder eine gute Latte macchiato trank und dazu ein Club Sandwich mit Pommes frites aß. Der Nachtisch bestand aus Crêpes mit frischen Früchten. Als ich satt und zufrieden mit Sammy plauderte, merkte ich, dass ich mich an das andere Vietnam gewöhnen könnte. Abends gingen wir in eine Bar, die von einem Österreicher betrieben wurde. Hier trafen sich die Schönen und Kreativen. Wir tranken Cocktails, knabberten Nüsse und spielten ein paar Runden Billard. Anschließend machten wir uns auf in eine der berühmtesten Diskotheken Saigons, Apokalypse genannt, von Insidern auch nur Apo tituliert.

Als ich diesen Ort betrat, war ich überrascht, und das nicht nur wegen des Namens. Ich fragte den Besitzer, wie er darauf gekommen sei, und er antwortete, er hätte zwischen *Apokalypse* und *Platoon* hin und her überlegt und sich schließlich für den bekannteren der beiden Filmtitel entschieden. Ich versäumte leider zu fragen, ob er sich jemals diese Hollywood-Produktionen angesehen hätte.

Lange Zeit schrieb das Gesetz vor, dass Geschäfte und andere öffentliche Einrichtungen mit ausländischen Namen zusätzlich noch einen vietnamesischen haben müssten. Der westliche Schriftzug hatte dabei auch kleiner zu sein als der vietnamesische. Der Staat wollte auf diese Weise eine Ausbreitung von Anglizismen unterbinden. Was aber nicht so recht gelang. In Deutschland ist es ähnlich, mittlerweile sagt man auch hier: »Ich gehe zum Shoppen« und nicht mehr: »Ich gehe zum Einkaufen.« Im Fernsehen wird mit der Weltpremiere des »Samstagabend-Movie« geworben und nicht mehr mit dem »Samstagabendfilm«, und der Begriff »Einladung« ist dem der »Invitation« gewichen. Ich selbst versuche darauf zu achten, nicht allzu oft Anglizismen zu verwenden, doch nicht immer gelingt es mir.

Die vietnamesischen Schriftzüge waren aber nicht die einzigen Repressalien des Staats, wenn man sie denn als solche bezeichnen konnte. Oft gab es in den Diskotheken und anderen westlichen Lokalitäten staatliche Razzien, die so aussahen, dass drei bis vier Beamte in einem Militärjeep gegen ein, zwei Uhr morgens angerauscht kamen und den entsprechenden Ort stürmten. Die Musik, die eigentlich nur bis Mitternacht laut gespielt werden darf, wurde sofort ab- und das gedimmte Licht voll aufgedreht. Bars für Ausländer aus dem Westen waren eben nicht gern gesehen.

Klubs für Vietnamesen sehen völlig anders aus. Sie sind greller und bunter, es gibt aufwendige Lasershows mit dumpfem Techno- und Dancebeat. Viel zu oft kommt der Nebelwerfer zum Einsatz. Hier trifft man nur wenige Gäste aus dem Westen an. Ob diese Diskotheken mit denselben Schwierigkeiten zu kämpfen haben wie etwa das Apokalypse, wage ich zu bezweifeln.

Das Nachtleben beginnt für Vietnamesen gewöhnlich um einundzwanzig Uhr und endet spätestens gegen zwei Uhr morgens. Als wir jedoch 2003 zu den Dreharbeiten in Saigon waren, entdeckten wir eine Bar, die »Lost in Saigon« hieß – und da war um sechs Uhr morgens noch die Hölle los. Es ändern sich also einige Dinge.

Eines Tages saß ich im Rahmen der Reportagereise mit Sammy in einem Café, und hier lernten wir Ralf kennen, einen Hamburger, der im Lauf der nächsten Jahre ein guter Freund von mir wurde. Ralf war – wie viele Westler – nach dem Aufheben des Wirtschaftsembargos durch die Amerikaner 1994 als einer der ersten Ausländer nach Vietnam gekommen, um dort für eine deutsche Firma zu arbeiten. Vietnamesen nennen diese Personen »Expats«, »die aus dem Land Gesandten«. Expats haben einen Arbeitsvertrag mit den jeweiligen Mutterunternehmen in Europa. Ihnen werden dieselben Rechte und Gehälter (in Dollar ausgezahlt) wie im Heimatland garantiert. Zusätzlich erhalten sie Vergünstigungen, etwa ein Haus, ein Auto mit Chauffeur und garantierte Flüge nach Hause. Natürlich wird auch der Umzug komplett übernommen. Speziell in einem kleinen Land wie Vietnam, das wirtschaftlich noch in den Anfängen steckt, wird mit solchen Anreizen gelockt.

Auffällig an diesen in Vietnam arbeitenden Managern ist, dass sie meist noch sehr jung sind. Sicherlich hat das auch damit etwas zu tun, dass dreißig Prozent der vietnamesischen Bevölkerung unter vierzehn Jahre alt sind und nur etwa fünf Prozent über fünfundsechzig. Die Expats stehen am Anfang ihrer Karriere und sollen in der sozialistischen Republik erste Erfahrungen sammeln, um dann nach einiger Zeit in ein größeres asiatisches Land zu wechseln, in dem sie dann mehr Verantwortung übernehmen. Viele von ihnen bleiben aber nach Ablauf ihres Vertrags in Vietnam. Nicht selten haben sie eine Vietnamesin kennengelernt und mit ihr eine Familie gegründet.

In Vietnam Geschäfte zu machen, ist mit allerhand Risiken verbunden. Die Regierung ist unberechenbar, was heute gilt, kann morgen ganz anders sein. Außerdem braucht man als Ausländer einen vietnamesischen Partner. Ohne einen solchen ist es unmöglich, eine Firma zu gründen. Der sozialistische Staat will auf diese Weise die wirtschaftliche Kontrolle behalten, da Einheimische eine andere Verpflichtung ihrem Land gegenüber haben als Ausländer. Diese sind schwer zu überprüfen, vor allem deshalb, weil sie ausländischen Arbeitsverträgen unterstehen. Ein vietnamesischer Partner ist aber auch notwendig, um die Kommunikation zu erleichtern. Nicht nur die Regierung ist wenig kalkulierbar, auch die Landesbewohner selbst sind nicht einfach zu verstehen. Sie legen sich ungern fest und reden mit Vorliebe um den heißen Brei herum.

Viele Ausländer schätzen dennoch das Leben in Saigon oder anderen vietnamesischen Städten. Für alles gibt es Personal, jeder Expat kann es sich finanziell leisten. Wenn sich ein Ausländer keinen Hausbewacher, Gärtner, Chauffeur oder Dienstmädchen leistet, gilt er als äußerst geizig. Selbst in vietnamesischen Familien ist es durchaus üblich, Bedienstete zu haben. Meist sind es ärmere Verwandte aus den Dörfern, die bei den wohlhabenderen Familien in der Stadt bestimmte Tätigkeiten übernehmen.

Ralf gehört zu den Menschen, die in Vietnam hängen geblieben sind. Er und seine Frau Hang, eine Vietnamesin chinesischer Abstammung, genießen ihr privilegiertes Leben. Am Wochenende besuchen sie die Klubs, zu denen nur die Reichen und Schönen Zugang haben. Sie liegen dort am Pool, spielen Tennis oder Golf. Oder sie lassen sich zu den schönsten Stränden am Südchinesischen Meer chauffieren, auch fliegen sie mal für zwei Tage nach Thailand oder Kambodscha. Sie genießen den Luxus. Alles wird für sie erledigt – und das für wenig Geld.

Ein Freund von ihnen, der einst in der Chefetage einer großen deutschen Bank in Saigon arbeitete, wurde nach New York versetzt. Als sie ihn nach seinem Dasein in der amerikanischen Metropole fragten, antwortete dieser scherzhaft, er hätte in den Staaten wieder lernen müssen, wie man Hemden wäscht und bügelt.

Die meisten Ausländer in Saigon sagen, dass man in Vietnam schnell bequem wird und sich keine Ziele mehr setzt. Ihnen fehle die Konkurrenzsituation innerhalb einer Firma, die von Vietnamesen vermieden wird, weil sie sehr obrigkeitshörig sind. Kritik am Chef gäbe es kaum. Um aber weiterhin Biss zu entwickeln, bräuchte man positive Reibung. Nach einiger Zeit hegen dann manche Ausländer den Wunsch, sich in Vietnam selbstständig zu machen. Sie verfügen über genügende Kontakte, haben vielleicht auch den richtigen vietnamesischen Partner gefunden, um ihre eigenen Ideen umzusetzen – doch leicht wird es ihnen nicht gemacht. Wie diese Schwierigkeiten im Einzelnen aussehen, darüber reden die wenigsten, denn jede öffentliche Kritik kann zur Ausweisung führen. Ich spürte immer wieder die Angst und die Vorsicht, wenn ich mich mit Expats unterhielt. Was verständlich ist, denn wenn sie sich eine Existenz aufgebaut und Frau und Kinder haben, können sie sich ein Leben in ihrer alten Heimat nicht mehr vorstellen.

Ralf, der Hamburger, sieht auch wie ein Hanseat aus: groß, blond, strahlend. Mit Vorliebe trägt er weiße Designerhemden und dazu passende cremefarbene Hosen. Wenn wir uns treffen, hat er unentwegt das Handy am Ohr. Ohne

Mobiltelefon könnte er dem Film *Indochine* mit Catherine Deneuve entsprungen sein. Die meisten Vietnamesen, insbesondere die Frauen, sind völlig begeistert von ihm: Blonde und blauäugige Menschen sieht man noch heute äußerst selten in Vietnam. Ralf jedenfalls genießt diese Aufmerksamkeit und flirtet gern – ein sehr deutsches Verhalten – mit den Kellnerinnen und Verkäuferinnen. Als ich ihn zum ersten Mal vietnamesisch sprechen hörte, staunte ich nicht schlecht. Die Frauen kicherten verschämt, aber auch überrascht über seine unverschämt offene Art. Sie kennen eine solch direkte Anmache nicht.

Ralf hatte kurz nach seinem Studium noch keine Auslandserfahrung, dennoch bekam er den Job in Vietnam.

»Als ich wusste, ich werde dorthin geschickt, kaufte ich erst mal ein paar Reiseführer über dieses Land. Ich hatte null Ahnung, was mich erwartete«, erzählte Ralf während einer unserer Begegnungen. »Zunächst wurde ich jedoch nach Hongkong geschickt. Dort befand sich das Hauptquartier der Firma, für die ich arbeitete, und ich wurde drei Monate auf meine neue Position vorbereitet. Anschließend flog ich nach Saigon.«

»Was war dein erster Eindruck?«, fragte ich.

»1994 war eine besondere Zeit«, sagt Ralf, unüberhörbar der schwärmerische Ton. »Es lebten damals nur wenige Ausländer in Saigon, und es gab nur eine Handvoll Bars und Restaurants, in denen sich alle trafen. Jeder kannte jeden. Der Zusammenhalt war dementsprechend groß.«

»Vermisst du diese Zeit?«, hakte ich nach.

Ralf überlegte eine Weile, dann antwortete er: »Heute sind die Deutschen mit Deutschen zusammen, die Engländer mit Engländern, die Australier mit Australiern. In den frühen Neunzigern war es egal, woher man kam, und das hatte, auch wenn ich kein Nostalgiker bin, einen gewissen Reiz.«

»Und warum hast du dich mit Hang selbstständig gemacht?«

»Wahrscheinlich aus Lust am Risiko. Wir beide hatten einen guten Job, vor allem Hang, die Sales Managerin in einer japanischen Firma war. Im Grunde gab sie mehr auf als ich, denn mein Arbeitsvertrag lief sowieso bald aus. Mittlerweile waren wir aber seit zwei Jahren ein Paar, und sie schien mir nicht nur die ideale Lebens-, sondern auch die ideale Geschäftspartnerin zu sein. Wir gründeten eine Eventagentur. Wir richteten Partys aus, beispielsweise für die Deutsche Botschaft oder die Deutsche Bank, organisierten Modeschauen, kauften in Singapur Lichtanlagen und ließen sie in hiesigen Klubs installieren. Hang kümmerte sich mehr um die bürokratischen Belange, ich knüpfte eher Kontakte. Anfangs lief das Business sehr schleppend, aber nach einer gewissen Zeit funktionierte es richtig klasse.«

»Hast du jemals Feindseligkeit verspürt?«

»Wie meinst du das?«, fragte er verwundert.

»Viele Deutsche denken, das ist wenigstens meine Erfahrung, die Vietnamesen hätten durch den Krieg eine negative Einstellung gegenüber Menschen aus Westeuropa. Sie könnten ja für Amerikaner gehalten werden.«

Ralf schüttelte energisch den Kopf. »Nein, das habe ich nie erlebt. Vietnamesen sind sehr warmherzige Menschen. Außerdem wollen sie viel erreichen. Ausländer investieren in das Land und schaffen dadurch Arbeitsplätze, schon aus diesem Grund sind sie willkommen.«

»Hast du dich nie einsam gefühlt?«

»Sagen wir es mal so: Ich hatte nie den Gedanken gehabt, aus Vietnam wegzugehen ...«

Mittlerweile kenne ich Ralf seit über acht Jahren. Ich bewundere, mit was für einer Geduld und einem Enthusiasmus er an Vietnam festhält. Von Papa weiß ich, der jetzt seit über zehn Jahren geschäftlich in seiner Heimat tätig ist, wie schwer es ist, mit dem dort herrschenden politischen System zurechtzukommen.

Ralf erinnert mich an meine Eltern, die in ein unbekanntes Land gegangen sind und versuchten, für sich eine neue Lebensgrundlage aufzubauen. Natürlich hatte er es etwas einfacher als Mama und Papa. Aber auch er hatte einen Traum, an dem er festhielt und für den er hart arbeitete.

Seine Frau Hang verkörpert für mich die moderne Vietnamesin. Sie spricht Englisch, Vietnamesisch und Chinesisch, ihre Haut ist leicht gebräunt, und sie ist recht groß. Ganz selbstverständlich bewegt sie sich durch das moderne Saigon, geht zur Massage, zur Kosmetikerin, zum Sport, trifft sich mit Leuten in westlichen Coffeeshops und isst Hamburger. Auch ungewöhnlich: Sie fährt Auto. Ungewöhnlich deshalb, weil Frauen in Vietnam selten einen Führerschein besitzen. Gleichzeitig ist sie trotzdem noch sehr vietnamesisch. Sie ist ziemlich eifersüchtig, besitzergreifend und devot – alles Eigenschaften, die ich nicht besonders schätze. Eine gewisse Raffinesse zähle ich noch dazu. Da Vietnamesinnen den Männern jeden Wunsch von den Augen ablesen und diese schlau um den Finger wickeln können, verfallen sie den Frauen reihenweise.

Steve, Ralfs bester Freund, ist ein Engländer, der ebenfalls in Saigon ein neues Zuhause gefunden hat. Als er noch in London lebte, erzählte er einmal, hatte er jahrelang eine englische Freundin, aber sie zu heiraten, wäre ihm nie in den Sinn gekommen. Kaum war er in Vietnam, gab es an seiner Seite eine Ehefrau, kurz darauf wurde er Vater.

Viele ausländische Männer finden die unterwürfige, zurückhaltende Art der vietnamesischen Frauen ungemein anziehend. Sie sind aber nicht nur ergeben, sondern auch ziemlich unselbstständig. In dieser Hinsicht ist Hang eine große Ausnahme.

Das Ungewöhnlichste an Ralf und Hang ist jedoch, dass sie sehr spät heirateten, erst nach neun Jahren Zusammenleben.

»Hatten deine Eltern keine Probleme damit, dass du nicht – wie sonst in Vietnam üblich – nach einem halben Jahr wenigstens verlobt warst?«, fragte ich sie bei einem unserer Treffen verwundert.

»Na ja, anfangs waren sie überhaupt nicht begeistert, dass ich mit einem Ausländer zusammen war. Obwohl mein Vater für eine amerikanische Firma arbeitete und dadurch für einen Vietnamesen verhältnismäßig offen war, befürchtete er, dass die Leute schlecht über mich reden würden.«

»Hatten sie vielleicht Angst, du könntest ins Ausland gehen?«

»Nein, davon war nie die Rede. Ich hatte auch nicht den Wunsch, aus Vietnam wegzugehen.«

Das ist allerdings recht ungewöhnlich. Die meisten Vietnamesen träumen von einem Leben im goldenen Westen. Vielen Frauen kann man deshalb unterstellen, dass sie Ausländer oder Vietkieus dazu benutzen, um dem Leben in Vietnam zu entfliehen. Manche von ihnen, die emigrierten und die ich später wiedertraf, sagten mir durch die Blume, dass es vielleicht doch besser gewesen wäre, in Vietnam zu bleiben. In einem Land, das sich wirtschaftlich entwickelt, hätte man mehr Chancen als im Ausland, in dem man praktisch von vorn anfangen müsse. Aber wer kann den Menschen ihre Träume nehmen?

»Wie lief denn das Zusammentreffen zwischen Ralf und deiner Familie ab?«, fragte ich neugierig weiter. »Hast du ihm vorher Tipps gegeben, wie er sich zu verhalten hat?«

Sie schüttelte den Kopf. »Nein, es war am Ende völlig unkompliziert. Viel größere Angst hatte ich, als ich seine Eltern in Deutschland treffen sollte. Ich konnte ja so viel falsch machen, aber es gab auch bei ihnen keine Schwierigkeiten.«

Anfangs hatte ich es nicht gerade leicht mit Hang und ihren Freundinnen, die ebenfalls mit Männern aus dem westlichen Ausland liiert waren. Sie standen mir sehr argwöhnisch gegenüber, wohl, weil ich für sie eine Bedrohung darstellte. Sie konnten mich nicht einordnen, auch nicht einschätzen. In ihren Augen war ich anders – und doch auch nicht. So sprach ich sehr gut vietnamesisch, gleichzeitig konnte ich mich aber auch mit ihren Männern auf Deutsch oder Englisch unterhalten, während zwischen ihnen und ihren Männern Missverständnisse an der Tagesordnung waren. Hinzu kam, dass ich aus ihrem Blickwinkel ebenfalls mit einem Ausländer zusammen war (ich selbst sehe mich nicht ausschließlich als Vietnamesin, folglich ist auch mein Freund Max kein Ausländer). Das konnte wiederum etwas Verbindendes sein, gleichzeitig gab es aber schon die nächste Irritation: Ich arbeitete fürs deutsche Fernsehen und war doch nicht so, wie sie sich eine Prominente vorstellten. Eine solche musste zu jeder Tageszeit gestylt sein, als würde sie gleich auf ein Event gehen wollen, begleitet von einer ganzen Entourage. Sie selbst versuchten diesem Bild zu folgen und stöckelten perfekt geschminkt, in ultrakurzen Röcken und Schwindel erregend hohen High Heels herum.

Ich muss zugeben, dass diese Frauen mich anfangs faszinierten, kannte ich doch bis dahin nur Vietnamesinnen wie meine Tanten, die sich nie so aufdonnern würden. Doch manche von Hangs Freundinnen versuchten derart krampfhaft westlich zu sein, dass es fast schon lächerlich wirkte. Doch wenn sie etwas aßen und dabei genüsslich schmatzten, merkte man, dass sie ganz »normale« Vietnamesinnen waren.

Durch Ralf und Hang machten wir auch Bekanntschaft mit Elvis. Seinen vietnamesischen Namen verriet er uns nicht, aber er verehrte, wie zu erwarten, Elvis Presley. Der »falsche Elvis« war eine ziemlich ungewöhnliche Erscheinung, klein, fast schmächtig, schwul, mit blond gefärbten Haaren, die er gern zu einer Tolle stylte. Seine großen Mandelaugen betonte er mit falschen Wimpern und einem dezenten Lidstrich. Er hatte eine Vorliebe für hohe Plateauschuhe und Schlaghosen, trug dazu eng am Körper anliegende T-Shirts, sodass man seine gepiercten Brustwarzen sehen konnte. Tagsüber arbeitete er als Friseur in einem Saigoner Salon für westliche Kunden und reiche Vietnamesen, abends tanzte er als Go-go-Tänzer in verschiedenen westlichen Klubs, manchmal lief er für Modenschauen, die Ralf und Hang organisierten. Seine Homosexualität zeigte er offen und selbstbewusst, was in Vietnam nicht selbstverständlich ist, denn Sex ist hier ein großes Tabuthema. Offiziell darf man auch erst zusammenleben, wenn man verheiratet ist. Heute kommt es schon mal vor, dass eine Frau bei ihrem Freund übernachtet oder umgekehrt, aber das ist eher eine Ausnahme. Eine Intimsphäre gibt es sowieso nicht, denn meist teilen sich mehrere Familienmitglieder ein Zimmer. Deswegen treffen sich viele Pärchen im Park, sitzen dann entweder eng umschlungen auf den Mopeds oder auf der Parkbank.

Sammy und ich begleiteten Elvis einmal bei einem seiner Streifzüge durch das Saigoner Nachtleben. Er war bekannt wie ein bunter Hund, Küsschen hier und Küsschen da, gemischt mit ein bisschen Tratsch. Seine momentane Liebschaft war ein älterer Australier, der ihm regelmäßig Geld schickte und ihn alle drei Monate besuchte. Ich fragte ihn, ob er sich vorstellen könnte, nach Australien zu gehen, aber er verneinte. »Das Leben fängt hier gerade erst an, Schätzchen«, sagte er und fügte schmunzelnd hinzu: »Und in Australien kann ich doch auch niemanden mehr schocken.«

Ob seine Eltern von seinem jetzigen Leben wüssten, fragte ich weiter. Aber ich bekam darauf keine Antwort.

Später erfuhr ich von Hang, dass er aus einem kleinen Dorf stammte, das irgendwo zwischen Saigon und Nha Trang lag, dem Nizza Vietnams. Seine Familie würde in ärmlichen Verhältnissen leben, er hätte noch sieben Geschwister und sei der älteste Sohn der Familie. Regelmäßig würde er ihnen Geld schicken und jedes Jahr zu Tet seine Piercings herausnehmen, sich die Haare schwarz färben und für ein paar Tage nach Hause fahren, länger würde er das Versteckspiel nicht aushalten. Seine Familie hätte keine Ahnung von seinem schwulen Leben, sie wüssten nur, dass er als Friseur in Saigon tätig sei. Dass er mit seinen dreißig Jahren immer noch keine Familie gegründet hat, hätten sie als gegeben hingenommen. Vielleicht ahnten sie etwas, aber sie hätten ihn noch nie darauf angesprochen.

Leider habe ich Elvis seitdem nicht mehr wiedergesehen. Hang meinte, er sei seinem neuen Freund nach England gefolgt. Vielleicht werde ich ihm eines Tages irgendwo auf der Welt begegnen?

Ich erinnere mich noch an ein weiteres Erlebnis aus dem Jahr 1999. Ralf und Hang fuhren mit Sammy und mir zum Sofitel Hotel. Ein Portier öffnete uns die Türen, eine Frau, gekleidet in einem wunderschönen *ao dai*, fragte auf Englisch, in welches Stockwerk wir denn fahren wollten. Hang antwortete: »Achtzehnter Stock.« Die Frau lächelte, verneigte sich leicht und drückte auf den entsprechenden Knopf. Der Fahrstuhl sauste leise und schnell nach oben. Wir stiegen aus und traten durch eine Glastür. Vor uns lag ein geschwungener azurblauer Pool, um den herum edle Teakholzliegestühle mit weißen Matten standen. Ein paar Westler entspannten sich auf ihnen, nippten ab und zu an ihren Drinks und lasen in einer Zeitung. Ein Poolboy kam auf uns zu, begrüßte Ralf und Hang wie zwei alte Bekannte, rückte vier Liegestühle für uns zurecht, auf denen er flauschige Handtücher ausbreitete, anschließend spannte er zwei riesige weiße Sonnenschirme auf.

Während dieser Vorbereitungen ging ich zum Geländer der Terrasse und genoss den Blick über die Stadt Saigon. Man konnte von hier aus den Saigon River, die unzähligen Schiffe, die darauf fuhren, und die Menschen auf den

Straßen beobachten, die sich wie winzige kleine Punkte durch das Gewühl schlängelten. Der Verkehrslärm drang nur gedämpft zu uns hinauf, die Hitze spürte man kaum, denn es wehte in der Höhe ein angenehmer Wind. Links von mir erstreckte sich das höchste Gebäude Saigons, das Prudential Building. Eine internationale Finanzfirma residiert darin.

»Wow«, entfuhr es mir. »Es wirkt alles so surreal. Das ist also auch Saigon!« Und ich fing an, diese westliche Seite immer mehr zu lieben.

Als ich dann mit Kalani in Vietnam war, besuchte ich natürlich auch Ralf und Hang. Unbedingt wollten sie meinen Sohn sehen, denn Hang war im sechsten Monat schwanger und freute sich sehr auf ihre baldige Mutterschaft – immerhin war sie zu diesem Zeitpunkt fast schon vierzig Jahre alt. Eine weitere Ungewöhnlichkeit, denn Vietnamesinnen bringen ihr erstes Kind spätestens mit Mitte zwanzig auf die Welt.

»In welcher Sprache wollt ihr eigentlich euer Kind erziehen?«, fragte ich, nachdem ich mir ihr neues Haus in einem vornehmen Viertel am Saigon River angeschaut hatte, in dem vorwiegend Ausländer wohnen.

»Ich werde mit ihm chinesisch sprechen und Ralf deutsch. Vietnamesisch wird er durch sein Umfeld sowieso lernen, zudem soll er später auf eine internationale Schule gehen, die als Unterrichtssprache Englisch hat.«

»Vier Sprachen«, sagte ich erstaunt. »Das wird ja spannend! Kalani versuche ich zweisprachig zu erziehen, und später soll er in eine Kita gehen, in der Englisch vorherrscht. Viele meiner Freunde zweifeln schon jetzt, ob das funktionieren wird. Mal sehen, wie ihr das hinbekommt.«

»Unser gesamtes Umfeld ist viersprachig. Damit ist es für uns leichter als für dich«, wandte Hang ein.

»Und wie wollt ihr das Kind erziehen? Vietnamesisch oder deutsch?«

»Chinesisch-vietnamesisch. Aber im Unterschied zu den hiesigen Vietnamesinnen verlange ich von Ralf, dass er meine Arbeit schätzt und mir das auch zeigt. Etwas, was vietnamesische Männer nicht in ihrem Programm haben.«

Ich nickte nachdenklich. »Das verstehe ich gut.«

»Du kannst dir jetzt ein Leben in Deutschland nicht mehr vorstellen, oder?«, fragte ich Ralf.

Er lachte. »Meine Heimat ist jetzt hier. Wenn ich nach Deutschland fahre, dann freue ich mich, meine Familie und meine Freunde in Hamburg zu sehen. Aber nach einer Zeit vermisse ich Saigon. Ich bin eben zweimal zu Hause.«

Ich nickte. »Mir geht es ähnlich.«

Nach meinem Besuch bei den beiden musste ich noch lange über Ralfs Worte nachdenken. Ich habe, so wie er, so wie Millionen anderer Menschen, verschiedene Wurzeln. Wie sagte er so treffend: »Ich bin eben zweimal zu Hause.«

Ein Leben mit zwei Welten

Oft fühlte ich mich früher als eine Person, die *zwischen* zwei Kulturen und nicht *mit* zwei Kulturen lebt. »Zwischen« oder »mit« – es sind nur zwei kleine Wörter, die aber in diesem Fall Welten zum Ausdruck bringen. Erst spät, mit Anfang zwanzig, hatte ich begriffen, dass es nur den eigenen Weg gibt und dass nur dieser der richtige für mich sein kann. Keiner kann einem sagen, wie er ausschaut, man muss ihn selbst finden. Jetzt lebe ich *mit* beiden Kulturen – auf meine ganz eigene Art und Weise. Bis dahin war es ein harter Kampf, der immer noch nicht zu Ende ist.

Es war eine Zeit der Verirrungen, des Schmerzes, der Trauer, der Wut, aber auch der Freude und des Glücklichseins. Sie war notwendig, um mich zu dem Menschen zu machen, der ich heute bin: einer Deutsch-Vietnamesin, die in beiden Welten zu Hause ist und trotzdem ab und zu in beiden fremdelt.

Es war notwendig, dass ich im Jahr 2000 von meinen Eltern wegzog, aus dem beschaulichen München in das chaotische Berlin. Ich tat es ihnen gleich, auch wenn zwischen München und Berlin nur eine Distanz von über fünfhundert Kilometern liegt und ich diesen Schritt auch erst im Alter von sechsundzwanzig machte. Meine Eltern waren ja selbst neunzehn gewesen, als sie ihre Familie verließen. Ich vermisste sie – und war doch froh, sie nicht in meiner Nähe zu haben, denn nur so konnte ich dem näherkommen, was ich als »mit beiden Kulturen leben« verstand. Sie wollten immer nur das Beste, und ich nahm es gern an. Auf diese Weise blieb ich aber zu sehr Kind. Erst in Berlin konnte ich erwachsen werden, erst in dieser Stadt konnte ich vietnamesischer sein als in München, da meine neuen Freunde zum größten Teil Deutsch-Vietnamesen sind, mit denen ich ins Vietnam-Center gehe und die Suppe *pho* schlürfe.

Auf der anderen Seite bin ich eine richtige Deutsche. Ich bin sehr oft mit meinem Freund Max im Olympiastadion, um Hertha BSC anzufeuern, im Sommer spielen wir in Berlin-Mitte Beachvolleyball und stärken uns anschließend mit einer Currywurst und Pommes Rot-Weiß im Curry 36. Oder wir chillen an künstlichen Stränden entlang der Spree zu Reggaesounds der Berliner Gruppe Seeed, ab und zu surfen wir auf der Heckwelle eines Bootes auf dem Templiner See.

Ich drehte meinen Dokumentarfilm und entdeckte auf diese Weise die Heimat meiner Eltern neu. Und ich bekam einen Sohn, dem ich vietnamesische Kinderlieder vorsinge, mit dem ich vietnamesisch spreche und der mir seit ein paar Monaten auf Vietnamesisch antwortet. Ich lebe hier in Berlin multikulturell, so wie ich es mir in Deutschland immer gewünscht habe – mit all seinen positiven, aber auch negativen Seiten. Ich bin hier längst keine Exotin mehr, denn überall in den Cafés und Klubs, auf den Straßen und in den Geschäften sehe ich Asiaten.

In Berlin habe ich meinen Frieden gefunden. Vielleicht ist die Stadt, die nie schläft, unter ihrer Oberfläche ruhig, so ruhig wie Saigon. Berlin und Saigon haben noch etwas gemeinsam: In beiden Städten kann ich meine vietnamesische und meine deutsche Seite ausleben. Das war meine wichtigste Erkenntnis der letzten Jahre, denn bislang war Vietnam vielfach eine Auszeit von meinem anderen, meinem westlichen Ich. Heute muss ich nicht mehr aus Deutschland flüchten, um in Vietnam wieder zu mir zu kommen. Ich brauche beide Länder, um das Gefühl von Heimat in mir zu spüren. Deutschland und Vietnam sind so gegensätzlich und so eins wie Yin und Yang.

Mein Leben nahm durch den Buddhismus eine große Wendung. Er ist für mich keine Religion, sondern Philosophie. Ich bete und meditiere nicht jeden Tag, aber ich versuche jeden Tag aufs Neue, nach den buddhistischen Grundsätzen zu leben. Das Zitat am Anfang des Buchs ist mein Wegweiser. Es sind einfache Worte, dennoch sind sie schwer umzusetzen. Ich hoffe, dass ich Kalani diese buddhistische Weisheit mit auf seinen Weg geben kann. Leben und erleben muss und wird er sein Leben selbst. Und das ist gut so!

Dank

Ich möchte mich bei allen bedanken, die mich bis hierher auf meinem Lebensweg begleitet und unterstützt haben.

Insbesondere geht der Dank an:

Britta Hansen, Diana Stübbs und Regina Carstensen für die schöne, kreative und tolle Zusammenarbeit!

Alle meine Berliner Freunde – vor allem an die »Berlin Heroes« (insbesondere Anhulu, Imo und Malala), die mein Leben in den letzten Jahren entscheidend mitgeprägt und miterlebt haben.

Karolina, Katja, Sopherl und Schmollo für die jahrelange, bis heute andauernde tiefe Freundschaft!

Oliver, Sammy, und das »Lost in Saigon Team« für die sehr intensive, erlebnisreiche und schöne Zeit in Vietnam.

Mara, Uta und Julia dafür, dass sie so mutig und tapfer mit mir kämpfen!

In tiefster Zuneigung und Liebe bedanke ich mich bei meiner kleinen Familie Mäxx und Kalani, meiner Familie in Vietnam, den Timmis und vor allem bei meinen Eltern!